W0229898

Edgar K. Geffroy
Verkaufserfolge auf Abruf

Edgar K. Geffroy

Verkaufserfolge auf Abruf

Die 1-Seiten-Methode

9. Auflage

verlag
moderne industrie

Die Deutsche Bibliothek – CIP-Einheitsaufnahme

Geffroy, Edgar K.:
Verkaufserfolge auf Abruf : die 1-Seiten-Methode / Edgar K. Geffroy. – 9. Aufl. –
Landsberg/Lech : Verl. Moderne Industrie, 1995
   ISBN 3-478-21609-5

9. Auflage 1995
8. Auflage 1993
7. Auflage 1992
6. Auflage 1991
5. Auflage 1990
4. Auflage 1989
3. Auflage 1988
2. Auflage 1987

© 1987 verlag moderne industrie, 86895 Landsberg/Lech
Alle Rechte, insbesondere das Recht der Vervielfältigung und Verbreitung sowie der Übersetzung, vorbehalten. Kein Teil des Werkes darf in irgendeiner Form (durch Fotokopie, Mikrofilm oder ein anderes Verfahren) ohne schriftliche Genehmigung des Verlages reproduziert oder unter Verwendung elektronischer Systeme gespeichert, verarbeitet, vervielfältigt oder verbreitet werden.
Umschlaggestaltung: Hendrik van Gemert, 86925 Fuchstal-Leeder
Satz: FotoSatzStudio Pfeifer, 82110 Germering
Druck und Bindearbeiten: Kessler Verlagsdruckerei, 86399 Bobingen
Printed in Germany 210 609/019 520
ISBN 3-478-21609-5

Inhaltsverzeichnis

Geleitwort

Lassen sich Verkaufserfolge auf Kommando, gar über ein Buch abrufen?

Mit diesem provozierenden Titel beginnt Edgar K. Geffroy sein hochinteressantes und vielversprechendes Buch.

Erfolg im Verkauf bedeutet zunächst, die gesteckten Ziele auf direktem Wege zu erreichen. Die Voraussetzungen für den so definierten Erfolg sind

1. die richtigen, d. h. professionellen Verkaufstechniken und -methoden sowie
2. eine positive Grundeinstellung und kundenorientiertes Verhalten.

Das eine geht ohne das andere nicht – und umgekehrt. Wie läßt sich nun beides miteinander verknüpfen?

Hier bietet E. Geffroy mit seiner **1-Seiten-Methode** eine ebenso zeitsparende wie wirksame Problemlösung an. Angesichts einer regelrechten Inflation an Büchern über Verkauf und Marketing eine geradezu wohltuende Arbeitserleichterung. Gezielt oder zufällig läßt sich jeden Tag eine Erfolgsmethode herausgreifen und trainieren: anschaulich – praxisnah – umsetzbar. Wichtig für den persönlichen Erfolg nicht nur im Verkauf ist gerade das permanente, konsequente und vor allem **tägliche** Training. So hat es bereits der amerikanische Politiker, Erfinder und Schriftsteller Benjamin Franklin (1706–1790) gemacht, so haben es viele nach ihm getan. Jeden Tag hat er konkret an einer Tugend gearbeitet, die er vervollkommnen wollte. »Es genügt nicht zu wissen – man muß auch **tun**« wußte später Erich Kästner zu berichten.

Wissen **u n d** Anwendung machen erst den Erfolg von Verkaufsmethoden in der Praxis aus. Das verkäuferische Know-how und Handwerkszeug vermittelt Ihnen dieses Buch. Abrufen und anwenden müssen **S i e** es.

Ich meine: Immer ist **j e t z t** der richtige Augenblick!

Mit der richtigen positiven Einstellung sind dem Erreichen Ihrer Ziele dann – fast – keine Grenzen gesetzt.

Dies und noch weitere Erfolge wünsche ich Ihnen beim persönlichen Training mit »Verkaufserfolge auf Abruf«.

Dr. Lothar J. Seiwert
Zeit-Managementtrainer und -berater
Redaktionsbeirat »Verkauf & Marketing«

Vorwort

Sie haben sich als Verkäufer einen sehr interessanten Beruf ausgesucht und gleichzeitig auch einen sehr herausfordernden. Sie müssen täglich Situationen für sich entscheiden.

Bestimmt werden Sie bestätigen, daß es manchmal Situationen gibt, die Sie gerne einmal diskutieren würden. Einfach um zu erfahren, was Kollegen in der gleichen Situation machen würden oder um sicher zu sein, daß die eigene Vorgehensweise richtig ist. In der Praxis hat man jedoch leider in vielen Fällen nicht die Zeit oder Gelegenheit, darüber zu sprechen.

Aktuelle Fragen werden dann schon wieder von noch aktuelleren verdrängt.

Zur konkreten Unterstützung bei diesen Fragen ist dieses Buch für Sie, als Verkäufer, gedacht. Ein Buch, das eigentlich keines ist, denn es versetzt Sie nicht in den Zwang, das Buch lesen zu müssen, wenn Sie es nicht wollen.
Es bietet Ihnen aber den entscheidenden Vorteil, ein Nachschlagewerk auf Ihre konkreten Fragen zur Hand oder im Auto zu haben, wann immer Sie es brauchen.

Dieses Buch enthält die Fragen, die Verkäufer uns bei der gemeinsamen Verkaufsarbeit gestellt haben. Wir haben die Antworten gemeinsam gefunden und ich danke insbesondere all den Verkäufern mit ihren guten Ideen, meinem Partner Hias Oechsler für seine Creativität und meinem Kollegen Jörg Dübbers für die überzeugenden Grafiken in diesem Buch.

Unsere gemeinsamen, konkreten Antworten bieten wir Ihnen für Ihre tägliche Verkaufsarbeit an.

Möge die eine oder andere Seite dieses Buches Ihnen ein leichteres und zeitsparenderes Verkaufen ermöglichen.

Ihr
Edgar K. Geffroy

Vorwort zur 9. Auflage

Nach kurzer Zeit geht dieses Buch in die 9. Auflage und englische, spanische, italienische, niederländische und russische Lizenzen ermöglichen ein Erscheinen in diesen Ländern seit 1989.

Aber warum gehört »Verkaufserfolge auf Abruf« zu den bestverkauften Verkaufs-Fachbüchern in Deutschland? Mehr denn je ist der Verkäufer heute auf knappe, aber präzise Informationen angewiesen. Durch die 1-Seiten-Methode können diese Informationen in kürzester Zeit abgerufen werden.

Aber auch der Wunsch nach einer professionellen und gemeinsamen Vorgehensweise aller am Verkaufsprozeß Beteiligten wird mehr und mehr erkennbar. Der Hintergrund: Eine Corporate Selling Identity sichert die gemeinsame Verkaufssprache im Unternehmen – auch im Hinblick auf die Herausforderungen der 90er Jahre.

Darüber hinaus haben Sie die Möglichkeit, dieses Buch zu einem firmenindividuellen Verkaufshandbuch zu entwickeln, das zur Weitergabe an die eigene Verkaufscrew geeignet ist. Nähere Informationen erhalten sie über den Verlag oder direkt von mir.

Für Ihre tägliche Praxis wünsche ich Ihnen weiterhin viel Spaß und viele neue Ideen aus diesem Buch.

Ihr
Edgar K. Geffroy

Vorschläge zur optimalen Nutzung des Buches

Dieses Buch bietet Ihnen vielfältige Einsatzmöglichkeiten. Das interessanteste Unterscheidungsmerkmal gegenüber »normalen« Büchern ist:

Sie kaufen das Buch, damit Sie es nicht lesen müssen.

Das Buch soll Ihnen als Nachschlagewerk dienen, damit Sie sich vor jeder schwierigen Verkaufsverhandlung und danach durch das Lesen einer Seite Ihres »Buchberaters« über das richtige Vorgehen vergewissern können.
Ein weiteres Unterscheidungsmerkmal:

Die Beschränkung auf das Wesentliche

Dies führt zu der Philosophie der 1-Seiten-Methode. Sie brauchen lediglich nur noch eine Seite mit Frage und Antwort zu lesen und haben in weniger als 5 Minuten Anregungen für Ihre Verkaufsarbeit gewonnen.

Dadurch ergibt sich eine weitere Nutzungsmöglichkeit:
Sie sind in der Lage, pro Tag, in weniger als 5 Minuten, eine Seite dieses Buches zu lesen und haben das gesamte Buch in einem Jahr, bei 200 verbleibenden Arbeitstagen, durchgearbeitet. Und wenn das Buch dann Ihre Randnotizen, Markierungen und Unterstreichungen beinhaltet, so ist es der beste Beweis für eine intensive Nutzung.

Wir wären keine Verkäufer, wenn wir annehmen, daß dieses Buch komplett ist. Sicherlich wird die eine oder andere Frage und Antwort fehlen. Wir bitten Sie um Ihre Mitarbeit und um Ideen für eine weitere Verbesserung dieses Buches. Schreiben Sie uns doch einfach einmal Ihre Vorschläge. Zu Ihrer weiteren Unterstützung ist dieses Buch als Programm für Personal Computer in Vorbereitung.

Ein weiterer Hinweis ist erlaubt:
In diesem Buch wird vom Kunden gesprochen, auch wenn er bisher von der klassischen Definition her ein Interessent ist, der bisher nichts bezogen hat. Ich finde einfach das Wort Kunde sympathischer und motivierender.

Nutzen Sie das Buch so, wie es Ihrer eigenen Art am besten entspricht. Entweder als Nachschlagewerk, als Tagesidee oder als Eigentrainingsinstrument.

So kann man heutige Verkaufsverhandlungen in kritischen und entscheidenden Situationen gewinnen

1. Was ist noch vor einer Besuchsvorbereitung zu beachten?

Bei einer Besuchsvorbereitung ist es hilfreich, **vorher** drei Punkte zu prüfen. Stimmen für den geplanten Besuch

1. die Teilnehmer
2. der Ort
3. der Zeitpunkt?

Zu 1 Prüfen Sie, ob Sie mit den Entscheidungsträgern im Unternehmen verhandeln oder die für Ihre Vorgehensweise wichtigen Leute an einen Tisch gebracht haben. Falls dies nicht der Fall ist, sollte geprüft werden, ob die zeitliche Verlegung des Besuches sinnvoll ist.

Zu 2 Prüfen Sie, ob der Ort richtig gewählt worden ist. Sie wissen, daß ein »Heimvorteil« eine nicht unwesentliche Rolle spielen kann.

Möglicherweise ist für dieses Gespräch Ihr Büro besser geeignet als das Kundenbüro?

Zu 3 Prüfen Sie, ob es nicht sinnvoller ist, erst nach dem Wettbewerber beim Kunden zu erscheinen. Oder Sie wollen den Kunden von einer Lösungsmöglichkeit überzeugen, bevor der Wettbewerber erscheint. Der Besuchstermin vor oder nach dem Wettbewerber kann Verhandlungsvorteile bringen.

Sind diese drei Punkte geklärt, sollten Sie eine systematische Besuchsvorbereitung durchführen.

Ein Vorschlag:
»Arbeiten« Sie die Verkaufsverhandlung, die geführt werden soll, vorher durch. Sie werden feststellen, daß Sie dann während des Verkaufsgespräches sicherer sind und sich besser auf kritische und entscheidende Situationen eingestellt haben.

2. Wie bereitet man sich auf Verkaufsgespräche vor?

Die Vorbereitung eines Verkaufsgespräches ist ein konkreter Weg, sich bereits vorher mit dem Kunden und seinen möglichen Vorstellungen auseinanderzusetzen.

Inhalte einer systematischen Vorbereitung

Zielsetzung

Definieren Sie vorher, was Sie als Ergebnis aus einem Gespräch mitnehmen wollen. Es wird nicht in jedem Falle ein Auftrag sein; dann sollten jedoch andere Ziele, wie die Zustimmung des Kunden in Detailfragen festgelegt werden.

Rückzugsziel

Wer ein Ziel für ein Verkaufsgespräch hat, wird versuchen, dieses Ziel auch zu erreichen. Man hat einen roten Faden und läuft nicht Gefahr, die Gesprächsführung an den Kunden abzugeben. Manchmal läßt sich das gesteckte Ziel aber nicht erreichen. Sie sollten sich deshalb vornehmen: »Wenn ich nicht den Auftrag heute mitnehmen kann, will ich mindestens den nächsten fest vereinbarten Termin«.

Was sind die Gesprächsthemen?

Oft findet ein Besuch auf Initiative des Kunden statt, der mit Ihnen etwas besprechen will. Seinen Gesprächsthemen sollten Sie Ihre eigenen Themen hinzufügen. Beispiele: Welche Verkaufsmöglichkeiten gibt es noch mit anderen Produkten?

Wahrscheinliche Einwände

Setzen Sie sich damit auseinander, welche Einwände der Kunde vorbringen kann. Das kann eine alte Reklamation sein oder der Vorteil einer Ihrer Wettbewerber gegenüber Ihrem Produkt. Jetzt können Sie noch in Ruhe überlegen, welche Antwort Sie dem Kunden geben können.

Was ist für den Kunden wichtig?

Wichtig sind Vorteile, die der Kunde nicht anzweifeln kann. Das ist der Rettungsanker für das Gespräch. Falls Sie nicht alle Bedenken des Kunden ausräumen, werden Sie Pluspunkte nennen können, die der Kunde unzweifelhaft akzeptiert. Nachteil und Vorteil sind dann abzuwägen.

Wie lange soll das Gespräch dauern?

Viele Verkäufer kennen die Dauer von Verhandlungszeiten abhängig von der Aufgabenstellung (Erstbesuch, Projektausarbeitung) und planen die Erreichung ihrer Ziele innerhalb dieser Zeit.

3. Wie sollte eine wirksame Checkliste zur Besuchsvorbereitung aussehen?

Systematische Gesprächs-Vorbereitung

Meine Ziele: _____

Rückzugsziele: _____

Benötigte Unterlagen: _____

_____

Gesprächseröffnung: _____

Gesprächsthemen: _____

_____

Was könnte der Engpass des Kunden sein ? _____

_____

Mein Lösungsvorschlag: _____

Erwartete Einwände: _____

_____

Meine Einwandbehandlung: _____

_____

Stärken: _____

Gesprächsdauer: _____

Ergebnis: _____

_____

_____

Wie geht es weiter ? _____

_____

4. Wie fängt man ein Verkaufsgespräch an?

Der Anfang eines Verkaufsgespräches ist davon abhängig, ob Sie einen Stammkunden oder einen Neukunden treffen werden.

Der Beginn eines Verkaufsgespräches hat das Ziel, beim Kunden *Interesse* für die Verhandlung zu wecken.

Sonst läuft man Gefahr, daß der Kunde bereits seinen eigenen Gedanken nachgeht, bevor man ihn überhaupt von den eigenen Vorteilen überzeugen konnte.

Dabei ist der sogenannte »Ersteindruck«, also das *Vorurteil* des Kunden, Ihnen eher positiv oder eher negativ entgegenzukommen, zu berücksichtigen.

Möglichkeiten für den Anfang

1. Regel: Den Kunden reden lassen
Der Verkäufer lebt von Informationen. Der Kunde ist in der Lage und in der Regel aus sehr gerne bereit, seine Situation und seine Vorstellungen zu nennen.

2. Regel: Fragen stellen
In der Anfangsphase werden seitens des Kunden bereits sehr wertvolle Informationen gegeben. Beispiel: »Wir kommen mit der Arbeit vorne und hinten nicht mehr klar.« Jetzt gilt es, diese Information zu nutzen und Fragen zu stellen. Warum hat es sich so entwickelt? Was wird sich in der Zukunft noch tun?

3. Regel: Visualisieren
Bringen Sie etwas mit, das Sie dem Kunden zeigen können. Oft sind ein aktueller Zeitungsartikel oder Testergebnisse eine wertvolle Hilfe.

4. Regel: Informieren
Der Kunde muß darin bestätigt werden, daß Sie nicht nur für das gerade aktuelle Projekt, sondern auch für seine tägliche Arbeit eine wertvolle Unterstützung bieten. Je mehr der Kunde Sie als wichtig für die Lösung seiner Tagesaufgaben ansieht, um so größer sind die Verkaufschancen. Gefragt ist der Berater mit fundierter Kenntnis vor- und nachgeschalteter Betriebsabläufe. Dem Handwerksmeister einen Gesellen zu vermitteln ist Geld wert.

5. Regel: Aktivieren
Eine schlechte Verkaufsmethode ist der Monolog. Einer redet, die anderen sind zum Zuhören verurteilt. Die Merkfähigkeit ist gering. Man weiß nicht, ob das Gesagte die Zustimmung des Kunden findet.

Eine gute Verkaufsmethode ist das »Gemeinsame«. Gemeinsam eine Lösung erarbeiten. Eine Zeichnung oder Skizze gemeinsam ändern und verbessern. Den Kunden um Hilfe bei einer Detailfrage bitten. In jeder Phase eines Verkaufsgespräches sollte der Kunde aktiviert werden. Das gilt gerade für den Gesprächsanfang.

5. Was sind gute Anfangsformulierungen für ein Verkaufsgespräch?

»Wie geht es Ihnen?« ist eine Formulierung, die heute nicht mehr ankommt. Besser sind Einstiegsformulierungen, die sich von diesem Standardsatz unterscheiden. Weiter sollte man differenzieren zwischen Altkunden und Neukunden.

Gute Einstiegsformulierungen für das Gespräch mit dem Altkunden:

»Ich soll Ihnen einen schönen Gruß von Herrn ... bestellen.«

»Herr Kunde, ich habe Ihnen etwas mitgebracht, das Sie vielleicht interessiert.«
Beispiele:
Zeitungsausschnitt
Testbericht
Steuertip
Gutachten

»Ihr Hobby ist doch Tiefseetauchen. Ich habe da in einer Zeitschrift einen Artikel gelesen, den ich Ihnen mitgebracht habe. Vielleicht interessiert er Sie.«

Gute Einstiegsformulierungen für das Gespräch mit dem Neukunden:

»Ich habe gesehen, Sie bauen draußen eine neue Lagerhalle?«

»Kompliment, ich habe mir draußen im Flur einmal Ihr Prospekt angeschaut. Als Marktführer in dem Bereich haben Sie sich aber etwas einfallen lassen.«

»Es ist jüngst eine Marktbefragung veröffentlicht worden, die für Sie möglicherweise interessant ist. Ich habe Ihnen eine Kopie mitgebracht.«

»Draußen fielen mir Ihre neuen Firmen Lkw's auf. Kompliment. Die Beschriftung wirkt sehr gut.«

6. Welche Bedeutung hat der »erste Eindruck« bei einem neuen Gesprächspartner?

Der gestandene Verkäufer kennt es aus eigener jahrelanger Erfahrung. Da kommt man durch die Tür zu einem Kunden herein, den man noch nie vorher gesehen hat, und ziemlich schnell hat man ein Gefühl, ob es etwas werden wird oder nicht. Leider trifft dies auf die Gegenseite, oder richtiger Partnerseite, genauso zu. Grundsatzentscheidungen werden getroffen, weil man als Mensch nicht in der Lage ist, sich sein Gegenüber neutral vorzustellen. Psychologen haben dafür eine Erklärung und sprechen von einem »Ersteindruck«, der sich im Umgang miteinander sehr schnell bildet und dazu führt, entweder mit einem positiven oder negativen Vorzeichen »besetzt« zu werden. Diese Meinung ist sicherlich nicht endgültig und kann im Verlaufe einer Zusammenarbeit umgedreht werden.

Der »Ersteindruck« hat für viele Verkaufsgespräche eine wichtige Bedeutung, weil Gesprächsergebnisse davon abhängen können. Bei negativer Einstellung des Kunden wird die eigene Argumentation sehr schnell in Frage gestellt. Da nicht jede Aussage sofort bewiesen werden kann, wirkt dann bei einem überkritischen Kunden das Verkaufsgespräch weniger überzeugend. Eine wesentliche Voraussetzung zum Auftragserhalt fehlt.

Einen positiven Ersteindruck beim Kunden beeinflußt man durch das Beachten folgender Spielregeln:

Konzentrieren Sie sich darauf, in der Kennenlernphase eher den Gesprächspartner reden zu lassen, weil es sympathischer wirkt. Finden Sie einen Gesprächsaufhänger, indem Sie sein Unternehmen, einen Gegenstand in seinem Arbeitszimmer oder einen aktuellen Anlaß nehmen, um ein Gespräch zu beginnen. Bringen Sie ihm einen Zeitungsausschnitt mit, der ihn möglicherweise interessieren könnte. Eigenschaften wie Freundlichkeit, Sympathie und Zuhörenkönnen sind in dieser Phase eines Verkaufsgespräches wichtige Erfolgsschlüssel.

7. Welche Fragenmethode sollte man als Verkäufer anwenden?

Sie wissen, daß es eine der zentralen Aufgaben des Verkäufers ist, Fragen zu stellen. Sie erhalten Informationen vom Kunden, die Sie brauchen, um eine *Gewichtung* der zu lösenden Aufgaben/Probleme aus der *Sicht des Kunden* zu erfahren. W-Fragen, also Fragesätze die mit was, wann, wieso, weshalb, warum, wo, wie beginnen, gelten als offene Fragen. Der Kunde wird diese Fragen nicht mit »ja« oder »nein« beantworten können und Ihnen deshalb mehr Informationen geben. Ein »ja« oder »nein« des Kunden hilft Ihnen in vielen Fällen nicht. Sie erfahren vom Kunden nur eine Bestätigung oder Ablehnung dessen, was Sie schon wissen.
 Stellen Sie mehr

W - FRAGEN

Das Gegenteil der offenen Fragen sind die geschlossenen Fragen mit dem gerade beschriebenen Ergebnis, in der Regel nur ein »ja« oder »nein« des Kunden als Antwort zu bekommen. Eine bekannte deutsche Fernsehserie gilt für diese Frageart als Vorbild: »Gehe ich richtig in der Annahme...« Fazit: Vermeiden Sie geschlossene Fragen insbesondere am Anfang eines Verkaufsgespräches, da Sie soviel wie möglich vom Kunden erfahren wollen. Was glauben Sie, welche Fragen werden in der Praxis häufiger gestellt? Leider nicht die offenen sondern die geschlossenen Fragen. Verkäufer bestätigten mir, daß dies einfacher ist. Schwieriger ist es mit offenen Fragen, weil man hier die Antworten nicht kennt, sich darauf einstellen muß und möglicherweise das Gespräch sogar einen Schwenker weg vom eigentlichen Thema machen kann. Die Vorteile überwiegen jedoch. Durch offene Fragen gewonnene Informationen und Gewichtungen aus der Sicht der Kunden zählen. Sinnvoll ist das *Erarbeiten eines Fragenkataloges,* der über Standardfragen in bezug auf Technik, Lieferzeit und gewünschte Problemlösung hinausgeht. Diese sinnvolle Auflistung kann man sich vor dem Kundenbesuch noch einmal durchlesen und Schlüsselfragen ins Gedächtnis zurückrufen.

8. Was sind Schlüsselfragen im Verkaufsgespräch?

Jede der nachfolgend genannten Fragen hat in einzelnen Verkaufssituationen entscheidende Bedeutung.

Herr Kunde, was ist bei einer Zusammenarbeit wichtig für Sie?

Sie erfahren mehr als nur seine Produktvorstellungen.

Wann soll das Projekt realisiert werden?

Wird die Frage frühzeitig gestellt, wissen Sie, ob der Kunde kurzfristig entscheiden muß. Sie können Ihre Argumentation besser aufbauen.

Wie können wir Sie bei Ihrer Entscheidung unterstützen?

Eine »weiche« Abschlußfrage, die erkennen läßt, ob der Kunde grundsätzlich mit Ihnen zusammenarbeiten will.

Welche Pläne haben Sie mit Ihrer Firma in der Zukunft?

Stimmen unsere Annahmen über die Bedarfsmengen des Kunden?
Oder gibt es bereits höhere Verbrauchs- und damit Absatzmengen?

Worauf legen Sie persönlich besonders Wert?

Viele Mitarbeiter in Kundenunternehmen sind sicherheitsorientiert. Verklausuliert haben Sie mit dieser Frage die Chance, daß der Kunde Ihnen seinen wichtigsten Kaufgrund nennt.

Wer wird später damit arbeiten?

Sie vermeiden es, nur mit dem Entscheidungsträger zu verhandeln. Lernen Sie auch den Anwender oder Benutzer Ihrer Produkte kennen.

Welches Budget haben Sie vorgesehen?

So früh wie möglich gestellt gibt Ihnen die Frage die Möglichkeit, das richtige Angebot für den passenden Geldbeutel auszuarbeiten. Das ist besser, als eine Ideallösung zu präsentieren, für die dann kein Geld vorhanden ist.

Wie sind Sie zu uns gekommen?

Hat Sie ein zufriedener Kunde weitervermittelt, sind Ihre Abschlußchancen höher als durch einen reinen Werbekontakt.

Wer kommt in Ihrer Firma noch für unsere Produkte in Betracht?

Wer hat in seinem Kundenkreis nicht mindestens ein Großunternehmen, bei dem nicht andere Abteilungen ebenfalls für die eigenen Produkte in Frage kommen, wo aber ein Kontakt bisher nicht erfolgte?

9. Wie sieht ein Beispiel für einen Fragenkatalog aus?

Bitte prüfen Sie, welche dieser Fragen Sie direkt in Ihren eigenen Fragenkatalog übernehmen können.

Ihr eigener Fragenkatalog bietet Ihnen die Möglichkeit, vor einem Verkaufsgespräch noch einmal die Schlüsselfragen für den jeweiligen Kunden ins Gedächtnis zu rufen. So stellen Sie sicher, daß alles Wesentliche zur Erstellung des individuellen Angebotes für den Kunden auch erfaßt wird.

Das Beispiel für einen Fragenkatalog:

1. Welche Aufgaben werden Sie mit diesem Produkt lösen?
2. Wie haben Sie Ihre Aufgaben bisher gelöst?
3. Welche anderen Abteilungen in Ihrem Hause sind an dem Projekt beteiligt?
4. Wer wird mit diesem Produkt arbeiten?
5. Welche Vorkenntnisse haben Ihre Mitarbeiter auf dem Gebiet?
6. Wo sehen Sie die Schwerpunkte unserer zukünftigen Zusammenarbeit?
7. Wie stellen Sie sich die Abwicklung vor?
8. Wer sind Ihre Kunden?
9. Was erwarten Ihre Kunden von Ihren Produkten?
10. Wie sieht Ihre Produktpalette aus?
11. Was erwarten Sie von einer Firma nach dem Einkauf?
12. Welche Finanzierung können wir vorschlagen?
13. Welche zusätzlichen Anforderungen stellen Sie an ein Produkt?
14. Welche Pläne haben Sie in der Zukunft?
15. Welche Ansprechpartner sollten wir in Ihrem Unternehmen ebenfalls ansprechen?
16. Welche Entwicklungen erwarten Sie in Ihrem Unternehmen innerhalb der nächsten 5 Jahre?
17. Wer sind unsere Mitbewerber?
18. Wie ist Ihr Unternehmen strukturiert?
19. Können Sie uns Ihr Organigramm zur Verfügung stellen?
20. Wie können wir Sie bei Ihrer Entscheidungsfindung zusätzlich unterstützen?
21. Wie sollte ein gemeinsamer Terminplan aussehen?
22. Wie gefällt Ihnen unser Konzept?
23. Haben Sie einen Zentraleinkauf oder wird dezentral entschieden?
24. Wie schnell brauchen Sie die Lösung?
25. Was halten Sie davon, gemeinsam unsere Fabrikation zu besichtigen?
26. Was müssen wir tun, um den Auftrag zu erhalten?

Kombinieren Sie die vorliegenden Fragen, soweit Sie von Ihnen übernommen werden können, mit den in diesem Buch beschriebenen Schlüsselfragen und Sie erhalten einen systematischen Fragenkatalog.

Die individuelle Situation des Kunden werden Sie damit methodisch erfassen und fehlende Informationen auf ein Minimum reduzieren können.

10. Mit welcher Frageart kann man Aufträge für sich entscheiden?

Eine sehr direkte Möglichkeit, auf die Auftragsvergabe Einfluß zu nehmen, ist das Stellen von

GEGENFRAGEN

insbesondere in Abschlußsituationen. Beispiele:

Kunde: Wann können Sie liefern?
Verkäufer: Wann brauchen Sie es denn?

K: Können Sie Ihren Preis um 12% reduzieren?
V: Würden Sie dann kaufen?

K: Haben Sie auch eine Justagevorrichtung?
V: Wofür brauchen Sie eine?

K: Ich werde mir die Sache noch einmal überlegen und rufen Sie mich dann bitte nächste Woche noch einmal an?
V: Was hält Sie davon ab, jetzt zu kaufen?

K: Ich werde darüber noch einmal eine Nacht schlafen, und Sie rufen mich dann in den nächsten Tagen noch einmal an, einverstanden?
V: Was ist morgen anders als heute?

K: Darf ich Sie anrufen, nachdem ich mir Vergleichsangebote eingeholt habe?
V: Was erwarten Sie vom Wettbewerb, was wir Ihnen nicht bieten können?

Die Vorteile der Gegenfragen sind überzeugend: Sie kommen aus kritischen Situationen heraus und haben wieder die Gesprächsführung in der Hand. Sie haben Zeit gewonnen, Ihre Antwort wohlüberlegt zu geben. Sie stellen sicher, daß Sie Ihren Kunden richtig verstanden haben. Sie können den Kunden in Ihrem Sinne an sich binden und ihn zu einer Grundaussage bewegen. Trotzdem… Gegenfragen zu stellen ist am vorteilhaftesten in Situationen, in denen alles an einem seidenen Faden hängt. Man vergißt die Gegenfrage in solchen Phasen doch sehr schnell. Das sollte beachtet und trainiert sein.

11. Welche kritischen Situationen gibt es in der Fragephase?

Das richtige Einschätzen der individuellen Situation des Kunden und die Gewichtung einzelner Vorteile aus der Sicht des Kunden werden durch das Stellen von Fragen und die entsprechenden Antworten erreicht.

Es können allerdings Störungen auftreten, die zu kritischen Situationen führen.

Beispiele

– Die Fragen wirken auswendig gelernt.
– Die Fragen werden wie in einem Verhör hintereinander gestellt.
  Es werden ausschließlich Fragen gestellt, ohne daß vom Verkäufer Zusatzinformationen erbeten werden, die die vorher erhaltenen Informationen des Kunden näher erläutern.
– Man vermittelt den Eindruck, daß die Antworten des Kunden gar nicht mehr wichtig sind.
– Die Fragen lassen erkennen, daß man die Praxis des Kunden überhaupt nicht kennt.
– Der Kunde fürchtet, vertrauliche Informationen zu geben, die anderweitig verwendet werden.
– Der Kunde erkennt den Sinn der Fragen nicht und wird ungeduldig.
– Die Fragephase dauert zu lange.
– Der Einstieg beim Kunden verlief nicht wie vorgesehen.

Diese Situationen münden in eine kritische Haltung des Kunden und führen dazu, daß er sich verschließt und keine weiteren Informationen geben wird.
Was tun?
Vermeiden Sie zu ausgedehnte Fragephasen und wechseln Sie lieber häufiger von der Rolle des Interviewers in die Rolle des Informanten. Wenn der Kunde dann die Bereitschaft zu weiteren Informationen zeigt, wechseln Sie wieder zurück in die Rolle des Interviewers.

Dieser ständige Wechsel mit kurzen Informationen oder Zusatzfragen Ihrerseits und der reinen Fragephase wirkt auf den Kunden natürlicher. Beherrschen Sie es dann, Ihre wesentlichen Fragen ungekünstelt aber systematisch vorzubringen, wird auch der Kunde davon überzeugt sein, daß ausführliche Informationen seinerseits für ein maßgeschneidertes Angebot notwendig sind.

12. Wie führt man die erste Hälfte eines systematischen Verkaufsgespräches?

Richtigkeit des Besuches prüfen

Ein Verkaufsgespräch fängt bereits vor dem ersten Kontakt an. Prüfen Sie vorher, ob Teilnehmer, Ort und Zeitpunkt stimmen.

Ergebnisse planen

Kein Verkaufsgespräch ohne Ergebnis. Legen Sie vorher fest, was Sie in einem Gespräch erreichen wollen. Das Ziel sollte für Sie nach dem Besuch meßbar sein.

Initialphase nutzen

Der erste Eindruck ist entscheidend, gerade bei Gesprächen mit unbekannten Personen. Sorgen Sie in der Anfangsphase dafür, ein positives Klima zu schaffen, indem Sie den Kunden loben oder einen Zeitungsartikel für den Kunden mitbringen.

Systematisch fragen

Sie sollten, bevor Sie in die aktive Rednerrolle schlüpfen, grundsätzlich vom Kunden Informationen haben, in bezug auf seine aktuelle Situation, bestehende Wettbewerbsbeziehungen und vieles mehr. Stellen Sie in dieser Phase insbesondere W-Fragen (Wer, wie, was, wo).

Sorgfältig Bedürfnisse herausarbeiten

Sie müssen durch Ihre Fragen erfahren, was aus der Sicht des Kunden die Gründe für seinen Bedarf sind. Die nicht ausgesprochenen persönlichen Gründe des Kunden sind besonders wichtig. Für Handwerker ist z. B. Zuverlässigkeit entscheidend, für manchen Anlagenbaukunden Karrieredenken.

Vorteile aufzeigen

Ein Schlüsselsatz: Der Kunde hört nur, was ihm nützt. Vielfach bietet man dem Kunden alles an, was möglicherweise für ihn interessant ist. Der Kunde soll aber nicht aus »20« Vorteilen aussuchen, sondern Sie können gemeinsam mit ihm zwei, drei wesentliche Pluspunkte herausarbeiten und dramatisieren. Arbeiten Sie mit dem Kunden durch die erhaltenen Informationen Vorteile heraus, die der Wettbewerber nicht bieten kann.

Erfolgswahrscheinlichkeit prüfen

Verlassen Sie sich nicht ausschließlich auf Ihren eigenen Eindruck, ob das von Ihnen gemachte Angebot den Kern der Kundenlösung trifft. Fragen Sie in der Mitte Ihrer Verhandlung nach, ob der Kunde ebenfalls diese Vorteile akzeptiert.

13. Wie führt man die zweite Hälfte eines systematischen Verkaufsgespräches?

Reden lassen – Zuhören

Auf Ihre Frage, ob der Kunde den angebotenen Vorteil aus seiner Sicht bestätigen kann, wird er Ihnen wieder Informationen geben. Achten Sie jetzt besonders darauf, was der Kunde Ihnen sagt.

Sorgen/Einwände definieren

In der Regel stimmen Kunden nicht vorbehaltlos Ihrem Angebot zu. Sie haben Einwände/Ängste/Bedenken, über die sie während Ihres Gespräches nachdenken. Sprechen Sie den Kunden offen an, welche Alternativen er noch sehen würde.

Charakterisieren der Informationen

Versuchen Sie, die Einwände zuzuordnen. Sind es Scheineinwände oder echte Einwände? Bringen Sie dies in Erfahrung. »Herr Kunde, wie meinen Sie das genau?« oder »Herr Kunde, wenn Sie mir darüber mehr erzählen können?«

Hinterfragen und festnageln

Sie sollten jetzt wissen, ob Sie durch das Ausräumen der Bedenken des Kunden dem Auftrag ein gutes Stück näher kommen. »Wenn wir eine Lösung hierfür finden, wie stehen dann unsere Chancen?«

Letzte Bedenken erfahren

Sicher haben Sie es in dieser Phase des Verkaufsgespräches geschafft, ein positives Klima zu schaffen. Entweder haben Sie bereits Ihren Auftrag, die Anfrage oder den Rahmenvertrag oder Sie wollen noch die letzten Bedenken, die den Kunden zögern lassen, erfahren. »Was läßt Sie noch zweifeln?«

Unternehmensvorteile nennen

Ein Kunde kauft selten ausschließlich nur ein Produkt. Er erwartet eine Unternehmensleistung, die eine Summe aus Produkt, Know-how, Service, Unterstützung, Mitarbeitereinsatz, Schulung und geldwerte Vorteile darstellt. Jede Firma sollte die Einstellung haben: Ein Kunde kauft nicht unsere Produkte, sondern unsere Firma. Falls der Kunde jetzt noch Bedenken hat, sollten Sie noch einmal Ihre Gesamtangebotsvorteile der Firma auf den Tisch legen.

Systematisch Abschlußfragen stellen

Beenden Sie kein Gespräch, ohne die Bewertung dieses Gespräches gemeinsam mit dem Kunden vorzunehmen. »Wie hat Ihnen das Gespräch gefallen?« »Was müssen wir tun, um den Auftrag zu bekommen?« »Wie geht es weiter?« Falls Sie den Auftrag erhalten haben, sollten Sie ihn umgehend bestätigen, damit kein Wettbewerber noch eine Gefahr darstellt. Fragen Sie sofort nach der Auftragsnummer des Kunden.

14. Was bringen Vorteilslisten?

Vorteilslisten sind eine wesentliche Hilfe im Alltagsgeschäft, mit denen Sie über Aufträge entscheiden können.

Vorteilslisten sind eine Unterlage, die Sie immer bei sich tragen sollten. Sie sollten die Pluspunkte Ihrer Firma und Ihrer Produkte beinhalten. Vertreten Sie mehrere Produkte oder Produktlinien, so sollte eine Vorteilsliste nach und nach für alle Produktgruppen entwickelt werden.

Ihr Vorteil besteht darin, daß Sie vor einer Verkaufsverhandlung die Möglichkeit haben, aus dem gesammelten Fundus an Pluspunkten die für den Kunden geeignetsten herauszusuchen. Sie haben damit Ihre wesentlichen Vorteile für den jeweiligen Kunden im Kopf und »griffbereit«. Sicher werden auch Sie es bestätigen, wie schnell es passieren kann, daß man selbst die wichtigsten Vorzüge eines Produktes vergißt, dem Kunden zu sagen.

Wie sollte eine Vorteilsliste aussehen?

Vorteilsliste	0 10 20 30 40 50 60 70 80 90 100
Alles aus einer Hand	
Geräuscharm	
Deutsche Fertigung	
Komponenten und Systeme	
Erfahrungsvorsprung	
Weltweite Präsenz	
Zahlreiche Patente und Rechte	
Großer Marktanteil	
Kundenbetreuung	
Wirtschaftlichkeit	

Prüfen Sie alle Ihre Vorteile daraufhin, ob der Kunde einen Nutzen daraus zieht. Beispielsweise nützt ein Kundendienstnetz mit 60 Serviceleuten solange nichts, bis näher erläutert wird, was dahinter steckt. Z. B. daß der Kunde die Sicherheit hat, einen Servicemann direkt in seiner Nähe zu haben, einen 24-Stunden-Service, Spezialisten für seine Maschine oder oder ....

Überlassen Sie es nicht dem Kunden in die »Vorteile« reinzuinterpretieren, was er davon haben könnte. Das Risiko ist zu groß.

Die rechte Spalte der oben dargestellten Vorteilsliste gibt Ihnen die Möglichkeit abzuschätzen, zu wieviel Prozent Sie sich mit Ihrem Vorteil vom Wettbewerb unterscheiden. Denn Ihnen nützt ein Vorteil, den Ihr Wettbewerber auch bieten kann, weniger als ein Vorteil, den nur Sie vorweisen können. Liegen Sie mit dem Vorteil auf gleichem Niveau wie Ihr Wettbewerb, ist Ihr Vorteil Durchschnitt = 50%. Ist Ihr Vorteil im Vergleich zum Wettbewerb sogar schlechter, bekommt er weniger als 50%. Ist Ihr Vorteil so herausragend, daß kein Wettbewerber etwas entgegensetzen kann erhält er 100%. So können Sie automatisch bei jedem individuellen Kunden die für ihn geeignetsten Vorteile herausarbeiten. Das wird sich für Ihr Verkaufsgespräch auszahlen.

15. Was bringt aktives Zuhören?

Selten ist eine Verkaufshilfe, unabhängig von Branche und Produkt, so eindeutig als Verkaufswerkzeug einzustufen wie die Zuhörtechnik.

Wie kann man aktives Zuhören praktizieren?

Wesentliches Merkmal ist, daß man »redet«. Aktives Zuhören heißt also auch, daß man etwas sagt und nicht nur, wie man annehmen kann, beim Zuhören einfach den Mund hält. Nur heißt reden in diesem Fall: »Hm, ja, tatsächlich, verstehe, interessant«, Antworten geben oder die letzten Worte des Gesprächspartners sinngemäß wiederholen, damit er erkennt, daß Sie ihn richtig verstanden haben.

Aktives Zuhören heißt

– Sich nicht zu verschließen und den Willen mitzubringen, auf den anderen einzugehen.
– Viele Menschen haben es gerne, wenn alle um sie herum der gleichen Meinung sind. Trotzdem ist es in der Zuhörerrolle notwendig, unterschiedliche Ansichten zu tolerieren. Wenn man – z. B. mit der Körpersprache – signalisiert, daß man mit dem gerade Gehörten nicht einverstanden ist, ist man nicht mehr in der Rolle des aktiven Zuhörers, denn dann wird der Kunde nachfragen, warum Sie nicht seiner Ansicht sind. Die Informationen, die Sie durch Zuhören erfahren wollten, bekommen Sie jetzt nicht mehr.
– Positive Signale zu geben durch Kopfnicken und Augenkontakt.
– »Zureden« durch »ja, hm, interessant«, damit nicht der Eindruck eines Monologes auftritt.
– Wichtige Sätze mit eigenen Worten zu wiederholen.
– Notizen zu machen.

16. Warum ist gerade aktives Zuhören für »alte Hasen« im Verkauf ein sehr wichtiges Thema?

Unter »alten Hasen« versteht man Verkäufer, die mehr als 20 oder 30 Jahre im Verkauf tätig sind. Man hat dann viele Höhen und Tiefen mit dem Unternehmen erlebt und viele Erfahrungen gesammelt.

Kunden erzählen nur noch selten etwas wirklich Neues?

Dies trifft nach Meinung vieler Verkäufer insbesondere dann zu, wenn es um das eigentliche Problem geht, für das das eigene Produkt eine Lösung aufzeigen soll.

Man hat es mehr oder weniger alles schon einmal gehört.

Und hier fängt die Gefahr an: Möglicherweise schaltet man innerlich ab, weil man bereits die Problemlösung vor Augen hat und damit die Situation des Kunden bereits einzuschätzen meint.

Das aktive Zuhören wird nicht mehr praktiziert. Ganz im Gegenteil wird man sehr schnell in die Position des Sprechenden kommen, da man bereits die Problemlösung aufzeigen will.

Das führt zu zwei Nachteilen:

1. Der Kunde erkennt die fehlende Bereitschaft des Zuhörers und wird weniger Informationen übermitteln.

2. Der Verkäufer läuft Gefahr, wichtige Informationen nicht zu erhalten, die er zur Erstellung seines Angebotes brauchen wird. Insbesondere oft in einem Nebensatz erwähnte Details sind aber für ein maßgeschneidertes Angebot Voraussetzung.

Deshalb ist gerade für »alte Hasen« aktives Zuhören ein sehr wichtiges Thema, weil bei aller Erfahrung die Justierung auf die individuelle Situation des Kunden untergehen kann.

17. Was gibt es bei einer kundenbezogenen Argumentation zu berücksichtigen?

Argumentieren Sie nicht ICH-BEZOGEN, denn dann werden Sie als befangen angesehen!

Statt: »Ich glaube, das wird Sie....«
　　　　»Es wird Sie interessieren....«

Statt: »Ich bin sicher....«
　　　　»Sind Sie sicher....«

Statt: »Ich informiere Sie jetzt über etwas ganz Neues....«
　　　　»Für Sie ist es sicherlich interessant zu erfahren....«

Statt: »Was ich Ihnen sage, ist eine Tatsache....«
　　　　»Die Tatsache wird Ihr Vertrauen stärken....«

Statt: »Mein Angebot wird Sie überzeugen....«
　　　　»Das Angebot, das Sie von uns erhalten....«

Ihre Aussage, Ihre Beteuerungen werden nie mehr Gewicht haben, als wenn Sie andere zitieren oder SIE-BEZOGEN argumentieren.

Das SIE spricht mehr an!

ICH-BEZOGENE Formulierungen, wie
Ich will.... Meine Meinung.... Ich meine.... Jetzt will ich Ihnen mal was sagen.... Meine Erfahrung....
sind weniger kundenorientiert als SIE-BEZOGENE Formulierungen
Für Sie ist es sinnvoll.... Ihre Meinung.... Ihre Erfahrung.... Ihnen nützt.... Sie sind.... Wie denken Sie darüber?.... Sie sagen es sehr treffend....

18. Wie führt man einen Erstbesuch am besten durch?

1. Versuchen Sie als Ergebnis des Gespräches ein oder *zwei Gesprächsspitzen* zu erreichen.

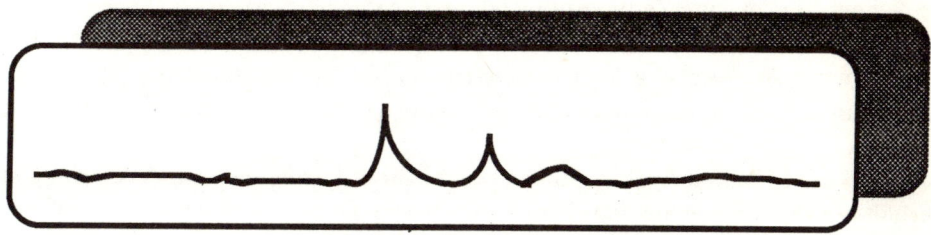

Gesprächsspitzen sind Vorteile Ihrer Produkte oder Firma, die der Kunde eindeutig aus seiner Sicht als wesentlich für eine mögliche Zusammenarbeit bestätigt. Heute reicht es nicht mehr aus, Vorteile aufzuzählen, vielmehr muß der wesentliche Nutzen für den Kunden herausgearbeitet und dramatisiert werden.

2. Fragen werden gestellt. Gerade bei einem Erstbesuch ist die Frage »was ist wichtig für Sie?« von besonderer Bedeutung. Konzentrieren Sie sich vor dem Gespräch noch einmal darauf, welche weiteren Schlüsselfragen Sie stellen werden.

3. Verkaufen Sie die Gesamtleistung Ihrer Firma und weniger das Produkt alleine. Erst mit der Summe aller Vorteile läßt sich eine Abgrenzung gegenüber dem Wettbewerb erzielen. Damit läßt sich auch ein Produkt, das nicht in allen Punkten Topqualität ist, verkaufen. Stellen Sie Service, Zuverlässigkeit, Unterstützung und geldwerte Vorteile, wie Schulung oder verlängerte Garantie, heraus.

4. Denken Sie bitte daran, Ihrem direkten Gesprächspartner Schützenhilfe für seine Argumentation beim Einkäufer zu geben. Alle Vorteile Ihrer Produkte, die sich in Rationalisierung, Kostenersparnis und Qualitätsverbesserungen ausdrücken lassen, legen Sie auf den Tisch.

5. In den meisten Unternehmen herrschen heute *Kostendenken, Sparmaßnahmen und Wertanalyse* vor. Rechnen Sie bitte jeden Vorteil, der in Zahlen darzustellen ist und den Kaufpreis reduziert, dem Kunden im Detail vor. Es reicht heute nicht mehr zu sagen: »Sie sparen Personal oder Einarbeitungszeit.« Diese wesentliche Verkaufshilfe wird erstaunlich selten praktiziert. Gehen Sie davon aus, daß Zahlen besser haften bleiben.

6. Ein Beratungsgespräch ist oft zu komplett. Lassen Sie sich bewußt die »Tür offen«, um beim nächsten Telefonat oder Besuch einen weiteren überzeugenden Vorteil für den Kunden mitzubringen.

19. Was passiert nach dem ersten Besuch?

Bitten Sie den Kunden noch während des Gespräches darum, Ihnen eine Information, Skizze oder Zusammenstellung seiner wesentlichen Anforderungen zu geben. Sie haben somit die Möglichkeit, einen Aufhänger für ein weiteres Gespräch zu haben. Geben Sie dem Kunden nicht alle Unterlagen sofort bei Ihrem ersten Termin in die Hand, sondern schicken Sie ihm noch weitere Unterlagen zu.

Senden Sie ihm eine Zeitungsnotiz oder einen Besuchsbericht, die Sie mit Randnotizen versehen. Der Name des Kunden sollte auf dieser Unterlage stehen. Bei der nächsten Auslieferung, beispielsweise einer Maschine, machen Sie ein Foto gemeinsam mit dem neuen Kunden. Schicken Sie das Foto dem zukünftigen Kunden mit einer netten Bemerkung.

Nachdem Sie einen Auftrag für das gleiche Produkt von einem anderen Kunden erhalten haben, rufen Sie den zögernden Kunden an und sagen freudenstrahlend: »Werter Kunde, ich habe gerade den gleichen Typ des Gerätes, das wir zusammen ausgesucht haben, an einen Kunden verkauft. Bitte sagen Sie mir, was ich tun soll, damit ich auch Sie als Kunden gewinnen kann.«

Bitten Sie den Kunden um Zusatzinformationen zu einem bisher nicht berücksichtigten Aspekt.

Falls Sie ein weiteres persönliches Gespräch suchen, bitten Sie den Kunden um einen neuen Termin, da Sie ihm etwas *zeigen* wollen. Da »zeigen« telefonisch nicht geht, erhält man so leichter Termine. Bitten Sie den Kunden, daß er Ihnen seine Zustimmung gibt, einen Mitarbeiter anzurufen. Sie haben einige Fragen, die so beantwortet werden können, ohne die kostbare Zeit des Kunden zu beanspruchen. Legen Sie dem Angebot Ihre Visitenkarte bei, und schreiben Sie: »Entspricht das Angebot Ihren Vorstellungen? Bitte rufen Sie mich doch einmal an.«

Oft ist es eine sehr wichtige Unterstützung, das Angebot persönlich beim Kunden vorbeizubringen. Argumentieren Sie, daß der Kunde so Zeit spart.

Wechseln Sie beim nächsten Gespräch den Ort oder das Besprechungszimmer. Versuchen Sie, weitere Mitarbeiter Ihres Kunden kennenzulernen.

Berücksichtigen Sie zu jedem Zeitpunkt, daß eine systematische Angebotsverfolgung Ihren Verkaufserfolg nachhaltig steigern wird.

So vermeidet man kritische Situationen bei Einwänden und Bedenken des Kunden

20. Welche unausgesprochenen Bedenken und Widerstände haben Kunden?

Oft gibt es Widerstände und Bedenken, die nicht offen ausgesprochen werden. Die Aufgabe des Verkäufers ist es, Hintergründe beim Kunden durch Fragen und Zuhören zu erfassen, damit Kaufhindernisse erkennbar werden. Ein Verkäufer sagte einmal: »Der zweite Grund ist der richtige.« Ihn gilt es zu erforschen.

Beispiele für unausgesprochene Bedenken:

Werde ich übervorteilt?

Werden die Zusagen auch eingehalten?

Ist die Qualität entsprechend?

Wird sorgfältig gearbeitet?

Werden die zugesagten Lieferzeiten auch eingehalten?

Existiert die Firma solange wie ihre Garantiezusagen?

Habe ich mich für die richtige Firma entschieden?

Werden die Arbeiten zügig durchgeführt?

Werden die Preise eingehalten?

Habe ich zum richtigen Preis eingekauft?

Ist die Betreuung nach dem Kauf und der Inbetriebnahme zufriedenstellend?

21. Mit welcher Methodik beantwortet man Einwände?

Sicher begegnen Sie einer ganzen Zahl von Einwänden mit erprobten Argumenten. Allerdings gibt es immer wieder neue Einwände, auf die der Kunde eine Antwort erwartet. Wichtig sind dabei zwei Punkte. Erstens sollten Einwände niemals sofort mit einer »Gegen«argumentation beantwortet werden, weil daraus sehr schnell eine Streitdiskussion entstehen kann. Der Kunde erwartet eine Ablehnung seiner Meinung und ist deshalb besonders kritisch eingestellt. Zweitens sollten Sie sicherstellen, daß Sie den Einwand auf jeden Fall schriftlich festhalten. So haben Sie die Chance, nach dem Kundengespräch in Ruhe Ihre Antwort noch einmal zu überdenken und möglicherweise zu verbessern. Sie sorgen dafür, daß beim nächsten Mal Ihre Kunden eine überlegte Antwort erhalten, denn Improvisieren in einer Einwandbehandlungsphase führt zu wenig zufriedenstellenden Antworten. Sinnvoll ist es, Einwände in drei Stufen zu beantworten:

ANALYSE

Bevor Sie den Einwand beantworten, müssen Sie sicherstellen, daß Sie die Bedenken des Kunden richtig verstanden haben.
Beispiel: Auf "zu teuer" gibt es mindestens 10 Gründe, die dahinterstehen. Erfahren Sie durch Nachfragen und Zuhören die Hintergründe.

 **A**USRÄUMEN   **A**KZEPTIEREN

Die Einwandbehandlung fällt Ihnen leichter, wenn Sie den Einwand ausräumen können, weil der Kunde nicht alle Informationen hatte oder Ihre Argumente den Kunden überzeugten. Doch es gilt zuerst analysieren und dann entweder akzeptieren oder ausräumen.

Nachdem Sie die Hintergründe des Einwandes analysiert haben, entscheiden Sie. Entweder akzeptieren Sie den Einwand, weil man ihn objektiv bestätigen muß. Dann sollten Sie für dieses Manko aber Pluspunkte auf anderen Gebieten aufzeigen, die den Nachteil ausgleichen.

22. Welcher Kardinalfehler wird manchmal bei der Einwandbehandlung begangen?

Der Vorteil der Verkaufsprofis, die Erfahrung, kann sich bei der Einwandbehandlung als Nachteil erweisen. Warum?

Bei vielen Einwänden glaubt man, den Einwand richtig definiert zu haben, und gibt sofort die Antwort.

Gefahr? Möglicherweise war es ein Scheineinwand, den Sie gar nicht aus der Welt räumen können, weil der eigentliche Grund ein ganz anderer ist.

Ein Beispiel: Ein Verkäufer, wurde von dem Kunden gefragt:

»Haben Sie eine Kalibriereinrichtung?«

Der Verkäufer versuchte sich zu verteidigen und dafür Gründe zu finden, warum man noch keine Kalibriereinrichtung als Bestandteil der eigenen Produkte im Angebot hatte.

Es wurde immer schwieriger für ihn, dafür Argumente zu finden.

Plötzlich fragte er: »Wofür brauchen Sie die eigentlich?«

Antwort: »Ich brauche sie bisher nicht. Ich habe darüber nur in einer Zeitschrift gelesen.«

Vermeiden Sie direktes Beantworten, insbesondere bei Einwänden. Hinter dem Einwand »zu teuer« stehen bis zu 10 Gründe, die mit dem objektiven Einwand »zu teuer« nichts oder nur indirekt etwas zu tun haben. Prüfen Sie, bevor Sie antworten, ob der Einwand echt ist oder nur vorgeschoben und ob Sie den Einwand richtig verstanden haben. Sie vermeiden auch eine Konfrontation mit dem Kunden, der in dieser Situation besonders kritisch Ihre Reaktion prüfen wird.

Möglichkeiten sich abzusichern:

Fragen Sie nach:

»Wie meinen Sie das genau?«

»Woher haben Sie diese Information?«

»Wenn Sie mir das noch einmal etwas näher erläutern?«

»Interessant, erzählen Sie das bitte etwas genauer...«

Schreiben Sie den Einwand auf und geben Sie sich nachdenklich. Der Kunde wird oft noch zusätzliche Informationen zur Abrundung geben.

Sprechen Sie den Kunden offen an: »Was sollte man dann tun, Herr Kunde?« oder »Wie würden Sie sich eine Lösung vorstellen?«

Vermeiden Sie durch vorschnelle Argumente, daß sich der Kunde falsch verstanden fühlt und Sie damit den Kern des Einwandes nicht treffen.

Bedenken Sie auch, daß mancher Einwand geäußert wird, weil man Sicherheit und Unterstützung haben will.

Die Einwandbehandlung auf den geäußerten Einwand hin ist dann wenig zielführend. Das Erkennen, hier liegen grundsätzliche Zweifel an dem gesamten Lösungsvorschlag zugrunde, läßt Sie richtig reagieren.

23. Wie korrigiert man den Kunden, wenn seine Argumentation nicht stimmt?

Nicht direkt

Kunden haben Einwände, von denen sie überzeugt sind, obwohl sie nach Ihrem Kenntnisstand eindeutig falsch oder unzutreffend sind. Man könnte diese Einwände sehr gut widerlegen.

Die Gefahr besteht nur darin, daß man die Diskussion gewinnt, aber die Chancen für den Auftragserhalt reduziert.

Nur sehr wenige Menschen akzeptieren es, wenn man ihnen schonungslos die Wahrheit ins Gesicht sagt.

Sollte die Argumentation des Kunden einmal nicht stimmen, so ist es manchmal sinnvoller, diesen Einwand zurückzustellen oder gar nicht näher darauf einzugehen.

Ist das Ausräumen dieses Einwandes jedoch erforderlich zum Auftragserhalt, sollte man zuerst einige positive Bemerkungen fallen lassen.

»Ich kann Ihre Argumentation durchaus verstehen, Herr Kunde. Berücksichtigt man allerdings einen weiteren Aspekt, dann....«

»Das hat eine ganze Menge für sich, was Sie sagen. Zusätzlich sollten Sie berücksichtigen....«

»Verständlich, das was Sie sagen. Einen weiteren Aspekt sollten wir diskutieren«

Überbrücken Sie die schwierige Situation direkt nach dem Aussprechen des Einwandes durch Ihren positiven Gesprächsanfang.

Stimmt die Argumentation des Kunden nicht, erfragen Sie die Hintergründe, stellen den Einwand bis zur Klärung weiterer Einzelheiten zurück und finden in der Aussage des Kunden auch etwas positives. Fühlen Sie sich vor allem nicht durch den Einwand persönlich angegriffen. Viele Einwände werden auch aus taktischen Gründen gesagt, um etwas anderes zu erreichen. Betrachtet man den Einwand isoliert, läuft man Gefahr, den eigentlichen Kern nicht zu treffen.

24. Was sind schwierige Einwände und wie beantwortet man sie?

Einwand: **Die Versuchsergebnisse des Wettbewerbers sind besser**
Antwort: Können wir die Ergebnisse einmal gemeinsam vergleichen?
          Welche Versuchsergebnisse meinen Sie im einzelnen?

E: **Hohe Ersatzteilpreise**
A: Ja, das ist auf den ersten Blick zutreffend, andererseits....
   Ihnen entstehen keine Lager- und Finanzierungskosten, die gerade unsere Ersatzteilpreise mit beinhalten. Zur Erhöhung Ihrer Sicherheit sichern wir Ihnen Vorratshaltung und schnelle Lieferzeit zu.

E: **Schlechte Betreuung nach dem Kauf**
A: Haben Sie diese Erfahrung persönlich gemacht?

E: **Gewährleistung ist unzureichend**
A: Was sollte nach Ihrer Ansicht eine Gewährleistung beinhalten?
   ....Genau diese Kriterien erfüllen wir.

E: **Zu lange Lieferzeiten**
A: Wir verstehen Ihre Reaktion. Andererseits beweist es Ihnen, daß Sie sich für das richtige Produkt entschieden haben, weil die Nachfrage nach diesem Produkt sehr groß ist.

E: **Schlechte Erfahrungen mit Ihren Produkten gemacht**
A: Können Sie mir weitere Einzelheiten nennen?
   Haben Sie diese Erfahrungen persönlich gemacht?

E: **Produkt ist zu kompliziert**
A: Was erscheint Ihnen zu kompliziert?
   (Argumente analysieren)

E: **10% Rabatt brauchen wir mindestens**
A: Angenommen wir finden eine Lösung. Würden Sie dann kaufen?
   Auf welche Leistungen können Sie verzichten?

E: **Sie geben Großkundenrabatt**
A: Bitte bedenken Sie einen zusätzlichen Aspekt. Das Wort Rabatt ist nicht ganz zutreffend, weil wir an unsere Großkunden eine Ersparnis weiterleiten, die erzielt wird durch die kostensparende Abwicklung und Bearbeitung beim Kauf größerer Mengen. Es ist also kein Rabatt sondern eine weitergeleitete Ersparnis
   Bei den gleichen Abnahmemengen erhalten Sie selbstverständlich die gleichen Konditionen.

25. Wie beantwortet man Standardeinwände?

E: **Zu teuer**
A: Im Verhältnis wozu?
Womit vergleichen Sie den Preis?

E: **Ich werde mir das noch einmal überlegen**
A: Gerne. Welcher Punkt läßt Sie denn noch so nachdenklich erscheinen?

E: **Ich werde es zuerst mit meinem Chef besprechen müssen**
A: Wenn Sie alleine zu entscheiden haben, wie würden Sie sich denn entscheiden?
Sie kennen ja Ihren Chef. Welche Meinung wird er nach Ihrer Ansicht haben?
Welche Informationen benötigen Sie noch von uns, um Ihren Chef zu überzeugen?

E: **Kein Bedarf**
A: Darum geht es auch bei diesem Besuch nicht. Uns ist Ihre Meinung als Fachmann zu unserem neuen Produkt wichtig. Oder....
Dann haben Sie Glück. Jetzt können Sie in Ruhe die einzelnen Alternativen prüfen.

E: **Keine Zeit**
A: Nach 8 Minuten können Sie entscheiden, ob Ihnen unser Angebot Vorteile bringt. Falls es nicht der Fall ist, werde ich aufstehen und gehen.

E: **Wir rufen Sie wieder an**
A: Was läßt Sie noch zögern?

E: **Wir sehen nicht ein, warum wir den Lieferanten wechseln sollen**
A: Was schätzen Sie denn an der Zusammenarbeit mit Ihrem jetzigen Lieferanten?

E: **Kein Interesse**
A: Das ist verständlich. Deshalb rufe ich auch an. Damit Sie persönlich Ihr Interesse an unserem neuen Produkt prüfen können.

E: **Sie wollen mir bloß etwas verkaufen**
A: Wäre Ihnen das recht?
Sagt der Kunde: Ja, denn es ist Ihre Aufgabe. Antwortet man:
»Sehen Sie Herr Kunde, deshalb habe ich Sie angesprochen, weil ich überzeugt bin, daß Ihnen ein Kauf Vorteile bringt.«
Sagt der Kunde: »Natürlich nicht.« Antwortet man:
»Aus diesem Grunde bin ich hier, damit Sic nach dem Gespräch in Ruhe prüfen können, ob Ihnen das Produkt zusagt. Ich werde Ihnen nur etwas verkaufen, das Ihnen persönlich gefällt.«

26. Welche kritischen Situationen gibt es bei der Einwandbehandlung?

Es gibt mehrere kritische Situationen bei der Einwandbehandlung. Die schwerwiegendste:

Sie können den Einwand des Kunden nicht ausräumen.

Die in diesem Buch beschriebene Einwandbehandlungsmethode zeigt Wege auf. Wenn Sie den Einwand nicht entkräften können, muß die Summe an Vorteilen den nicht entkräfteten Einwand ausgleichen.

Kritisch wird die Situation dann, wenn der Einwand mehr und mehr zum zentralen Auftragsentscheidungsgrund gemacht wird. Vermeiden Sie in der Verhandlung von Anfang an, daß nur ein Punkt über Kauf oder Nichtkauf beim Kunden entscheidet. Das dürfte Ihnen gelingen, wenn Sie immer und immer wieder weitere Pluspunkte aus der Sicht des Kunden heraus nennen.

Der Einwand des Kunden ist unfair und unwahr

ist eine weitere kritische Situation, weil man sehr schnell Gefahr läuft, die Beherrschung zu verlieren und emotional zu reagieren. Mehr oder weniger versteckte Beleidigungen können den Kunden dann in Rage bringen.

Vermeiden Sie es, begründete oder unbegründete Einwände sofort zu beantworten. Erforschen Sie die Hintergründe des Einwandes. So vermeiden Sie auch diese kritische Situation.

Sie erkennen, daß der Einwand durch eine Fehlannahme des Kunden entstanden ist.

Eine weitere kritische Situation. Schonungslos dem Kunden zu sagen, daß sein Einwand völlig unbegründet ist und nur auf fehlendes Wissen zurückgeführt wird, würde die Fronten verhärten.

Bei einer Diskussion über technische Details kann eine solche Situation sehr schnell entstehen, wenn der Kunde von seiner Ansicht überzeugt ist, aber für den Verkäufer offensichtlich ist, daß der Einwand auf fehlendem Wissen beruht.

Der geeignetste Weg ist es dann, den Kunden die Lösung selber finden zu lassen und ihn lediglich bei der Entscheidungsfindung zu unterstützen. Klappt dieser Weg nicht, ist vor der eigentlichen Einwandbehandlung eine Formulierung notwendig, die den Kunden darin bestätigt, daß sein Einwand aus der Sicht des Kunden heraus verständlich ist. Beispiele: »Ich kann sehr gut verstehen, warum Sie auf diesen Punkt einen großen Wert legen. Lassen Sie mich einmal einen weiteren Aspekt in die Diskussion einbringen....«

So rückt man den eigenen Preis ins richtige Licht

27. Warum will ein Kunde einen Rabatt?

1. Weil er weiß, daß sich das Handeln am Preis lohnt und in den meisten Fällen Preiszugeständnisse auf der Verkäuferseite gemacht werden.

2. Weil der Kunde seiner Funktion als Einkäufer gerecht werden muß.

3. Weil er von dem Angebot noch nicht überzeugt ist.

4. Weil er vom Wettbewerber Sachzuwendungen erhält.

5. Weil er mit dem Verkäufer des Wettbewerbers befreundet ist.

6. Weil das Budget nicht reicht.

7. Weil gar keine Kaufabsicht dahintersteckt. Es ist nur eine Informationsanfrage.

8. Weil er nicht weiß, was der wirkliche Mindestpreis ist, zu dem Sie bereit sind, den Auftrag zu akzeptieren.

9. Er hat den subjektiven Eindruck, Ihr Angebot ist den Preis nicht wert.

10. Er verbirgt andere wichtige Widerstände, die mit dem Preis nicht direkt zusammenhängen.

11. Er darf gar nicht entscheiden und will es Ihnen nicht sagen.

12. Er hat Angst, übervorteilt zu werden.

13. Er will seine Tüchtigkeit unter Beweis stellen und den Verkäufer »besiegen«.

14. **Er will wirklich günstiger kaufen.**

Aus der Sicht des Kunden gibt es sehr viele Gründe, am Preis zu handeln.
Deshalb ist es wichtig: Zuerst analysieren, welcher dieser Gründe zutreffend ist.

28. Womit sollte man anfangen, wenn der Preisverkauf ein zentrales Thema jeder Verhandlung ist?

Überlegen Sie einmal, wie oft Sie in Ihrem Leben zu hören bekommen:

zu teuer

Das kann schnell zu eigenen Preiswiderständen führen. Der Kunde wird versuchen, bei Ihnen grundsätzlich einen Rabatt herauszuholen, alleine schon deshalb, weil er weiß, daß Preiszugeständnisse nur allzu schnell gemacht werden. Verständlich ist diese Reaktion. Denn das Hartbleiben des Verkäufers, wenn es um Rabatte geht, ist ein Tanz auf dem Drahtseil. Ist man unnachgiebig, kann man Gefahr laufen, den Auftrag zu verlieren. *Fazit*:
Prüfen Sie, ob Sie eigene Preiswiderstände haben, die Ihnen den Preisverkauf erschweren.

Beispiele:

Eigenes Preisgefühl

Nach Ihrem persönlichen Empfinden ist der Preis für das Produkt oder das Ersatzteil zu hoch. Der Kunde wird nun grundsätzlich sagen, daß der Preis zu hoch ist. Sie haben in dieser Situation die Gleichheit der Meinung. Es wird Ihnen schwer fallen, den Kunden von einem Preis zu überzeugen, wenn Sie ihn selbst als zu hoch empfinden. Analysieren Sie, warum Sie den Verkaufspreis als zu hoch einstufen und bauen Sie den eigenen Widerstand ab.

Nur der Preis zählt

Wenn Sie der Ansicht sind, daß nur der Preis zählt, und der Kunde Sie aus anderen Interessen heraus darin bestätigt, reduzieren Sie Ihre Verkaufschancen. Kein Kunde kauft nur den Preis, sondern die Summe an persönlicher Unterstützung, Produktqualität und Unternehmensleistung.

Kapitulation

Es ist nicht zu leugnen, daß manche Produkte sehr schwer verkäuflich sind, weil der Preis den der Wettbewerbsprodukte 20 Prozent und mehr übersteigt. Die Gefahr liegt dann auch darin, daß man nach sehr vielen ergebnislosen Versuchen kapituliert. Gerade in einer solchen Situation sind die bisherigen Verkaufsmethoden für das Produkt zu überprüfen und neue Wege zu finden.

Haben Sie Ihr eigenes Preisverständnis geprüft, ermitteln Sie, welche Vorteile Sie Ihrem Kunden für eine Zusammenarbeit bieten können.

Stimmt Ihr eigenes Preisverständnis und wissen Sie genügend Pluspunkte, die für Sie, Ihr Unternehmen und Ihre Produkte sprechen, dann ist das zentrale Thema Preisverkauf für Sie eine leicht lösbare Aufgabe.

29. Welche Preisverkaufstaktik entscheidet über Aufträge?

Vorweg gesagt: Auch heute noch steht bei vielen Einkaufsentscheidungen nicht der Preis als Kaufgrund Nr. 1 sondern die Qualität. Der Preis ist der Kaufgrund Nr. 2, wie Einkäuferumfragen bestätigen.

Beim Preisverkauf tritt eine besonders schwierige Situation nur deshalb auf, weil der Kunde fast nie bestätigt, daß der Preis »richtig liegt« oder sogar günstig ist. Beim Preis fürchtet er immer, daß Sie noch Spielraum haben und er übervorteilt wird. Folgende Vorgehensweise hat sich bewährt:

Mehr zögern

Nennen Sie den Preis so spät wie möglich. Stellen Sie Gegenfragen. Bauen Sie das Wertbewußtsein des Kunden auf. Versuchen Sie, durch Fragetechnik herauszuarbeiten, ob ein echter oder unechter Kaufwiderstand vorliegt. Prüfen Sie, ob Ihr Gesprächspartner überhaupt entscheiden darf. Stellen Sie sicher, daß der Kunde Ihre Lieferungs- und Zahlungsbedingungen akzeptiert, bevor der Preis verhandelt wird.

Mehr zergliedern

Ein Kunde kauft in den wenigsten Fällen ausschließlich nur beim billigsten Anbieter. Der Preis wird im Zusammenhang mit Produkt- und Unternehmensvorteilen gesehen. Sagen Sie dem Kunden deutlich, was über die Produktqualität hinaus für Sie und Ihr Unternehmen spricht. Stellen Sie die Frage: »Was ist neben dem Preis für Sie wichtig?« Dramatisieren Sie ein oder zwei Vorteile, die der Kunde akzeptiert hat.

Mehr zeigen

Forschungen bestätigen deutlich, daß Bilder und Zeichnungen überzeugender wirken als lediglich Worte. Arbeiten Sie deshalb mit Prospekten, Fotos und Skizzen. Zeigen Sie Bilder ausgeführter Anlagen. Zeichnen Sie Vorteile für den Kunden auf ein Blatt Papier.

Mehr zitieren

Lassen Sie andere für sich sprechen. Erzählen Sie dem Kunden, was ein anderer, zufriedener Kunde Ihnen kürzlich sagte. Legen Sie Referenzbriefe auf den Tisch. Geben Sie Untersuchungsergebnisse von Marktforschungsunternehmen oder wissenschaftlichen Instituten an. Nutzen Sie Aussagen, die ein Wirtschaftsminister in der Öffentlichkeit in Ihrem Sinne gesagt hat. Die Argumentation über Dritte wirkt glaubhafter, als wenn Sie das gleiche mit Ihren Worten wiedergeben.

30. Wie verkauft man den eigenen Preis am besten?

Einen Preis verkauft man dann am besten, wenn die Vorteile größer sind als der Preis oder die auf Zeit gesehene Investition einen selbsttragenden Charakter hat. Etwa durch eingesparte Energiekosten oder Wasserkosten.

Der Preis läßt sich dann sehr gut verkaufen, wenn man systematisch jeden Vorteil, der sich in Zahlen ausdrücken läßt, dem Kunden vorrechnet. In vielen Fällen sagt man nur: Sie sparen Zeit oder Personal. Das reicht heute nicht mehr. Jeder geldwerte Vorteil sollte von Ihnen in Zahlen ausgerechnet und dem Kunden auf den Tisch gelegt werden. Oft werden Schulungen kostenlos durchgeführt, oder es erfolgt eine Einweisung an den Geräten, die dem Kunden nicht weiterbelastet wird. Jede Kostenersparnis für Personal, Strom, Arbeitsstunden, Wasserverbrauch und Materialverschleiß muß dem Kunden in Zahlen präsentiert werden, selbst wenn diese nur auf Annahmewerten basieren. Der Kunde wird Ihnen dann seine konkreten Zahlen geben, die Sie für seine Ausrechnung benötigen.

Alle Ersparnismöglichkeiten beim Kunden sind systematisch zu erfassen und bei Preisverhandlungen einzusetzen.

Qualitätsverbesserungen, die der Kunde mit Ihren Produkten erreicht, sind in Zahlen konkret auszudrücken. Höhere Preise, die Abnehmer des Kunden für spürbare Verbesserungen zu zahlen bereit sind, erleichtern den Verkauf.

Erhalten Kunden Zuschüsse vom Staat oder Land, sind diese Beträge von Ihrem Preis abzuziehen. Häufig kennen Kunden nicht einmal die Möglichkeiten, Gelder aus diesen Quellen zu erhalten.

Steuerersparnisse sind ebenfalls zu berücksichtigen.

Richtigerweise muß bestätigt werden, daß der Wettbewerber die gleichen Rechnungen für sich in Anspruch nehmen kann, allerdings siegt derjenige, der sie konsequent in die Tat umsetzt.

Ansatzpunkte gibt es in vielen Branchen.

Die Baubranche kann Heizkostenersparnisse und Steuervorteile bei der Renovierung für sich in Anspruch nehmen.

Ingenieure können Wirtschaftlichkeitsrechnungen und Forschungsgelder in der Argumentation einsetzen.

Großhändler können eingesparte Lagerkosten für den Kunden und verlängerte Zahlungsziele errechnen.

Zusammengefaßt ist eine der besten Möglichkeiten, den Preis als Zahl zu verkaufen .... Zahlen entgegenzusetzen.

31. Was tun....wenn der Wettbewerb mehr als 30 % günstiger anbietet?

Lassen Sie keinen Preis als absolute Zahl stehen. Werden Sie Mathematiker. Eine der geschicktesten Möglichkeiten, selbst hohe Preisdifferenzen glaubhaft zum eigenen Vorteil darzustellen, besteht darin, den eigenen Preis zu »zerkleinern«. Verbinden Sie Ihren Preis mit einer weiteren Perspektive. *Beispiel*:
Rechnen Sie Ihr Produkt, das eine Nutzungsdauer von 10 Jahren hat, in Kosten pro Tag um.

80 000.- ./. 10 Jahre ./. 200 Arbeitstage = 40.- DM/Tag. Relativieren Sie Ihren Anschaffungspreis. Setzen Sie ihn ins Verhältnis zu den Kosten pro Tag, pro Stunde, eingespartem Personal, eingesparter Zeit, weniger Strom- oder Heizkosten. Vor Steuern oder nach Steuern. Reduzierung der Ausfallquote und Kosten. Im Verhältnis zu den Gesamtkosten einer Baumaßnahme, z. B. relativ geringer Anschaffungspreis eines Analysegerätes im Vergleich zu den Gesamtkosten eines Labors. Rechnen Sie aus, welche zusätzlichen Einnahmen Ihr Kunde durch die Verbesserung der eigenen Produktqualität in DM erzielt.

Läßt sich eine Amortisation errechnen, zeigen Sie diese dem Kunden. Gibt es Förderprogramme für Ihre Produkte, ziehen Sie die Ersparnisse vom Kaufpreis ab. Vergleichen Sie die Ausgaben für Ihr Produkt mit kleinen, täglichen Anschaffungen wie etwa Zeitungen oder Zigaretten. Ermitteln Sie die Preisdifferenz zwischen Ihrem und dem Wettbewerbspreis und teilen Sie sie durch die Lebensdauer des Produktes. Bieten Sie dem Kunden eine Finanzierung oder Leasing an. Rechnen Sie dem Kunden vor, wieviel er auf der anderen Seite konkret in DM pro Monat oder Jahr spart.

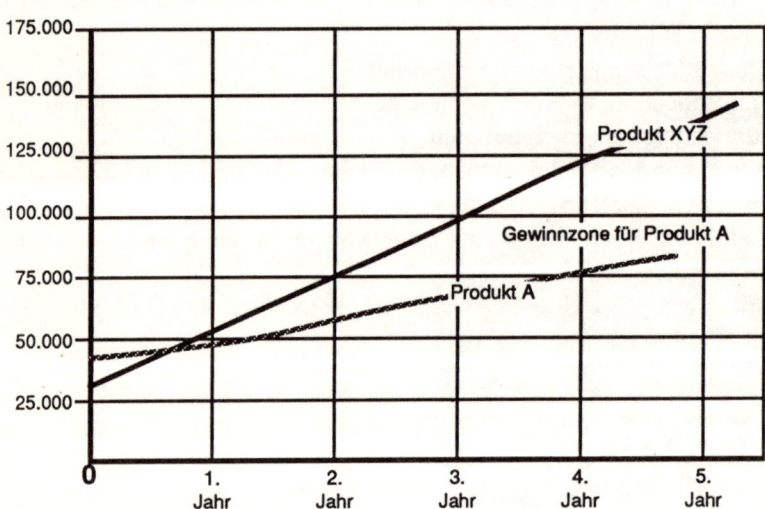

Fazit:
Selbst Preisdifferenzen bis zu 30% lassen sich glaubhaft darstellen. Berücksichtigt man nur die Preisdifferenz in DM, ergeben sich auf die Nutzungsdauer umgerechnet nur noch Pfennigbeträge als Unterschiede. Dann können weitere Pluspunkte als geldwerter Vorteil in die Waagschale geworfen werden.

32. Was sagen Sie, wenn der Kunde sagt »zu teuer«?

Bevor Sie antworten, ist es sinnvoll, in Erfahrung zu bringen, warum der Kunde das Argument anbringt. Mehrere Gründe sind möglich. Der Kunde hat kein Budget, will beim Wettbewerb kaufen und braucht ein Infoangebot oder sieht keine Vorteile, die den Preis rechtfertigen.
Mögliche Antworten auf »zu teuer«:

Warum?

Im Verhältnis wozu sind wir zu teuer?

Womit vergleichen Sie den Preis?

Lassen Sie uns einmal das Preis-/Leistungsverhältnis näher anschauen.

Angenommen, wir finden beim Preis eine Lösung. Würden Sie dann kaufen?

Worauf sollten wir bei unseren Produkten verzichten?

Das stimmt. Darf ich Ihnen den Grund erläutern?

Womit vergleichen Sie uns?

Können wir uns das Angebot des Wettbewerbers einmal gemeinsam anschauen?

Wieviel DM liegen wir über Ihren Vorstellungen? Wie lange glauben Sie, werden Sie das Produkt nutzen? Das macht auf....Jahre, ...DM am Tag. Richtig? Lassen Sie uns einmal untersuchen, was Sie dafür als Mehrleistung erhalten.

Nehmen wir einmal an, wir finden eine Lösung. Was ist neben dem Preis wichtig für Sie?

Sie wissen, daß es nicht eine Frage des Rabattes ist, sondern was man als Gegenleistung dafür erhält.

Auf welche Leistungen wollen Sie verzichten?

Bitte suchen Sie sich die Antworten heraus, die Ihnen persönlich am besten gefallen.

33. Was tun .... bei Einwänden während der Preisverhandlung?

Das situationsgerechte Reagieren bei Preisverhandlungen kann über den Auftragserhalt entscheiden.

Wie reagiert man auf Einwände, die gerade in der besonders kritischen Preisverhandlungsphase gestellt werden?

Sie müssen am Preis einiges tun....

Sind alle anderen Bedingungen in Ihrem Sinne, Herr Kunde?
Wird das der einzige Punkt sein, über den wir noch sprechen müssen?
(Sie vermeiden die Taktik des Einkäufers, der zuerst den Preis drückt, Ihnen dann den Auftrag erteilt, um anschließend weitere Forderungen in bezug auf Skonto, Frei Haus Lieferung oder verlängertes Zahlungsziel zu stellen.)

zu teuer

Im Verhältnis wozu?
Was ist neben dem Preis für Sie wichtig?
Wieviel sind wir zu teuer? Wie lange glauben Sie, werden Sie das Gerät nutzen?
Das macht auf ....Jahre, ...DM am Tag. Richtig?
Lassen sie uns untersuchen, was Sie dafür als Gegenleistung erhalten.
Stimmt....Darf ich Ihnen erläutern, warum das einen Grund hat, der Ihnen auch Vorteile bringt?
Warum?

Sie müssen 12% Rabatt geben, um den Auftrag zu bekommen!

Nehmen wir einmal an, wir finden eine Lösung. Was ist neben dem Preis für Sie wichtig?
Warum möchten Sie einen Rabatt?
Rabatt ist möglich, welche höheren Mengen nehmen Sie uns ab?
Auf welche Leistungen wollen Sie verzichten?

Sie geben aber Großkundenrabatt

Das ist richtig und trotzdem falsch. Weil das Wort Rabatt nicht richtig ist. An unsere Großkunden leiten wir eine Ersparnis weiter, die erzielt wird durch die kostensparende Abwicklung und Bearbeitung beim Kauf größerer Produktmengen. Es ist also kein Rabatt, sondern eine weitergeleitete Ersparnis.

2% Skonto

Sie kennen die kaufmännische Kalkulation. Ein Skonto wird immer kalkuliert. Es ist also keine Ersparnis, sondern vorher bereits kalkuliert worden. Wir praktizieren diesen Stil nicht. Wir betrachten ihn nicht als seriös.

34. Was tun .... wenn der Kunde trotz aller Bemühungen den Preis nicht akzeptiert?

1. Unterscheidungsmethode
Greifen Sie ein wesentliches Detail Ihres Produktes heraus, das nicht vergleichbar mit dem Wettbewerb ist, und dramatisieren Sie es. Schaffen Sie einen eigenen Namen für dieses Detail.

2. Kompromiß einbauen
Verhandeln Sie sehr hartnäckig. Lassen Sie sich dann ein Zugeständnis, das Sie vorher eingebaut haben, abringen. Gehen Sie nur darauf ein, indem Sie die Frage stellen: »Wenn wir uns in diesem Punkt einigen können, erhalten wir dann den Auftrag?« So vermeiden Sie, ohne Entscheidung die Verhandlung verlassen zu müssen.

3. »Was dann«-Weg
Das ist eine gefährliche aber in einigen Branchen notwendige Methode. Weisen Sie auf versteckte Kosten bei Wettbewerbsangeboten hin. Zeigen Sie Bilder schlecht ausgeführter Objekte vom Wettbewerb.

4. Beweis
Verlängerte Garantien, ein hoher Marktanteil, die Langlebigkeit des Produktes und Referenzen sind Sicherheitsbeweise, die auch einen zweifelnden Kunden überzeugen können.

5. Sonderangebote
Entwickeln Sie eine Plusleistung für einen Kunden. Bringen Sie einen Einmaligkeitseffekt ein. Unterbreiten Sie nur ein zeitbegrenztes Angebot. Erarbeiten Sie Sonderkonditionen für die Finanzierung.

6. Eigenkosten erklären
Auch ein gefährlicher Weg. In Einzelfällen allerdings notwendig. Unterstreichen Sie die Glaubwürdigkeit des Preises. Verunsichern Sie den Kunden. Der Wettbewerb kalkuliert falsch.

Fazit:
Preisverhandlungen sind 50% länger zu planen, weil Sie sonst sehr schnell 50% des Gewinns verlieren.

35. Was tun .... um bei einer Preisdifferenz trotzdem Aufträge zu holen?

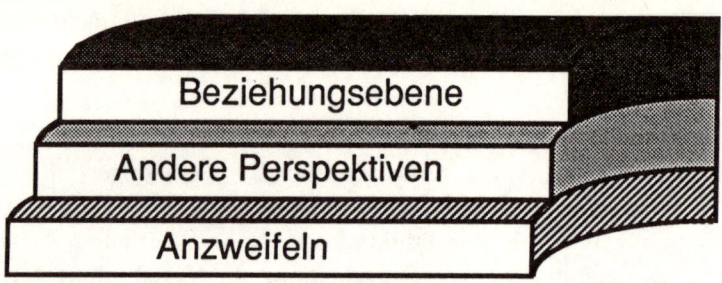

Anzweifeln

Zweifeln Sie grundsätzlich die Vergleichbarkeit Ihres Angebotes mit anderen Angeboten an. Selbst wenn eine Produktvergleichbarkeit gegeben ist, was nur in sehr seltenen Fällen vorkommt, sind mindestens die Firmenleistung und das eigene Engagement nicht vergleichbar.

Hinsichtlich der Firmenleistung gilt es, alle Pluspunkte dem Kunden deutlich zu machen, die über das Produkt hinaus für den Kunden sprechen. Dazu zählen Service, Beratung, Schulung, Unterstützung bei der kundeneigenen Werbung, u.s.w.

Andere Perspektiven

Lassen Sie den Preis und die Liefer- und Zahlungskonditionen nicht als Entscheidungskriterium Nr.1 stehen.

Der Preis bietet vielfältige Möglichkeiten, in anderer Form dargestellt zu werden.

Setzen Sie ihn ins richtige Bild:

Eine Amortisationsrechnung läßt Sie den Anschaffungspreis relativieren. Zerlegen Sie den Preis in Kosten pro Tag oder Stunde.

Diskutieren Sie mit dem Kunden nur noch über die Differenz zum Wettbewerbspreis und überzeugen Sie ihn, daß Ihr Produkt dafür eine Mehrleistung bietet.

Beziehungsebene

Sie gewinnen als Mensch. Wenn Sie es schaffen können, einen guten Kontakt zum Kunden aufzubauen, werden Sie die Unterstützung des Kunden haben, zusätzliche Argumente für Ihr Produkt zu finden. Der Kauf bei Ihnen zu höheren Anschaffungskosten ist dann auch aus Kundensicht zu rechtfertigen. Zuverlässigkeit und Vertrauen im Einklang mit gegenseitiger Sympathie und Akzeptanz werden Lösungen möglich machen.

36. Wie kann man Preisunterschiede relativieren?

Die Bedeutung des Wortes »relativ« ist so zu interpretieren, daß der Preisunterschied nicht mehr so drastisch ist, wenn man zusätzliche Aspekte mit ins Gespräch bringt.

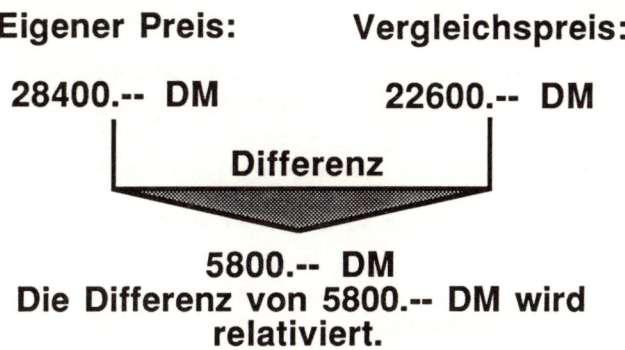

Eigener Preis: **Vergleichspreis:**

28400.-- DM **22600.-- DM**

Differenz

5800.-- DM
Die Differenz von 5800.-- DM wird relativiert.

Verbesserte eigene Produkte des Kunden

Die möglichen Mehreinnahmen, die der Kunde durch erhöhte Produktqualität erzielt, wiegen den Mehrbetrag auf.

Eingespartes Personal

Die eingesparten Kosten sollten als Beispielrechnung auf den Tisch gelegt werden.

Eingesparter Verbrauch für Strom, Wasser und Materialien

Lassen ebenfalls, für ein Jahr hochgerechnet, den Preisunterschied in einem anderen Licht erscheinen.

Eingesparte Instandhaltungskosten

Erstellen Sie eine Beispielrechnung, die der Kunde dann auf seine individuelle Situation justieren kann.

Steuerrechnung

Sie können argumentieren, daß sich auch der Staat beteiligt und die Preisdifferenz zu einem Teil trägt. Wird dieser Betrag nicht investiert, kann man durchaus von einer Versteuerung bis zu 70% des Gewinns bei Unternehmen in der Bundesrepublik ausgehen.

37. Wie kann man die Steuerrichtlinien als Verkäufer aktiv einsetzen?

1. Über Steuerersparnisse zu *reden,* bringt wenig. Sie müssen dem Kunden auf dem Papier vorrechnen, welche Ersparnisse er in DM hat.

2. Die errechnete Steuerersparnis ist von der Kaufsumme abzuziehen. Damit können Sie auch einen höheren Preis relativieren.

3. Gehen Sie einfach davon aus, daß ein Steuersatz von 40% für Privatleute realistisch ist und sagen Sie dem Kunden auch Ihre Annahme. Falls Ihre Angabe nicht stimmt, wird der Kunde Sie korrigieren. Bei Industrieunternehmen sind heute durch Körperschaftsteuer und Gewerbesteuer bis zu 70% realistische Steuersätze.

4. Das Jahresende ist für viele ein Grund, über Steuerersparnisse nachzudenken. Steuerberater sind oft zu passiv und informieren ihre Klienten nicht gezielt über Steuersparmöglichkeiten. Viele Steuerzahler wissen nicht, welche Maßnahmen sie steuerlich absetzen können.

5. Argumentieren Sie auch hier über Dritte und bringen Sie Beispiele für Kunden, die von der Steuerersparnis profitiert haben.

6. Sprechen Sie Ihre Verkaufsleitung an, ob Ihnen nicht eine Steuersparskala zur Verfügung gestellt werden kann, aus der für Ihr Produkt Steuerersparnisse abgelesen werden können.

7. Arbeiten Sie mit einer Beispielrechnung, wenn es aus zeitlichen Gründen nicht möglich ist, schrittweise mit dem Kunden eine genaue Rechnung vorzunehmen. Auf der linken Seite des Blattes steht Ihre Beispielrechnung, rechts ist Platz für ein Nachrechnen durch den Kunden für seine spezifische Situation und seinen Steuersatz.

8. Ein Vorschlag: Reden Sie einmal mit Ihrem Versicherungsfachmann oder Lebensversicherungsexperten. Erfahrungsgemäß sind die Kollegen im Versicherungsbereich in bezug auf Steuerersparnisse sehr gut ausgebildet. Man kann hierbei vielleicht etwas lernen.

38. Wie wehrt man sich gegen Wertanalyse?

Mit der Wertanalyse will der Einkäufer eine Vergleichbarkeit der vorliegenden Angebote erreichen. Ein Ergebnis sieht dann so aus:

KRITERIEN FIRMA	Preis pro qm	Qualität	Lieferzeit	Lagerhaltung
Müller				
Meier				
Schulze				
Schmitz				
Sommer				
Hoffmann				

Man wehrt sich gegen die Wertanalyse vorher. Ihr Ziel bei den Verhandlungen muß darauf ausgerichtet sein, **keine** Vergleichbarkeit zu ermöglichen. Suchen Sie systematisch bei Ihrem Angebot nach Unterscheidungsmerkmalen, die kein anderer Anbieter liefern kann.

Ihre Überzeugungskraft müssen Sie nunmehr in die Argumentation stecken, daß dieses Unterscheidungsmerkmal für das zu verkaufende Produkt eine wesentliche Rolle spielt. Gelingt es Ihnen, dann konnten Sie sich erfolgreich gegen die Wertanalyse wehren.

Die Schwierigkeit liegt für den Entwickler der Wertanalyse darin, daß er eine Gewichtung, ausgedrückt in Punkten, vornehmen muß.

Folgt er Ihrer Argumentation, daß Ihr Unterscheidungsmerkmal für das einzukaufende Produkt wesentlich ist, wird er zwangsläufig diesen Vorteil hoch bewerten müssen.

Sie müssen Ihr ganzes Gewicht und alle Beweise, die Sie bringen können, in diesen Vorteil reinlegen.

Manchmal ist es nicht möglich, bei den Produkten Unterscheidungsmerkmale herauszuarbeiten, weil die **Produkt**vergleichbarkeit praktisch gegeben ist.

Trotzdem bieten sich Möglichkeiten an, über die gesamte Firmenleistung Ihres Unternehmens Unterscheidungsmerkmale herauszuarbeiten. Ansätze bieten ein hoher Marktanteil (Sicherheit), Erfahrung und damit Referenzen für einen schwierigen Verwendungszweck, Anwendungs-Know-how und Lieferfähigkeit.

Auch durch sicherheits- und vertrauensbildende Argumentation wird es Ihnen gelingen, Pluspunkte bei der Wertanalyse für sich zu verbuchen.

Die Wertanalyse ist in vielen Fällen auch wichtiger für den Einkäufer als für den Nutznießer Ihres Produktes oder Ihrer Anlage. Haben Sie in den Vorverhandlungen diese Person für sich gewinnen können, wird die endgültige Kaufentscheidung nicht ausschließlich nach Punkten getroffen werden. Das ist Ihre Chance als Verkäufer.

39. Welche Bedeutung haben Wirtschaftlichkeitsberechnungen?

Wirtschaftlichkeitsberechnungen sind sehr überzeugend, wenn sie in bildhafter Form dargestellt werden.

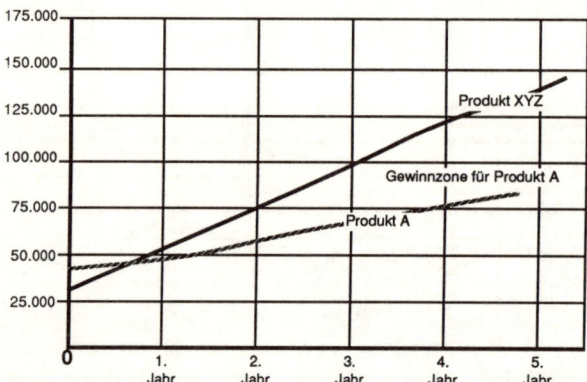

Oft werden Wirtschaftlichkeitsberechnungen nicht als Bild dargestellt. Selbst wenn eine Analyse durchgeführt wurde, werden nur Zahlen präsentiert. Die Überzeugungskraft steigt aber durch eine grafische Auslegung deutlich an.

Oft fehlen Zahlen, um Wirtschaftlichkeitsberechnungen durchzuführen. Die Voraussetzungen sollten Sie sich schaffen. Denn sonst laufen Sie Gefahr, daß Sie an der Argumentationsoberfläche bleiben. Beispiele: Der Kunde spart Zeit. Oder: Der Kunde spart Kosten und Personal. Dieses wirkungsvolle Argument ist dann verpufft, wenn Zahlen und Grafik nicht folgen. Genaue Zahlen sind dem Verkäufer nicht bekannt. Hier gilt es, bei Produkten, Maschinen und Anlagen, die sich als Wirtschaftlichkeitsberechnung darstellen lassen, herauszubekommen, von welchen Zahlen auszugehen ist. Dann müssen z. B. Personalkosten, Strom, Wasser oder durchschnittliche Zeiten für bestimmte Arbeiten in Erfahrung gebracht werden. Der langjährige Stammkunde ist eine wichtige Informationsquelle. Manchmal sind selbst dem Kunden die Zahlen nicht bekannt. Hartnäckiges Hinterfragen und Detailarbeit ist erforderlich.

Als Verkäufer scheut man sich auch davor, eine pauschale Wirtschaftlichkeitsberechnung dem Kunden vorzulegen, da der Kunde in seiner Situation durchaus andere Zahlen annehmen muß.

Trotzdem gibt es die Lösung, daß auf der linken Seite des Blattes eine Beispiellösung präsentiert wird und auf der rechten Seite dann Platz ist, um eine eigene Rechnung mit den konkreten individuellen Zahlen durchzuführen.

Keine Scheu vor fehlenden Zahlen. Das Hindernis haben Ihre Kollegen vom Wettbewerb ebenfalls. Überwinden Sie dieses Hindernis, steigen Ihre Chancen.

Fazit:

Wirtschaftlichkeitsberechnungen sind eine wirkungsvolle Verkaufshilfe, zu Ende gerechnet und bildhaft dargestellt. Allerdings sollte ein Produkt nicht nur unter diesem rationalen Gesichtspunkt verkauft werden. Zeigen Sie weitere Vorteile, wie z. B. Umweltfreundlichkeit, auf.

40. Wie verhält man sich bei Rabattforderungen des Kunden?

Versuchen Sie vor dem Einkäufergespräch, den Anwender, der mit Ihren Produkten oder Maschinen arbeiten wird, für sich zu verpflichten.

Erstellen Sie einen Argumentationsplan für Ihre Gesprächspartner. Planen Sie vorher den Nutzen, bei Ihnen zu kaufen.

TEILNEHMER NUTZEN	Einkauf	Technik	Produktion	Abnahme	Termin- verfolgung
Preis	X		X		
Lieferzeit	X	X	X	X	X
Qualität	X	X	X		
Bedienbarkeit		X	X		
Know-how	X	X	X	X	
Bewährtes Produkt	X	X	X	X	

Beispiel für einen Argumentationsplan. Sie haben die wahrscheinlichen Interessen auf einen Blick und können Ihre Argumentation darauf aufbauen.

Falls Wettbewerbsangebote bekannt sind, fragen Sie, ob Sie diese Angebote sehen können. Zweifeln Sie die Vergleichbarkeit grundsätzlich an. Fragen Sie direkt zu Beginn des Verkaufsgesprächs, ob Ihre Lieferungs- und Zahlungsbedingungen anerkannt werden. Damit vermeiden Sie bei cleveren Einkäufern weitere Zugeständnisse, die Sie machen müssen, nachdem der Preis festgelegt worden ist.

Falls Sie wissen, daß Sie Ihre Konditionen nicht durchbringen, bauen Sie ein Teilzugeständnis von *vorneherein* ein. Lassen Sie sich dieses Zugeständnis abringen. Verlangen Sie vorher eine Gegenleistung. Suchen Sie sich ein Detail Ihres Produktes heraus, und dramatisieren Sie die Wichtigkeit und Qualität dieser Ausstattungsvariante. Bieten Sie Finanzierungsalternativen an. Machen Sie dem Kunden Angst. Zeigen Sie, was passiert, wenn die in einen Lieferanten gesetzten Erwartungen nicht erfüllt werden. Beweisen Sie gleichzeitig, daß die in Sie gesetzten Erwartungen erbracht werden....und Sicherheit kostet Geld, aber sie hilft, noch mehr Geld zu sparen.

Betrachten Sie die Preisverhandlung immer und ausschließlich im Zusammenhang mit der Erzielung eines Abschlusses (Preis-/Abschlußehe). Lassen Sie dem Wettbewerber nicht die Möglichkeit, nach Ihnen auf Ihren Preis einzusteigen. Falls Sie Ihre Konditionen nicht durchbringen, erbitten Sie ein Festangebot. Sie haben dann die Möglichkeit, innerhalb einer festzulegenden Zeit den Auftrag zu dem vom Kunden vorgeschlagenen Konditionen zu akzeptieren oder abzulehnen. Vorteil: Der Auftrag kann in dieser Zeit nicht an den Wettbewerb vergeben werden.

41. Welche kritischen Situationen gibt es in der Preisverhandlung?

Eine kritische Situation entsteht dann, wenn allle anderen Besprechungspunkte abgehandelt sind, und der Kunde die Auftragserteilung von einem Rabatt abhängig macht, den Sie und auch Ihre Geschäftsleitung nicht mehr geben können und wollen.

Vermeiden Sie, daß der Preis alleine im Raum stehen bleibt.
Der Kunde wird versuchen, nur den Preis als zentral hinzustellen.
Ihr Ziel ist es, »weg vom Preis« zu argumentieren. Durch Ihre Vorteile.
Arbeiten Sie mit der in diesem Buch beschriebenen Preisverhandlungsmethode.

Bei einem Kunden, der tatsächlich nur den Preis kauft und nicht das Produkt und die gesamte Firmenleistung, werden Sie wahrscheinlich verlieren. Sie müssen deshalb dem Kunden bis zum Zeitpunkt der Preisdiskussion abgerungen haben, daß er mehr erwartet als nur einen billigen Preis.
Ausdauer in der Verhandlung zahlt sich aus.

Ein Verkäufer erzählte mir einmal, daß er in einer solchen Situation, in der zuerst nur der billigste Preis zählte, dann doch noch den Auftrag bekommen hat. Die Voraussetzungen waren sogar denkbar ungünstig, weil der Kunde mit dem Wettbewerbsverkäufer befreundet war, und der Wettbewerbspreis bei durchaus vergleichbaren Angeboten 20 % günstiger lag. Der Grund für den Auftragserhalt? Der Verkäufer ist überzeugt, daß er den Auftrag erhalten hat, weil er einfach nicht aufgestanden und davon gegangen ist, als die Preisdifferenz nicht zu überbrücken war. Nach einer weiteren Stunde und mit Überzeugung vorgetragenen Pluspunkten, die einen höheren Preis rechtfertigten, wurde der Auftrag erteilt.

42. Wie setzt man Preiserhöhungen durch?

Bei einer Preiserhöhung versucht ein Kunde, zuerst einmal eine solche abzublok-
ken.

Preiserhöhungsgespräche sind aus diesem Grunde besonders intensiv vorzube-
reiten.

Wie kann man Preiserhöhungen durchsetzen?

Weisen Sie den Kunden bereits frühzeitig auf eine anstehende Preiserhöhung
hin. Damit erhält der Kunde Gelegenheit, Bestellungen noch zu alten Preisen abschließen zu können. Er wird dann eher bereit sein, die Preiserhöhung zu akzeptieren, wenn die Auslieferung der Produkte schon in den Zeitraum der Preisanpassung fällt.

Preisanpassung statt Preiserhöhung ist ein weiteres Stichwort. Suchen Sie systematisch nach glaubwürdigen Gründen für Ihre neuen Preise. Dollarerhöhungen,
Erhöhungen der Strompreise und höhere Preise für die zur Produktion erforderlichen Rohmaterialien lassen Ihre Preiserhöhung glaubwürdiger erscheinen.

In manchen Fällen kann es sinnvoll sein, daß man eine harte Verhandlung führt
und auf der Preisanpassung besteht. Weigert sich der Kunde, die höheren Preise zu
akzeptieren, wird der Verkaufsleiter eingeschaltet. Bei dem neuen gemeinsamen
Gespräch mit Ihrem Vorgesetzten sind die Chancen ganz gut, gemeinsam die neu-
en Preise durchzusetzen.

Preiserhöhungen wirken glaubwürdiger, wenn Sie auch bei einigen Produkten
Preissenkungen bekannt geben können. Darüber sollte der Kunde informiert werden, selbst wenn er normalerweise die Produkte nicht abnimmt.

Erklären Sie, daß Sie die Preisanpassung nur zu einem Teil weitergeben. Die
eigenen Kosten seien um 12% gestiegen, während die neuen Preise nur um 6% angepaßt worden seien.

Erkundigen Sie sich vorher, welche Preiserhöhungen Ihr Kunde in der letzten
Zeit bei den eigenen Produkten vollzogen hat. Wenn eine Vergleichbarkeit gegeben ist, weisen Sie darauf hin, daß Ihre neuen Preise den neuen Preisen des Kunden entsprechen. Damit haben sich beide Unternehmen nur der Marktsituation
angepaßt.

Legen Sie Zeitungsausschnitte vor, in denen Wettbewerber ihre Preiserhöhung
angekündigt haben. Sie passen sich auch in diesem Fall nur dem notwendigen
Markttrend an, daß Kosten weitergegeben werden müssen.

So nutzt man die Abschlußphase einer Verhandlung oder eines Projektes für mehr Aufträge

43. Welche Fehler können den Auftragsabschluß kosten?

Keine Zeit/Ungeduld
Schlechte Vorbereitung
Unpünktlichkeit
Bedarf und individuelle Vorstellung des Kunden nicht erkannt
Kundenwünsche nicht berücksichtigt
Mit Details und Technik überfüttert
Probleme nicht erkannt
Nicht zugehört
Zuwenig Fragen gestellt
Kunden ins Wort gefallen
Vorteile des Produktes ungenügend aufgezeigt
Sicherheit durch die eigene Firma nicht genügend herausgestellt
Nicht mit dem richtigen Entscheidungsträger gesprochen
Eigene Firmenvorteile nicht genügend herausgestellt
Als »Besserwisser« aufgetreten und
Den Kunden nicht als Mensch akzeptiert
Einwände nicht erfragt
Bedenken und Einwände des Kunden nicht entkräftet
Zu direkt auf den Abschluß zumarschiert
Wettbewerb schlechtgemacht
Zu früh resigniert
Ohne Ziel argumentiert
Keine Visualisierungshilfen
Fehlende Eigenüberzeugung beim eigenen Preis
Zu früh über den Preis geredet
Den Preis nicht »verkauft«
Überheblichkeit des Verkäufers
Negative Körpersprache
Sympathie als Hilfsmittel nicht beachtet
Zuviel geredet
Zuviele Alternativen aufgezeigt und Kunden verunsichert

44. Welche Abschlußsignale des Kunden erleichtern den Auftragserhalt?

Kunden signalisieren durchaus dem bevorzugten Verkäufer, daß sie abschlußbereit sind.

1. Der Kunde findet weitere Vorteile, die für eine Zusammenarbeit sprechen, und nennt diese gegenüber dem Verkäufer.

2. Der Kunde überlegt laut, wie er Ihren Auftrag am besten im eigenen Hause »weiterverkaufen« kann. Dabei spielt insbesondere die richtige Vorteilsargumentation seinem eigenen Chef gegenüber eine Rolle.

3. Direkte Fragen nach dem Zeitpunkt der Anschaffung bestätigen auch, daß der Kunde sich bereits gedanklich als Besitzer versteht.

4. Körpersignale senden wichtige Bestätigungen. Zustimmendes Kopfnicken und ein eher gelöster Gesichtsausdruck verraten Interesse.

5. Zustimmende Bestätigungen des Kunden durch verbale Äußerungen, wie »Das glaube ich auch« oder »Das ist schon richtig, was Sie sagen« signalisieren seine Abschlußbereitschaft.

6. Detailfragen nach der Technik, Lieferzeit und Nachverkaufsunterstützung bestätigen auch das Interesse des Kunden an einer Zusammenarbeit.

7. Die Bereitschaft, Informationen zu geben und an einer gemeinsamen Lösung mitzuarbeiten, ist ein weiteres Signal für die Abschlußbereitschaft des Kunden. Abschlußsignale werden vom Kunden nicht erst am Ende einer Verkaufsverhandlung signalisiert, sondern zu jedem Zeitpunkt des Gespräches.

Das Ziel für Verkaufsgespräche liegt darin, daß man diese Kaufsignale erkennt, sie in die Verhandlungsführung einbaut und in Abschlußformulierungen einfließen läßt.

Beispiele:
»Wenn dieser Punkt für Sie zufriedenstellend gelöst ist, erhalten wir dann den Auftrag?«
»Was kann ich als Verkäufer denn tun, damit ich Sie bei der Argumentation Ihrem Chef gegenüber noch weiter unterstützen kann?«
»Wenn ich Sie jetzt richtig verstanden habe, Herr Kunde, gefällt Ihnen gerade dieses Detail an unserem Angebot?«

45. Wie verhält man sich als Verkäufer in der Abschlußphase der Verhandlung?

Prüfen Sie in jedem Verkaufsgespräch, ob Sie nicht Gefahr laufen, aufgrund Ihrer Erfahrung, die Entscheidung, wann ein Kunde kaufwillig ist, ohne den Kunden zu treffen.

Eine weitere Gefahr liegt darin, daß es bei vielen Bedarfsfällen nicht möglich ist, sofort einen Auftrag zu bekommen (einmal abgesehen vom Direktverkäufergeschäft). Damit stellt man sich darauf ein, über längere Zeiträume mehrere Gespräche zu führen. Das erste Gespräch wird vielleicht nur als erster Schritt gesehen, dem weitere folgen müssen. Das erste Gespräch ist aber entscheidend. Deshalb konzentrieren Sie sich hierbei auf die Abschlußphase, um eine Grundsatzentscheidung mitzunehmen.

Unterschätzen Sie nicht den Abschlußwiderstand des Gesprächspartners. Bringen Sie konzentriert die wesentlichen Vorteile in der Schlußphase, die der Kunde vorher bereits akzeptiert hat. Verdeutlichen Sie sich, daß Sie in diesen wenigen Minuten über Erfolg oder Mißerfolg mitentscheiden.

Falls ein Kunde zögert, stellen Sie Fragen, um Hintergründe zu erfahren. Zeigen Sie ihm Sicherheiten in Form von Referenzen.

Erwirken Sie gerade in der Abschlußphase eine Kundenbeteiligung. Führen Sie keine Monologe. Bringen Sie den Kunden dazu, mehrfach eine positive Bestätigung für Ihre Argumentation zu geben. Falls keine Bestätigung durch den Kunden erfolgt, hinterfragen Sie: »Welche Alternativen sehen Sie noch?«

Vermeiden Sie eine Eigenkapitulation, falls der Kunde keine Grundsatzentscheidung treffen will. Lassen Sie sich »Türen offen«. Bieten Sie ihm Referenzbesuche, Seminare, persönliche Gefälligkeiten durch die Beschaffung von wissenschaftlichen Berichten oder Unterlagen an. Bringen Sie einen neuen Aspekt in die Diskussion, den Sie noch prüfen wollen.

Damit haben Sie den Aufhänger für das nächste Gespräch.

46. Was bringt einen Kunden dazu, sich sofort zu entscheiden?

Es gibt Branchen, wie beispielsweise den Maschinen- und Anlagenbau, die nur in den allerwenigsten Fällen Sofortaufträge erhalten. Aber auch in diesen Branchen können grundsätzliche Entscheidungen für eine Zusammenarbeit mitgenommen werden, selbst wenn der Auftrag in Schriftform erst Tage später eingeht. Trotzdem gibt es Möglichkeiten, eine Sofortentscheidung des Kunden aktiv mitzugestalten. Das Risiko, den Auftrag an den Wettbewerb zu verlieren, ist dann geringer.

Was bringt einen Kunden dazu, sich sofort zu entscheiden?

Vertrauen durch den Ruf der Firma

Referenzen, die überzeugend sind

Zeitnot durch Lieferzeitfragen. Termine müssen eingehalten werden
(Beispiel: bis zur Sommerpause)

Zeitnot im privaten Bereich durch Steuertermin zum Jahresende

Zeitnot durch auslaufendes Budget

Anstehende Preiserhöhungen

Überzeugende Beratung mit sicherem sympathischen Auftreten

Zusätzlicher zeitlich begrenzter Anreiz ist geboten worden

Vermeidung eines größeren Schadens am Haus oder an der Maschine

Mund-zu-Mund-Propaganda, die für eine positive Grundeinstellung Ihnen gegenüber bereits im voraus sorgt

Über Dritte argumentieren, die mit Ihrem Unternehmen gute Erfahrungen gemacht haben

Vorstellungen des Kunden genau getroffen

Schlechtwetterperiode naht (Bausektor)

Risiken und Folgeschäden entstehen durch noch längeres Warten.

47. Was sagt ein Kunde alles, um den Auftragsabschluß aufzuschieben?

Gerade in der Abschlußphase ist die Konzentration des Verkäufers noch einmal auf das höchste gefordert, denn der Kunde bringt Einwände, um den Auftragsabschluß aufzuschieben. Damit steigt die Gefahr, daß der Auftrag an den Wettbewerb vergeben wird. Nachfolgend mögliche Einwände und die Antworten.

Muß erst mit dem Chef oder Mitarbeiter reden

1. »Aber wenn Sie selbst zu entscheiden hätten, wie würden Sie sich denn entscheiden?«
2. »Was müssen wir denn tun, um Ihren Chef gemeinsam zu überzeugen?«

zu teuer

»Was ist denn abgesehen vom Preis für Sie wichtig?«
(Ein Kunde kauft niemals nur einen Preis. Deshalb wird er auch bereit sein, Ihnen zu sagen, was über den Preis hinaus wichtig für ihn ist. Das ist Ihr Ansatzpunkt, den Preis zu relativieren.)

Warte auf weitere Angebote

»Was erwarten Sie vom Wettbewerb, das wir Ihnen nicht bieten können?«

Werde darüber schlafen

»Was ist morgen anders als heute?«

Finanzierung ist noch unklar

1. »Was ist denn unklar?«
2. »Wie können wir Sie dabei unterstützen?«

Habe mit weniger Investitionssumme gerechnet

»Wie kommen wir trotzdem zu einer Lösung, Herr Kunde?«

Der Preis steht nicht im Verhältnis zu der erwarteten Maßnahme

»Wollen Sie diese Maßnahme denn grundsätzlich durchführen?«

Werde zuerst noch Referenzobjekte ansehen

»Gerne. Angenommen die Referenzen sagen Ihnen zu. Wie geht es denn weiter? Wann sollen wir den gemeinsamen Termin vereinbaren?«

Muß noch mit einem bekannten Architekten reden

»Was glauben Sie, wird er sagen?«

48. Was sagt ein Kunde alles, um preislich den Auftragsabschluß aufzuschieben?

Bitte prüfen Sie, ob die vom Kunden genannten Gründe echt sind oder lediglich vorgeschoben, um andere Gründe zu verbergen.

- **zu teuer**
  »Im Verhältnis wozu?«
- **Habe mit weniger gerechnet. Kein Budget für diese Summe**
  »Würde Ihnen das Angebot grundsätzlich zusagen? ....Dann sollten wir gemeinsam einen Weg finden.«
- **Lediglich Informationsanfrage**
  »Dann wissen Sie bereits jetzt, welches Angebot Ihnen am meisten zusagt. Wie ist Ihre Entscheidung?«
- **Muß erst mit meinem Chef, Kollegen, Bekannten darüber reden**
  »Wie ist denn Ihre Entscheidung....« Im positiven Fall: »Dann wollen wir einmal gemeinsam überlegen, wie wir Ihren Chef überzeugen können.«
- **Warte auf weitere Angebote**
  »Was erwarten Sie von diesen Angeboten?«
- **Warte auf Zuschüsse**
  »Wie sagt Ihnen denn unser Angebot grundsätzlich zu?«
- **Noch keine Zeit gehabt, mich mit dem Angebot auseinanderzusetzen**
  »Damit Sie Zeit sparen, werde ich Ihnen das Angebot persönlich erläutern. Wann paßt es Ihnen am besten?«
- **Werde darüber schlafen**
  »Was ist morgen anders als heute?«
- **Finanzierung noch nicht klar**
  »Wie gefällt Ihnen denn grundsätzlich unser Angebot?«
- **Warte noch auf ein weiteres Angebot**
  »Was erwarten Sie von diesem Angebot, was in unserem nicht enthalten ist?«
- **Habe den Auftrag selbst noch nicht**
  »Wenn Sie den Auftrag von Ihrem Kunden erhalten, für welchen Lieferanten werden Sie sich entscheiden.« Bei der Kundenantwort: »Für den preisgünstigsten Lieferanten.« Verkäuferantwort: »Einmal abgesehen vom Preis. Was hat über den Preis hinaus Priorität?«
- **Werde es intern noch mit mehreren Leuten diskutieren**
  »Wie ist denn Ihre Entscheidung?«
  Im positiven Fall: »Was können wir tun, um Ihre Kollegen zu überzeugen?«
  Im negativen Fall: »Was haben wir übersehen?«

49. Was sagt man am Ende einer Verkaufsverhandlung, um eine Entscheidung des Kunden zu bekommen?

1. Herr Kunde, wie geht's weiter?

2. Wenn wir eine Lösung finden, erhalten wir dann den Auftrag?

3. Was können wir beide tun, um eine Entscheidung zu erleichtern?

4. Wie hat Ihnen das Gespräch gefallen?

5. Wenn es mir gelingen sollte, dieses Zugeständnis von meinem Geschäftsführer für Sie zu erreichen, sind wir uns dann in allen Punkten einig?

6. Was könnte Sie veranlassen, unserem Angebot zuzustimmen?

7. Die Entscheidung liegt, wie Sie betonen, nicht alleine bei Ihnen. Wenn Sie jedoch alleine entscheiden würden, wie wäre dann Ihre Meinung?

8. Nehmen wir an, wir können Sie von der Richtigkeit dieses Vorteils voll überzeugen. Würden Sie dann diese Lösung wählen?

9. Wie entspricht das Angebot Ihren Vorstellungen?

10. Wie hoch ist die Chance, den Auftrag zu bekommen?

50. Womit kann man als Verkäufer am besten Einfluß auf die Kaufentscheidung nehmen?

Je höher Ihr persönliches Ansehen beim Kunden ist, desto mehr Einfluß können Sie bei der Entscheidungsfindung des Kunden erwarten. Ihre Persönlichkeit als Verkäufer und damit das in Sie gesetzte Vertrauen und die Sicherheit einer bekannten Zusammenarbeit geben Ihnen die Möglichkeit, die Entscheidung aktiv zu beeinflußen.

Setzen Sie sich selbst als Trumpf in Verhandlungen ein.

Eine weitere Möglichkeit ist, den Kunden dazu zu bringen, sich möglichst intensiv mit Ihnen und Ihrem Gesamtangebot auseinanderzusetzen. Je mehr ein Kunde sich auch mit Ihnen beschäftigt und damit Zeit für Sie investiert, wenn Sie ihm nicht gegenübersitzen, desto weniger Zeit bleibt ihm für Ihre Wettbewerber.

Schlagen Sie eine »Brücke zum nächsten Termin«:

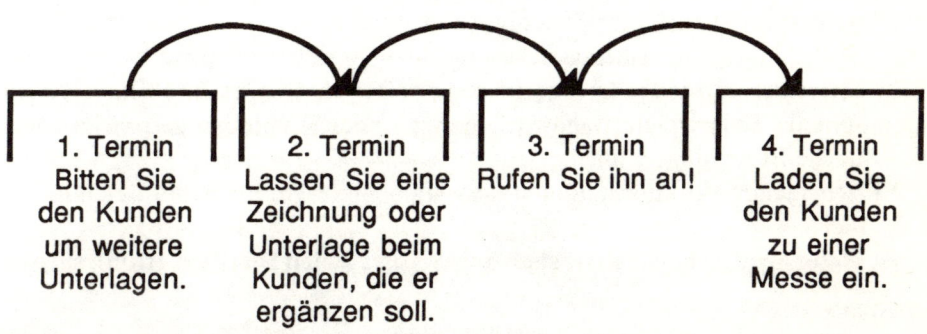

1. Termin	2. Termin	3. Termin	4. Termin
Bitten Sie den Kunden um weitere Unterlagen.	Lassen Sie eine Zeichnung oder Unterlage beim Kunden, die er ergänzen soll.	Rufen Sie ihn an!	Laden Sie den Kunden zu einer Messe ein.

Der Kunde wird Ihr Engagement für den Abschluß anerkennen!

51. Wie halte ich die Tür offen, damit der Auftrag nicht an andere vergeben wird?

Das Ziel sind

" 1000 Anstöße"

als Zeichen für Engagement. Durch unser Engagement können wir den Kunden zeitlich mehr an uns binden.

Je mehr Zeit der Kunde für uns investiert, um so enger wird die Zusammenarbeit bereits in der Vorphase der Auftragserteilung sein und um so deutlicher kann der Kunde bereits unser Engagement bewerten.

Ohne Zweifel ist nach wie vor der persönliche Kontakt zum Kunden eine der besten Möglichkeiten zur Auftragssicherung. Je mehr sich dabei private und persönliche Interessen verbinden lassen, um so vorteilhafter werden Ihre Chancen sein. Gemeinsame Tennisspiele, Jagdwochenenden oder Stammtischgespräche bauen persönliche Beziehungen auf.

Entscheidende Vorinformationen sind dann bereits vor offizieller Bekanntgabe erhältlich.

Ist dieser Weg nicht gangbar, sind Anstöße in kleinen Schritten erforderlich.

Beispiele:
Zusatzinformationen per Telex oder Brief anfordern oder geben.
Grafische Darstellungen etwa über Grundrisse anfordern oder geben.
Amortisationsrechnungen in grafischer Form vorlegen.
Zeitungsartikel, die in Ihrem Sinne positiv geschrieben sind, präsentieren.

Eine Ihrer Unterlagen muß sich immer auf dem Schreibtisch des Kunden befinden.

Verkaufen Sie über Dritte und setzen Sie Verbündete ein, die in Ihrem Sinne aktiv werden und den möglichen Kunden anrufen oder sogar treffen.
Führen Sie gemeinsame Referenzbesuche durch.
Ist Ihr Kunde in einer größeren Firma tätig, setzen Sie Mitarbeiter dieser Firma ein, die bereits erfolgreich mit Ihnen zusammenarbeiten.
Führen Sie eine Werksbesichtigung durch.
Erweitern Sie bei größeren Firmen die Anzahl der Kontakte in dieser Firma, damit der Auftrag nicht nur von einer Entscheidungsperson abhängt.
Sollten die »1000 Anstöße« trotzdem nicht Ihre Chance als Favorit bestätigen, ändern Sie Ihre Taktik in »1000 Entschuldigungen«, um als letzter »ja« oder »nein« zum Auftrag sagen zu können.

52. Wie wird man der letzte Gesprächspartner des Kunden, bevor er abschließt?

1. Moralisch verpflichten

Persönliche Versprechungen können einen entscheidenden Informationsvorsprung bringen. »Herr Kunde! Wir haben gemeinsam eine ganze Menge Zeit investiert. Können Sie mir die Zusage geben, daß Sie vor einer endgültigen Entscheidung noch einmal mit mir sprechen?«
»Ja!« »Danke!«
»Nein!« »Welche Gründe sprechen dagegen?«

2. »Eine Hintertür einbauen«

Ein mögliches Schlußzugeständnis in der vorletzten Verhandlung signalisieren. Lassen Sie durchblicken, daß Sie möglicherweise mit einem Zugeständnis von einem Ihrer Unterlieferanten rechnen oder es eine Sonderaktion geben kann. Bitten Sie um den äußersten Termin und reizen Sie diesen Termin bis zum letzten aus.

3. Selbst am Ball bleiben

Fragen Sie den Kunden immer wieder, bis wann er Zeit hat und wann die endgültige Entscheidung fallen wird. Halten Sie systematisch den Kontakt per Telefon/ Brief und persönlichen Gesprächen. Vergessen Sie absichtlich, in der vorletzten Verhandlung etwas zu sagen oder zu geben, damit Sie anschließend eine nochmalige Kontaktmöglichkeit haben. Viele Aufträge gehen verloren, weil in den Zwischenphasen zuwenig passiert. Bitten Sie den Kunden um ein weiteres Gespräch, weil Ihr Geschäftsführer oder Verkaufsleiter mitkommt.

4. »1000 Entschuldigungen für Preisnachlässe« und ....

Kalkulieren Sie Preiszugeständnisse ein. Verschleiern Sie kaufmännische Einzelheiten, damit Sie später eine Zugeständnismöglichkeit haben. Arbeiten Sie beispielsweise mit sinkenden oder steigenden Preisen für Roherzeugnisse. Denken Sie an Währungsschwankungen. Verlangen Sie ein Zugeständnis des Kunden, damit Sie den Preis reduzieren können und .... stellen Sie sicher, daß der Kunde diesen Preisnachlaß als einmalig und nur in dieser Situation möglich akzeptiert.

5. Nach dem Auftrag fragen!

Hartnäckigkeit in jeder Phase der Verhandlung ist gefragt. Wenn ... dann Fragen stellen. (»Wenn wir dieses Zugeständnis von unserer Geschäftsleitung bekommen, erhalten wir dann den Auftrag?«)

6. Keine Mühe scheuen

Bringen Sie das Schlußangebot persönlich vorbei. Informieren Sie sich über die Verhandlungstermine Ihrer Wettbewerber.

53. Ist der Auftragsabschluß beim heutigen Kundenbesuch möglich?

Viele Verkäufer sind nicht hartnäckig genug und verschenken damit mögliche Auftragschancen beim Kunden.

Nachfolgend sei angenommen, daß kurzfristig wirklich kein Auftrag möglich ist. Nutzen Sie das Gespräch dann zur Findung weiterer Verkaufschancen.

Möglichkeiten sind:

1. Welche weiteren Abteilungen im Unternehmen des Kunden, in dem Sie sich zur Zeit befinden, kommen noch für Ihre Produkte in Frage?
   Gerade bei Großkunden kann damit weiteres Absatzpotential erschlossen werden.

2. Der Informationsaustausch unter Kunden ist oft größer als angenommen, da häufiger Verbandstagungen oder andere Treffen stattfinden. Mögliche Projekte bei anderen Kunden können Sie über Ihren jetzigen Gesprächspartner erfragen.
   Werden Kunden nicht darauf angesprochen, erhalten Sie die Information oft nur zufallsabhängig.

3. Legen Sie den nächsten Termin fest für konkrete Verhandlungen, damit eine »Zeitbrücke« zum nächsten Gespräch gelegt wird.

4. Versuchen Sie, Informationen über das Kundenunternehmen, Personen und Entwicklungen zu bekommen, damit Sie diese Informationen später nutzen können.

5. Versuchen Sie, eine Besichtigung der »Arbeitsumgebung« Ihres Gesprächspartners durchzuführen, falls das Gespräch an einem anderem Ort stattfindet. Sehen Sie sich die Lagerhalle, das Labor oder die Maschinenhalle an. Ihre Frage zeigt Interesse für die Arbeit des Kunden und Sie erhalten einen persönlichen Überblick.

Fazit:
Kein Gespräch ohne Ergebnis. Ist kein Auftrag möglich, sind Informationen ebenfalls ein akzeptabler »Return on Investment« für die eingesetzte Zeit.

54. Welche kritischen Situationen gibt es in der Abschlußphase?

Sie werden bestätigen, daß die Abschlußphase nicht erst in der Endphase einer Verkaufsverhandlung beginnt, sondern bereits in der ersten Minute. Dann gilt es, Abschlußsignale zu erkennen und für die eigene Verhandlung zu nutzen.

Selbst unter Berücksichtigung dieser Aspekte wird die kritische Situation trotzdem die Endphase sein.

Der Kunde zögert mit der Auftragserteilung

Was sind die Gründe? Gerade in dieser Phase werden oft Argumente vorgeschoben, bewußt oder unbewußt, die nicht der Grund für die fehlende Entschlußbereitschaft sind.

»Ich muß noch mit meinem Chef sprechen« oder »Ihr Preis ist zu hoch« sind oft nur vorgeschobene Gründe.

In dieser Phase ist der Verkäufer stark gefordert. Nach einer Verhandlung, die konzentriert geführt sicherlich Kraft gekostet hat, sind jetzt noch einmal Höchstleistungen erforderlich.

Sie müssen in dieser Phase erkennen, ob echte oder Scheinwiderstände vorgebracht werden. Ob sich der Kunde seiner eigenen Widerstände bewußt ist oder nicht. Beispielsweise ist dem Kunden selbst das Gefühl der fehlenden Sicherheit oder der fehlenden Überzeugung für das angebotene Produkt oft nicht bewußt.

Durch geschicktes Fragen und Argumentieren, wie es in diesem Buch beschrieben ist, werden Sie den Auftrag ohne weitere Verzögerungen erhalten. Sie vermeiden zusätzlich erforderliche Zeit für weitere Besuche und sind nicht mehr in der Gefahr, daß der Wettbewerb Ihnen den Auftrag vor der Nase wegschnappen kann.

Der Kunde verschiebt die Kaufentscheidung auf einen späteren Zeitpunkt

Kritisch ist diese Situation, weil dem Wettbewerb dadurch Chancen eingeräumt werden müssen.

Solange Sie mit dem Kunden noch in einem Raum am Verhandlungstisch sitzen, haben Sie einen Vorteil gegenüber den Wettbewerbern.

Auch hier ist es erforderlich, sehr genau zu analysieren, ob die Verschiebung der Einkaufsentscheidung eine taktische Maßnahme ist und man durchaus entscheidungsbereit ist.

Kommen Sie zu dem Schluß, daß Sie sofort abschließen können, sollten Sie die beschriebenen Abschlußtechniken gezielt einsetzen.

Kommen Sie aber zum Schluß, daß aus nachvollziehbaren Gründen heraus die Auftragserteilung nicht möglich ist, sollten Sie versuchen, dem Wettbewerber einen Riegel vorzuschieben und die Voraussetzungen für einen hautnahen Kontakt per Brief, Telefon und persönlichem Besuch bis zum endgültigen Entscheidungstermin zu schaffen.

55. Was sagt man konkret am Schluß eines Verkaufsgespräches, wenn man den Auftrag erhalten hat?

Kein Verkaufsgespräch ohne Ergebnis. Das ist eine Maxime für jedes Verkaufsgespräch. Erhalten Sie den Auftrag: Glückwunsch! In diesem Fall sollten Sie den Kunden in der Richtigkeit seiner Entscheidung noch einmal bekräftigen. Es mag erstaunlich sein, aber der Kunde ist in dieser Phase sogar erfreut über die Bekräftigung seiner richtigen Entscheidung. Da er sich der Alternativen durchaus bewußt ist, ist er gerne bereit, die Bestätigung seiner Entscheidung zu hören.
Überzeugt vorgebracht:

»Herr Kunde, Sie haben sich richtig entschieden«

rundet ein systematisches Verkaufsgespräch harmonisch ab und hinterläßt einen positiven Gesamteindruck. In dieser Phase ist es sehr oft auch nützlich, nach weiteren Verkaufsmöglichkeiten in anderen Abteilungen der Kundenfirma zu fragen oder nach weiteren Kontaktpersonen, wie Vorgesetzten oder Kollegen in anderen Bereichen. Oft erhält man nützliche Informationen.

56. Wie verhält man sich zwei Wochen nach dem Auftragserhalt?

Verstehen Sie die zwei Wochen als ein Beispiel. Das Zeitintervall kann in Ihrer Situation durchaus länger oder kürzer sein.

Wichtig ist, daß in einem bestimmten Zeitraum nach dem Auftragserhalt der Kunde noch einmal bewußt angesprochen wird.

Bestenfalls sollte sogar ein persönlicher Besuch erfolgen. Sie haben dann deutliche Vorteile:

1. Ist der Kunde bereits im Besitz des gekauften Produktes, wird er Ihnen zusätzliche Vorteile nennen können, die aus seiner Praxis heraus für das Produkt sprechen. Listen Sie diese Vorteile auf, erhalten Sie in kürzester Zeit eine ausgezeichnete und ausführliche Vorteilsliste für Ihre Produkte.

2. Sie können in dieser Phase noch sehr gut gegensteuern, falls einmal wider Erwarten etwas schief gelaufen ist.

3. Der Kunde ist bereit, Ihnen ein Referenzschreiben zu geben, das Sie für Ihre Akquisition wiederum einsetzen können.

4. Der Kunde ist jetzt auch bereit, weitere Produkte von Ihnen zu kaufen. Falls kein aktueller Bedarf besteht, wird er Ihnen trotzdem zuhören.

5. **Bitten Sie den Kunden um die Namen weiterer Abnehmer, die für Ihre Produkte oder Dienstleistungen in Frage kommen.**

In dieser Phase ist der Kunde bereit, Sie zu unterstützen. Je mehr Bekannte oder Kollegen sich für das gleiche Produkt entscheiden, um so mehr wird er auch von allen anderen darin bestärkt, daß er eine richtige Einkaufsentscheidung getroffen hat.

57. Was tun....wenn kein Auftrag möglich ist?

Erhalten Sie den Auftrag an diesem Tag nicht, sollten Sie nicht weggehen, ohne eine Antwort des Kunden mitgenommen zu haben. In vielen Fällen verläßt man sich zu sehr auf die eigene Einschätzung des Gespräches. Wichtig ist, die Einschätzung des Gespräches aus der Sicht des Kunden zu erfahren. Manchmal wird angenommen, daß bei einer negativen Antwort der Auftrag aussichtslos werden kann. Bedenkt man aber, daß der Kunde seine Entscheidung für sich bereits getroffen hat, gibt es kein Risiko. Im Gegenteil, man kann jetzt noch am Schluß des Verkaufsgespräches das Blatt zu seinen eigenen Gunsten wenden.

Wie hat Ihnen das Gespräch gefallen?

Ist eine sehr offene Form einer Schlußfrage. Sinnvoll bei Projekten, die Monate brauchen, bis die Auftragsverhandlung überhaupt in greifbare Nähe rückt. Da Sie nicht nach dem Auftrag fragen können, sollte als Mindestziel die Meinung des Kunden mitgenommen werden.

Wie geht es weiter, Herr Kunde?

Ist gleichzeitig eine Schlüsselfrage. Wichtig ist, daß man nicht auseinandergeht, ohne festgelegt zu haben, wann der nächste Kontakt stattfindet.

Was müssen wir tun, um den Auftrag zu bekommen?

Sie erhalten meist eine konkrete Antwort, da der Kunde mit einer solchen Frage nicht rechnet. Wichtig ist auch, wie der Kunde antwortet und nicht nur was er sagt. Sagt der Kunde: »Was Sie tun müssen: Die Preise senken«, antworten Sie: »Das werden wir prüfen, aber davon einmal abgesehen, was ist denn über den Preis hinaus für eine Zusammenarbeit wichtig?«

Angenommen wir finden für das besprochene Problem eine Lösung, würden Sie dann kaufen?

Auch hier geht es um die Reaktion des Kunden und seine Bereitschaft, sich dem Verkäufer gegenüber zu verpflichten. Ist er zu einer positiven Zusage bereit, haben Sie bereits viel gewonnen.

Was glauben Sie, zu wieviel Prozent bekommen wir den Auftrag bei einer Skala von 1–100?

Ist nicht grundsätzlich anwendbar. Die Frage bietet allerdings eine sehr gute Möglichkeit der Visualisierung, z.B:

Bitten Sie Ihren Kunden dann um die Angabe einer Prozentzahl, die Sie oder der Kunde dann auf der Skala abträgt.

58.   Was tun .... wenn man einen Auftrag verloren hat?

Zwei Betrachtungsweisen sind erforderlich:
erstens aus der Sicht des Kunden und zweitens aus der eigenen Sicht.

Aus der Sicht des Kunden:

Der Kunde ist insbesondere nach der Kaufentscheidung in einer Phase, in der er sich eindeutig auf die Seite des Wettbewerbers schlagen wird, der den Auftrag erhalten hat.

In dieser Phase seine Entscheidung anzuzweifeln, ist nicht zielführend. Je größer oder je weitragender die Entscheidung ausfällt, umso mehr fühlt sich der Kunde direkt nach der Entscheidung mit dem neuen Lieferanten verbunden.

Gelingt es dem Wettbewerber, die Erwartungen zu erfüllen, müssen Sie diesen Auftrag als endgültig verloren betrachten.

Erfüllt Ihr Wettbewerber die Erwartungen nicht, haben Sie nochmals Ihre Chance. Die Nutzung dieser Chance erfordert das Kontakthalten mit dem Kunden auch nach dem Auftragsverlust. Entscheiden Sie, ob der Kunde oder das Projekt den Zeitaufwand rechtfertigen.

Müssen Sie den Auftrag überhaupt als verloren betrachten?
Selbst wenn Kunden bestätigen, daß der Auftrag anderweitig vergeben ist, haben Sie noch Chancen.

Wechseln Sie die Hierachie, schlagen Sie eine Sonderlösung vor oder schalten Sie Ihre eigene Geschäftsführung ein. Alles Wege, mit denen verlorene Aufträge doch noch gewonnen wurden. Entscheiden Sie, ob der Kunde möglicherweise darauf eingehen wird.

Die Betrachtung aus der eigenen Sicht:

Verlorene Aufträge beinhalten auch die Chance daraus zu lernen.

Gehen Sie verlorenen Aufträgen nach und fragen Sie bestenfalls persönlich den Kunden nach den Gründen.

Die Antwort: »Sie waren zu teuer« wischen Sie vom Tisch, indem Sie fragen: »Und davon einmal abgesehen?«

Erkennt der Kunde, daß Sie ein ehrliches Interesse daran haben, daraus zu lernen, wird er bereit sein, Ihnen weitere Informationen zu geben. Zusammengefaßt haben Sie mehrere Vorteile:

»Sie schlagen beim Kunden nicht die Tür zu.«

Sie erfahren Schwächen, die sonst wahrscheinlich nicht gesagt worden wären.

Die Konsequenzen daraus können Ihnen helfen, bei anderen Kunden Aufträge zu erhalten.

Der Kunde hat das Gefühl, daß Sie sehr sorgfältig arbeiten und wird es bei der nächsten Verhandlung berücksichtigen.

59. Was sind Gründe für verlorene Aufträge?

Prüfen Sie eine Zeitlang die Ergebnisse Ihrer Besuche, deren Ziele Sie sich vorher gesteckt haben.

Mögliche Gründe für fehlende Ergebnisse:

Falscher Gesprächspartner
Die »Chemie« zwischen Ihnen und dem Kunden stimmte nicht
Fehlende Verhandlungssteuerung
Keine Abschlußorientierung auch bei Informationsgesprächen
Bedarfssituation des Kunden nicht genügend erforscht
Keine überzeugende Einwandbehandlung
Falscher Zeitpunkt
Fehlende Entschlußbereitschaft beim Kunden
Eigenes Produkt paßt nicht

Das sind nur einige Beispiele für Hindernisse beim Auftragserhalt. Andererseits wissen wir, daß die Auftragsrealisierungsquote bei etwa 20 % liegt und damit noch 80 % Reserven vorhanden sind.

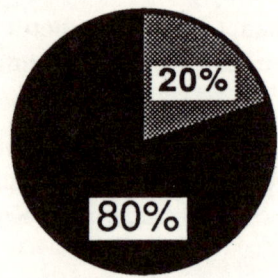

Ein Teil der Aufträge wird durch den Preis verloren. Oft ist der Preis aber nur ein vorgeschobener Einwand, hinter dem sich die tatsächlichen Gründe verbergen.

Die fünf Minuten »Bordsteinkonferenz« nach dem Kundenbesuch mit sich selbst helfen Ihnen, sich mit dem gerade geführten Gespräch auseinanderzusetzen und Verbesserungsansätze abzuleiten für zukünftige Besuche.

Stellen Sie die Fragen:

Was ist mir bei diesem Besuch besonders gelungen?
Wobei hatte ich die höchste Aufmerksamkeit beim Kunden?
War das Ergebnis zufriedenstellend?
Sind die richtigen weiteren Schritte besprochen worden?
Warum habe ich den Auftrag oder die Zusage zur Zusammenarbeit (nicht) erhalten?
Was hat den Kunden weniger gefallen?
Was hätte man besser machen können?

Sie werden feststellen, daß Sie diese Fragen bald verinnerlicht haben, und Ihre positiven und negativen Erfahrungen zu einer weiteren Verbesserung Ihrer Verkaufsgespräche führen.

60. Wie profitiert man selbst noch von einem verlorenen Auftrag?

Man zieht seinen Nutzen daraus, indem man die Gründe für den verlorenen Auftrag erforscht.

Beispielsweise wurde dieser Brief, in etwas abgewandelter Form, an Kunden verschickt:

```
Angebot zur Vorreinigung mit Bleichung

Sehr geehrter Herr Meier,

Ihre Absage auf unser Angebot über 100 tato Anlage

     zur Vorreinigung mit Bleichung

vom 20.2. haben wir mit Bedauern zur Kenntnis ge-
nommen, dies um so mehr, da dieses Angebot be-
sonders Ihrem Bedarfsfall entsprechend berechnet
und erarbeitet wurde.

Sie können versichert sein, daß wir die Fortfüh-
rung der bisherigen guten Zusammenarbeit und
Kooperation zwischen Ihnen und uns sehr hoch
schätzen und würden uns freuen, bei einem zu-
künftigen Bedarfsfall für Sie arbeiten zu können.

Damit wir Ihre zukünftigen Vorstellungen treffen
können, würden wir uns über eine kurze Mittei-
lung freuen, ob das Projekt anderweitig vergeben
wurde oder ob die Ihnen vorgelegte Konzeption
Ihren Investitionsplanungen nicht entsprach.
```

Der Kunde hat diesen Brief schriftlich sehr ausführlich beantwortet. Natürlich ist ein persönliches Nachfassen bei verlorenen Aufträgen entweder telefonisch oder noch besser durch einen Besuch der bessere Weg, Informationen zu erhalten. Ist Ihnen dieser Weg verschlossen, kann selbst ein Brief wertvolle Dienste leisten.

Sicherlich werden viele Kunden als Erklärung zuerst den hohen Preis als Grund aufführen. Sie sind aber auch bereit, bei hartnäckigen Hinterfragen weitere Informationen zu geben.

Fazit:
Akzeptieren Sie nicht den Einwand: »zu teuer« als Erklärung für den verlorenen Auftrag. Investieren Sie Zeit und besuchen Sie den Kunden, bei dem Sie den Auftrag verloren haben, persönlich. Wichtig ist es, Hintergrundinformationen zu erhalten.

So führt man Gruppenverhandlungen souverän

61. Wie bereitet man sich auf Gruppenverhandlungen vor?

Erstellen Sie eine Interessenmatrix der Teilnehmer.

FIRMA / KRITERIEN	Preis pro qm	Qualität	Lieferzeit	Lagerhaltung
Müller				
Meier				
Schulze				
Schmitz				
Sommer				
Hoffmann				

Versuchen Sie herauszuarbeiten, welche Themenbereiche bei allen Teilnehmern auf ein großes Interesse stoßen. Das sind die zentralen Themen. Die Vorbereitung für diese Besprechungspunkte muß besonders sorgfältig erfolgen. Bildhafte Darstellungen wie Skizzen, Grundrisse, Fotos sind gerade bei Gruppenverhandlungen wichtige Hilfsmittel. Überlegen Sie, wie Sie die Teilnehmer auf der Kundenseite aktivieren können. Bitten Sie die Gesprächspartner darum, Ihre Ansicht zu einem bestimmten Punkt auf Papier zu bringen. Damit es zeitlich paßt, können auch Antwortbogen verwandt werden, die nur angekreuzt werden. Beispiel: »Welche Entwicklungen sehen Sie im Service-Bereich bis 1990?«

Je detaillierter Ihre Informationen über die teilnehmenden Gesprächspartner sind, um so gezielter können Sie argumentieren. Wissenswert ist, ob Ihre Gesprächspartner beispielsweise eher sicherheitsorientiert oder risikofreudig sind, ob eher Teamentscheidungen oder Einzelentscheidungen getroffen werden.

Sie erhalten die Information durch »Verbündete« im Unternehmen des Kunden.

Werden von Ihrer Seite weitere Mitarbeiter teilnehmen, ist eine gemeinsame Abstimmung in bezug auf Rollenverteilung, Verhandlungsunter- und Obergrenzen und Verhandlungsmindest- und -höchstziele festzulegen. Trainieren Sie bestenfalls die zu führende Verhandlung mit »Was wäre, wenn der Kunde sagt....«-Fragen und Antworten. Sie stellen sich dann bereits gedanklich auf die Verhandlung ein und werden ein sicheres Gespräch führen.

Fazit:
Finden Sie den gemeinsamen Interessennenner Ihrer Gesprächspartner und lernen Sie, Ihre Gegenüber als Menschen vorher einschätzen.

62. Was gibt es zu beachten, wenn man als Verkäufer mit mehreren Kollegen der eigenen Firma zu einem Kunden geht?

Immer häufiger trifft man auf der Kundenseite mehrere Gesprächspartner, insbesondere bei Abschlußverhandlungen oder Rahmenverträgen. Auf der Verkäuferseite wird dann ein Gegengewicht zu bilden sein, da man die Spezialisten direkt an einem Tisch haben will.

So bildet sich auf der Verkäuferseite ein *Team* aus Geschäftsleitung, Verkaufsleitung, Verkäufern, Vertretern und Fachleuten, wie z. B. Ingenieuren. Die Aufgabe des Zweier- oder Dreierteams besteht nun darin, aus der anstehenden Verhandlung im Unternehmenssinne das Maximum zu erreichen. Soweit die Aufgabenstellung.

Die Praxis sieht oft so aus, daß die zusammengerufene Crew erst in letzter Minute zusammentrifft.

Die Vorinformationen sind mehr oder weniger komplett, aber man weiß, daß es die entscheidende Verhandlung sein wird.

Mancher Auftrag ist verloren worden, weil die Abstimmung und Vorbereitung aller beteiligten Verhandlungspartner auf der Verkäuferseite nicht geregelt war oder es sogar zu »Diskussionen« untereinander während der Verhandlung kam. Daß dann der in vielen Situationen so wichtige Teamgedanke aus der Sicht des Kunden zu kurz kommt, ist offensichtlich.

Insbesondere sollten folgende Punkte zur Vorbereitung systematisch beachtet werden:

1. Legen Sie ein eindeutiges Ziel fest, das Sie erreichen wollen. Dieses Ziel muß meßbar sein. Legen Sie auch ein »Rückzugsziel« fest, das Ihr Mindestergebnis für diese Verhandlung sein wird.

2. Besprechen Sie vorher die Rollenverteilung: Wer sagt was zu welchem Thema?

3. Bitten Sie den Teilnehmer, der mit dem Projekt am meisten vertraut ist, vorher noch einmal darum, die wesentlichen Punkte, Ergebnisse und Schwierigkeiten zusammenzufassen.

4. Legen Sie fest, wer als »Sprecher« fungiert, damit er Zusammenfassungen während der Verhandlung durchführt und auf die Zeiteinhaltung achtet.

5. Wer wird Protokoll führen?

6. Sie haben die Möglichkeit, Zeichen festzulegen, die Ihnen die Verständigung untereinander erlauben, ohne den Raum verlassen zu müssen. Eindeutige Körpersignale oder Zeichen mit dem Kugelschreiber unterstützen Sie bei Ihrer Entscheidung, bis zu welchem Punkt Sie bereit sind, Zugeständnisse zu machen.

Fazit:
Bereiten Sie insbesondere Gruppenverhandlungen gezielt vor.

63. Wie verhandelt man mit Einkaufsgruppen?

Eine Erkenntnis ist notwendig.

Eine Gruppe wird Ihnen gegenüber noch während der Verhandlung keine Entscheidung über Kauf oder Nichtkauf treffen, bevor sie sich nicht alleine beraten hat. Bieten Sie in solchen Situationen von sich aus an, den Verhandlungsraum zu verlassen und draußen zu warten. Sie können dann anschließend noch einmal argumentieren und Fragen beantworten. Sie haben den Vorteil, keinen neuen Termin akzeptieren zu müssen, denn in der Zwischenzeit kann der Wettbewerber möglicherweise den Auftrag für sich gewinnen. Und darüber hinaus haben Sie keinen Verhandlungspartner in die Verlegenheit gebracht, Ihnen gegenüber eine Entscheidung treffen zu müssen, ohne sich vorher mit den Kollegen abgestimmt zu haben.

Was gibt es darüber hinaus zu beachten?

1. Falls Sie mit mehreren Teilnehmern auf Ihrer Seite beim Kunden erscheinen, legen Sie vorher fest, wer welche Rolle in der Verhandlung übernimmt. Legen Sie auch den Gruppensprecher fest.
   Definieren Sie das Ziel, das Sie erreichen wollen. Legen Sie aber auch fest, bis zu welchem Rückzugsziel Sie gesprächsbereit sind.

2. Ist diese Verhandlung von besonderer Bedeutung, sollte sie vorher trainiert werden, um sich auf mögliche kritische Situationen einstellen zu können. Wir hören immer häufiger, daß sich auch Einkaufsgremien in ähnlicher Art und Weise bei besonders hohen Einkaufssummen vorbereiten.

3. Versuchen Sie, soviel Vorinformation über die Gesprächspartner in Erfahrung zu bringen, wie es Ihnen möglich ist. Dazu zählen Stellung, Erfahrung und die Einschätzung als »Was ist er für ein Mensch«.

4. Arbeiten Sie mit optischen Hilfsmitteln wie Flip Chart, Overhead Projektor, Dia Projektor und möglicherweise Filmen.

5. Sprechen Sie jeden Teilnehmer in der Verhandlung an. Es sollte keiner die Verhandlung verlassen, ohne gesprochen zu haben. Aktivieren Sie durch die Fragetechnik.

6. Verstehen Sie sich in der Rolle des Beraters oder Sachverständigen. Ergreifen Sie bei Diskussionen nicht Partei, weil Ihre Stellungnahme zwar eine Person unterstützt, die andere aber vor allen anderen bloßstellt.

7. Bitten Sie wichtige Gesprächspartner noch während der Verhandlung um einen Gefallen, etwa eine Skizze zuzuschicken. Schicken Sie diesen Teilnehmern unmittelbar danach ein Telex: Vielen Dank....

64. Welche Sitzordnung gibt es bei Verhandlungen?

Die Sitzordnung ist eine auch von Einkäufern gewählte taktische Maßnahme, um Vorteile in der Verhandlung zu erreichen.

Sitzen Sie eher im Schatten, können Sie Ihren Verhandlungspartner besser beobachten, umgekehrt aber nicht.

Noch wichtiger wird die Beachtung der Sitzordnung bei Gruppenverhandlungen.

Manchmal stellt man den Verkäufer wie vor ein Tribunal.

Sie sollten auch einen Platz aussuchen, von dem Sie zentral alle Verhandlungsteilnehmer beobachten können.

Also: Kein Schatten, keine Frontenbildung und keine schlecht zu beobachtenden Teilnehmer.

Beispiele für Sitzordnungen:

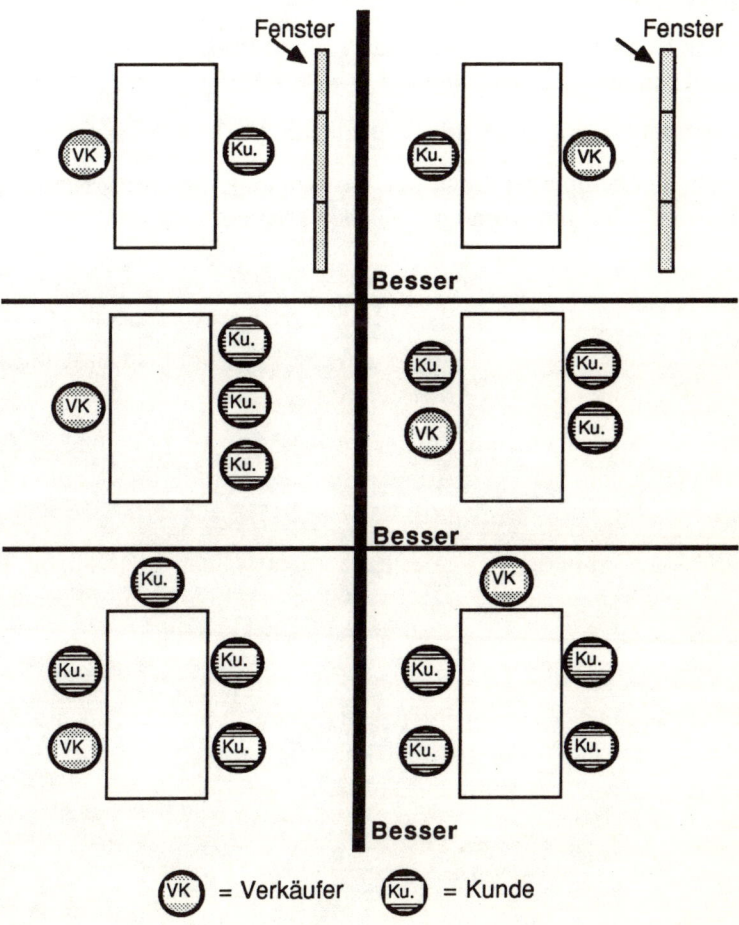

65. Welche Gefahr gibt es bei langen Kundensitzungen?

Verhandlungen, die über 90 Minuten dauern, haben besondere Risiken:

Die Konzentration läßt nach.

Der eine oder andere Punkt wird zum wiederholten Male diskutiert, ohne daß eine Entscheidung erkennbar ist.

Die Merkfähigkeit wird nach der Verhandlung, bei der Fülle der zu verarbeitenden Informationen, reduziert sein.

Wie kann man darauf Einfluß nehmen?

Bildhaft arbeiten mit Flip Chart oder Over Head Projektor

Noch mehr aktive Beteiligung aller Verhandlungsteilnehmer

Unterbrechungen vorschlagen

Gemeinsames Mittagessen einbauen

Gemeinsame Etappenziele zwischen Kunden und Verkäufer setzen, die innerhalb einer festzulegenden Zeit erreicht werden sollen

Mehr Zusammenfassungen des augenblicklichen Verhandlungsstandes

Gezielt mehr Teilnehmer während der Verhandlung um ihre Meinung bitten, da sie die Situation mit ihren Ansichten beleben können.

66. Welche kritischen Situationen gibt es bei Gruppenverhandlungen?

Verhandlungen mit mehreren Teilnehmern auf der Kundenseite, ob es für eine Präsentation oder Abschlußverhandlung ist, können sehr schnell in kritische Situationen münden.

Die Teilnehmer auf der Kundenseite sind uneins

Man erwartet vom Verkäufer eine Stellungnahme, die entweder die eine oder andere Seite in der eigenen Meinung bestärkt. Als Verkäufer sitzt man dann zwischen den Stühlen, da eine Partei nicht Ihre Unterstützung finden wird. Möglicherweise ist aber gerade in dieser Gruppe der Meinungsführer, der später seine Meinung trotz Ihrer Ablehnung durchboxen wird. Versuchen Sie, in solchen Situationen keine Stellungnahmen abzugeben. Wenden Sie sich an die Verhandlungsgruppe auf der Kundenseite mit der Bitte, gemeinsam alles Für und Wider durchzusprechen, damit die Gruppe dann alleine ihre Entscheidung treffen kann. Verstehen Sie sich in dieser Situation mehr als objektiver Berater.

Ein Teilnehmer dominiert in der Gruppe....

und läßt die anderen Teilnehmer nicht zu Wort kommen. Eine weitere kritische Situation, weil die Teilnehmer auf der Kundenseite sich gegenüber dem dominierenden Kollegen zurückgesetzt fühlen.

Steuern Sie nicht schon während der Verhandlung dagegen, wird die Verhandlung einen negativen Beigeschmack bekommen, was letztendlich auf Sie übertragen werden kann, denn es war »Ihre« Verhandlung. Wenden Sie sich mit Fragen direkt an die Teilnehmer. Bitten Sie um zusätzliche Informationen. Fragen Sie die Leute nach Ihrer Meinung zu bestimmten Themen.

Die Gruppe trifft keine Entscheidung

Es ist häufig der Fall, daß sich eine Gruppe erst ohne die Anwesenheit des Verkäufers beraten will.

Diese Situation kann kritisch werden, da bis zur nächsten Verhandlung zuviele Unwägbarkeiten eintreten können.

Erzwingen Sie keine Grundsatzentscheidung, ohne daß die Gruppe vorher alleine diskutieren konnte.

Geschickt ist es, den Verhandlungspartnern anzubieten, den Raum für 20 oder 30 Minuten zu verlassen.

Anschließend würden Sie für mögliche sich ergebende Fragen zur Verfügung stehen. Ihr Ziel ist es aber, dann die Grundsatzentscheidung oder noch besser den Auftrag mitzunehmen.

So nutzt man das Großkundenmanagement als Mittel zur Verkaufssteigerung

67. Wer ist Ihr Alliierter?

Man gewinnt keine Firma als Kunden sondern Menschen.

Bei schwierigen Auftragsverhandlungen, wenn es um harte Forderungen vom Kunden geht, vergißt man schnell, daß es nicht um die Lösung dieses Sachproblems sondern um die Erreichung eines Zieles aus der Sicht des Kunden geht.

»Der Kunde« kann auch sehr schnell aus mehreren Personen bestehen. Dann gilt es, unterschiedliche Interessen zu berücksichtigen, die mehr oder weniger mit Ihren Interessen im Einklang sind.

Suchen Sie gezielt nach Verbündeten oder Alliierten, die mit Ihnen gleiche oder zumindest annähernd gleiche Interessen haben.

Möglichkeiten:

1. Bitten Sie offen Ihren Gesprächspartner um Unterstützung.

2. Versuchen Sie durch Fragen in Erfahrung zu bringen, welche vertraulichen Informationen man bereit ist Ihnen zu geben.

3. Laden Sie Ihren Gesprächspartner zu einem Essen oder einem Werksbesuch ein.

4. Fragen Sie gezielt nach anderen Personen im Unternehmen des Kunden. Je offener die Informationen sind, um so mehr haben Sie jetzt den Beweis, daß Sie einen Alliierten gewonnen haben.

Wichtig:
Stellen Sie ebenfalls sicher, daß Sie Ihre »Feinde« identifizieren, denn Wettbewerber haben auch »Freunde«.

68. Warum ist eine Entscheidungsprozeßanalyse notwendig?

Zuerst der Hintergrund: Entscheidungen durchlaufen mehrere Zwischenstationen, bis es zur endgültigen Auftragsvergabe kommt.

Beispiel im Baubereich: Der Bauherr beauftragt den Architekten, ein Traumhaus zu einem akzeptablen Preis zusammenzustellen. Der Architekt veranlaßt eine Ausschreibung, die sich für die einzelnen Gewerke versteht. Jetzt kann der Architekt mehr oder weniger genaue Vorgaben machen, die den anbietenden Handwerkern erlauben, ihre Angebote abzugeben.

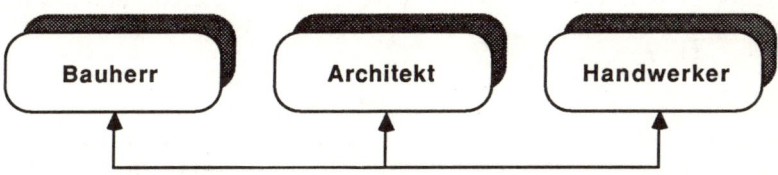

Es ist erforderlich herauszuarbeiten, in welcher Stufe die Einflußnahme am größten ist.

Je mehr Einfluß Sie in der vorgelagerten Entscheidungsstufe haben, umso mehr vergrößern Sie Ihre Chancen

Beispielsweise kann durch einen guten Kontakt zum Architekten die Ausschreibung so ausgelegt sein, daß zwar nicht Ihr Firmenname genannt wird, aber durch die festgelegte Technik der Handwerker bei Ihnen kaufen muß.

Die gleiche Situation finden Sie im Unternehmen, da auch hier mehrere Bereiche an der Entscheidungsfindung mitwirken.

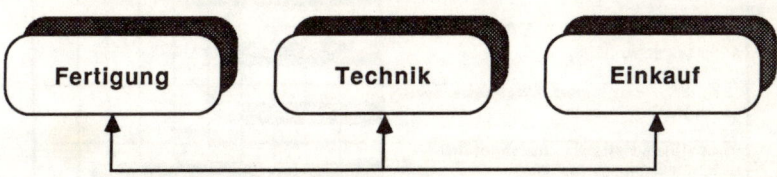

Auch für die Entscheidungsstrukturen *innerhalb* des Unternehmens gilt: Je mehr Einfluß Sie auf die vorgelagerte Stufe nehmen, umso mehr vergrößern Sie Ihre Chancen des Auftragserhaltes.

Fazit:
Prüfen Sie für Ihren Bereich, ob ein Engagement im vorgelagerten Entscheidungsprozeß Ihre Einflußnahme vergrößert.

Beispiel:
Interviewen Sie die Gesprächspartner: Wie ist die Entwicklung?
Bieten Sie ein Informationsseminar im Kundenunternehmen an!

69. Wie verkauft man »hautnah« bei Großprojekten?

Der Wettbewerb, insbesondere für Großprojekte, hat sich deutlich verschärft.

Manche Unternehmen konzentrieren sich zusehends auf derartige Projekte, um eine Grundauslastung für die eigene Produktion sicherzustellen.

Der Verkäufer hat die Aufgabe, beim Tauziehen um diese Großprojekte alle Fäden in der Hand zu halten. Bei den oft über Monate dauernden Verhandlungen sind nicht nur technische Details zu klären, sondern auch Mitarbeiter oder ganze Interessengruppen im Kundenunternehmen für sich zu gewinnen.

Die nachfolgende Checkliste ist zur Prüfung der erforderlichen Schritte gedacht. Die Skala 0 – 100 dient Ihnen dazu, den Prozentsatz der Erreichung zu markieren. 100 % bedeutet dann voll erreicht, 50 % lediglich Durchschnitt und damit verbesserungswürdig.

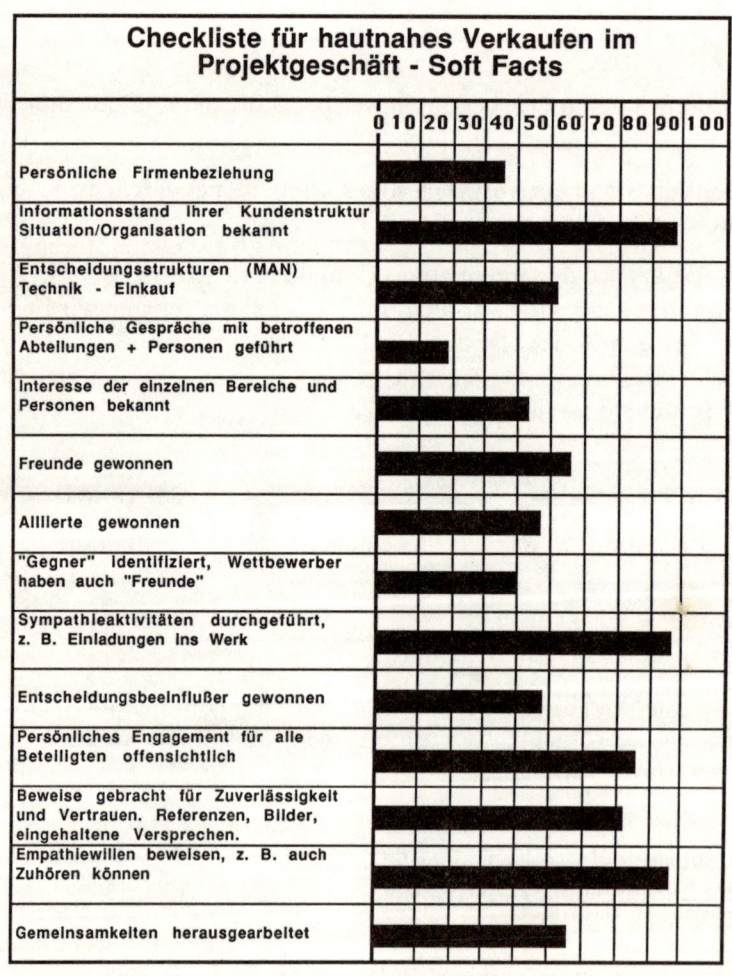

70. Wie hält man den ständigen Kontakt bei einer Großkundenakquisition?

Eine Großkundenakquisition dauert in der Regel Monate oder sogar Jahre. Darin liegt auch die Schwierigkeit, über das Tagesgeschäft hinaus einen Kontakt zum ausgesuchten Großkunden zu halten, obwohl zur Zeit kein konkretes Projekt ansteht. Möglichkeiten für ständige Kontakte:

Zeitungsartikel

Schicken Sie dem Kunden Zeitungsartikel mit Themen, die für ihn interessant sind. Markieren Sie mit einem Stift die für ihn wichtigen Stellen.

Einzelgespräche

Bitten Sie von Zeit zu Zeit um einen Gesprächstermin, damit Sie den persönlichen Kontakt halten und ausbauen können. Viele Informationen werden insbesondere im Großunternehmen nur im persönlichen Gespräch weitergegeben.

Prospekte

Auch Prospekte von neuen Produkten sollten dem Kunden zugeschickt werden. Damit kann ebenfalls die Kontaktkontinuität gesichert werden.

Neuproduktvorstellungen

Laden Sie den Kunden zu Neuproduktvorstellungen gezielt ein. Ein persönliches Gespräch wird sich ergeben.

Geburtstagsgrüße

Schicken Sie Ihrem Kunden Geburtstagsgrüße. Er wird es sich merken.

Geschenke

Bestenfalls schenken Sie dem Kunden etwas, das ihn persönlich interessiert und außerhalb der traditionellen Geschenkzeit überreicht wird.

Präsentation

Sobald Sie die Möglichkeit haben, im Unternehmen des Großkunden mehrere Mitarbeiter zusammenzurufen, sollten Sie die Gelegenheit für eine Präsentation im Kundenunternehmen nutzen. Sie können neue Informationen vermitteln und erweitern insbesondere Ihre Plattform für mehr persönliche Kontakte.

Urlaubsgrüße

Schicken Sie Ihren ausgesuchten Kunden aus Ihrem Urlaub eine Karte. Es ist atypisch und hat einen hohen Aufmerksamkeitswert.

Die Vorschläge geben Ihnen die Möglichkeit, eine Jahresmatrix zur Kontaktstrategie im Großunternehmen aufzubauen. Planen Sie in Ihrem Terminkalender die vorgenannten Aktivitäten für das ganze Jahr.

71. Wie agiert man bei einer Großkundenakquisition in der »heißen« Verhandlungsphase?

Eine Großkundenakquisition ist normalerweise sehr langwierig.
Keine Risiken darf man in der Endphase eingehen.
Alle Reserven des eigenen Unternehmens müssen mobilisiert werden, um das Großunternehmen zu gewinnen. Einige Vorschläge:

Seminarveranstaltung

Veranstalten Sie im Unternehmen des Kunden ein Seminar oder laden Sie einige Herren in Ihre eigenen Räume ein.
Seminare bieten sich an für neue Produkte, Training neuer Techniken oder Anwendungen und Wissensvermittlung.

Werksbesichtigungen

Laden Sie den Kunden zu einer Werksbesichtigung in Ihrem eigenen Unternehmen ein. Sie können den Kunden dann noch besser von Ihrem Unternehmen und Ihren Produkten überzeugen.

Außerbetriebliche Treffen

Ist der Kunde in einem Verband und haben Sie die Möglichkeit, an Verbandstagungen teilzunehmen, sollten Sie sich direkt mit dem Kunden verabreden.
Daß bei Großkunden und damit verbunden oft auch Großprojekten private Kontakte und damit außerbetriebliche Treffen eine Rolle spielen, steht außer Frage. Gemeinsame Tennis- oder Golfturniere sind eine ausgesprochen nutzvolle Kontaktmöglichkeit.

Vertriebsleiter

Setzen Sie ihren Vertriebsleiter als Verkaufshilfe ein. Er kann für Sie der Türöffner zu einem weiteren Gespräch auf einer höheren Hierarchiestufe sein.

Geschäftsführer/Vorstand

Nicht wenige Großkunden sind gewonnen worden, weil zum richtigen Zeitpunkt an der richtigen Stelle die richtigen Leute (Vorstand) zusammengekommen sind. Scheuen Sie sich nicht, ein Gespräch auf Vorstands- oder Geschäftsführerebene in die Wege zu leiten.

Messeeinladung

Eine Messe ist eine gute Gelegenheit, den Kontakt mit Großkunden zu halten. Der Mitarbeiter im Großunternehmen wird persönlich eingeladen und von Ihnen auf der Messe betreut.

Kundenbefragungsaktion

Laden Sie den Kunden zu einem Erfahrungsaustausch ein.
Stellen Sie detaillierte Fragen für Ihren Bereich und Ihre Branche. Lassen Sie den Kunden erkennen, daß Sie seine Erfahrung wichtig nehmen und in Ihre Entwicklung einfließen lassen.

So steigert man seine Wirkung auf Kunden

72. Wie präsentiert man professionell?

Oder:

Wie bleibt beim Zuhörer am meisten haften?

Den höchsten Merk- und Lerneffekt erreicht man durch eigenes Tun oder Handeln (etwa 90 % Merkwirkung)

Merkfähigkeit	Prozentangabe
durch Hören	▨ 20%
durch Sehen	▨ 30%
durch Hören + Sehen	▨ 50%
durch selber sprechen	■ 70%
durch selber ausführen	■ 90% ▮

Das bedeutet:

KEINE VORTRÄGE

Gerade bei größeren Zuhörerkreisen ist eine aktive Beteiligung und der Einsatz visueller Hilfsmittel ein Muß. Professionell Präsentieren bedeutet:

1. Bitten Sie die Teilnehmer vor Beginn der Präsentation um ihre Stellungnahme zu offenen Fragen. Beispiel: Welche drei Haupterfordernisse müssen für den zukünftigen Einsatz von Mini-Computersystemen im Unternehmen gelten? Erfassen Sie die Informationen systematisch und gehen Sie bei ihrer Präsentation darauf ein.

2. Bitten Sie die Teilnehmer, auf vorgefertigten Karten oder großen Bogen Papier, ihre Meinung oder Information aufzuschreiben. Sie können darauf Bezug nehmen und für Sie ist es ein »Spickzettel« für eine kundenorientierte Präsentation: Der Kunde hört nur, was ihm nützt!

3. Bauen Sie Diskussionen gezielt ein. Sie sollten die Fragen an die Teilnehmer bereits vorbereitet haben.

4. Zeigen Sie Fotos, Bilder, Grafiken, Teilstücke von Produkten oder Anlagen.

73. Was kann man alles bildhaft darstellen?

Prüfen Sie einmal für Ihr Aufgabengebiet, was sich in Form von Bildern und Grafiken darstellen läßt. Sie haben dann eine zusätzliche überzeugende Verkaufshilfe:

Die bildhafte Darstellung

Beispiele zur bildhaften Darstellung:

Wirtschaftlichkeitsberechnungen

Marktanteilszahlen für die eigenen Produkte im positiven Fall

Bilder ausgeführter Anlagen

Referenzen

Lagepläne

Technische Auslegungsdiagramme

Maßzeichnungen

Materialmuster

Prospekte

Fotos

Grundrisse

Schnittmuster

Explosionszeichnungen

74. Wie visualisiert man am besten?

Ein weiteres Mal soll das vielzitierte chinesische Sprichwort benutzt werden:

Ein Bild sagt mehr als 1000 Worte.

Erfahrungsgemäß hat das bildhafte Denken und Handeln noch nicht im notwendigen Maße Einzug in den Verkäuferalltag gefunden, obwohl die Merkfähigkeit durch Visualisierung eindeutig höher ist als das gesprochene Wort.

Beispiel einer Visualisierungsmöglichkeit:
Arbeiten Sie mit Tisch Flip Charts, die so aussehen

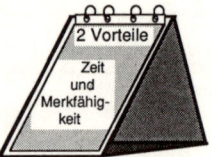

Erhältlich im DIN A 4 und DIN A 3 Format. Sie haben die Möglichkeit, Ihre eigene Präsentationsmappe mit Ihren eigenen Bildern, Fotos und Zeichnungen zusammenzustellen. Ein weiterer wesentlicher Pluspunkt: *Sie können gemeinsam mit dem Kunden zeichnen* oder etwas entwickeln, da Blankoblätter Ihnen diesen Spielraum lassen.

Sie wissen, daß die Identifikation mit der Problemlösung dann am größten ist, wenn man es schafft, ein »Wir sitzen im gleichen Boot«-Gefühl beim Kunden aufzubauen. Das erreichen Sie dadurch, daß der Kunde an der Entwicklung des Projektes mitwirken kann.

Stellen Sie alle Vorteile, die sich visualisieren lassen, auch in dieser Form dar.

Beispiel: Der Ölverbrauch reduziert um 20 %

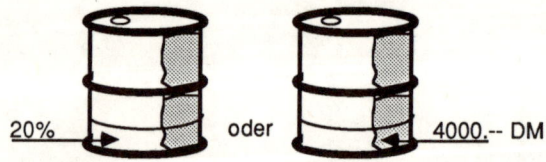

Oft reicht es auch, wenn eine Zahl dramatisch groß genug geschrieben wird:

17% vorher

29% heute möglich

Nutzen Sie jede Gelegenheit, Ihre Worte mit Bildern zu untermauern. Falls Sie die Möglichkeit dazu haben, setzen Sie Videofilme oder Tonbildshows ein. Aber vergessen Sie dabei nie, daß der Kunde immer seinen aktiven Beitrag in Form von Antworten oder Fragen leisten muß. Visualisieren heißt, das Wesentliche aus der Sicht des Kunden wiedergeben und weniger eine perfekt vorgeführte Show wie im Fernsehen oder Kino zu zeigen.

75. Wie setzt man Zahlenmaterial ins rechte Licht?

Sehr viele Zahlenkolonnen bieten die Möglichkeit einer bildhaften Darstellung. Die Wirtschaftlichkeitsberechnung im Vergleich zweier Systeme ist ein gutes Beispiel.

Die heutigen Personal Computer bieten vielfältige Möglichkeiten, Zahlen in Form von Säulen-, Balken-, Torten- und Liniendiagrammen darzustellen. Ein Beispiel für Marktanteilszahlen:

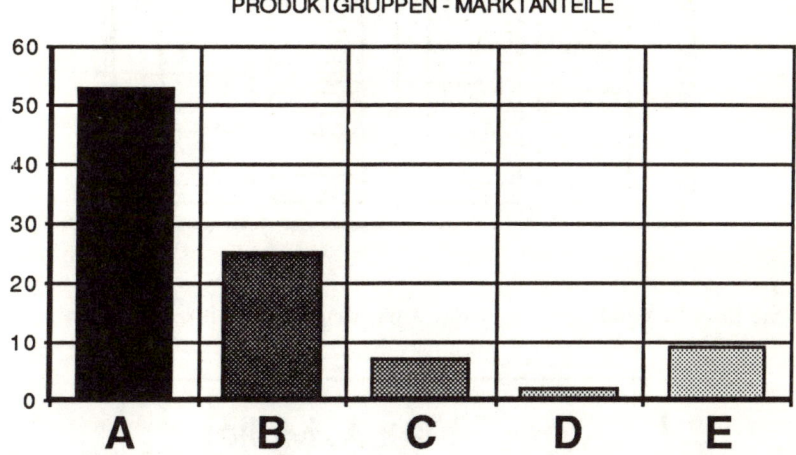

Prüfen Sie vorher die überzeugendste grafische Darstellung, weil Sie beispielsweise durch die gezielte Darstellung in Linien- oder Säulenform beim Kunden Aha-Effekte erzeugen können.

Möglichkeiten, Zahlen grafisch darzustellen:

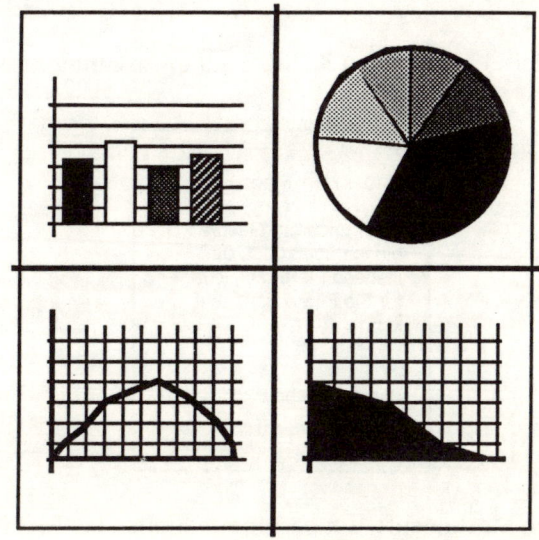

76. Was sollte man mit Prospekten tun, bevor sie herausgegeben werden?

Versehen Sie das Prospekt mit Randnotizen:

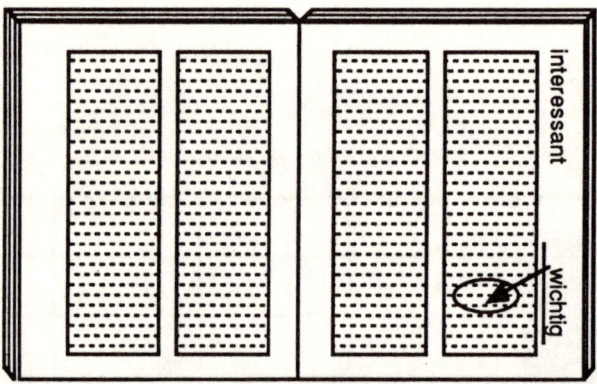

Geben Sie kein Prospekt heraus, ohne Ihre Visitenkarte anzuheften.

Max A. Müller
Verkaufsberater
Meier & Schulz GmbH

Hr. Franz Viel Erfolg!

Legen Sie einen Zettel bei, um den Kunden auf etwas aufmerksam zu machen.

Lieber Herr Franz,

nach unserem Gespräch
bin ich überzeugt, daß
insbesondere die Seite 7
für Sie interessant sein
kann.

Ihr
Winfried Scholz

Benutzen Sie einen Markierstift, um bestimmte Stellen im Text hervorzuheben.

77. Wie verkauft man mit dem Stift?

Bildhafte Darstellungen sind einprägsamer als Worte. Auch bleibt beim Kunden mehr haften.

Andererseits fehlt es manchmal an Bildmaterial in Form von Prospekten, Dias oder Videos oder auch nur grafischen Darstellungen von Wirtschaftlichkeitsberechnungen.

Trotzdem gibt es für Sie eine sinnvolle Möglichkeit, die überzeugenden Vorteile des bildhaften Verkaufs zu nutzen:

Prüfen Sie Ihre gesprochenen Worte daraufhin, ob sie nicht auch in Bildern ausgedrückt werden können.

Eigentraining ist dazu erforderlich. Mit ein bißchen Übung wird es aber immer einfacher gehen.

Beispiele:

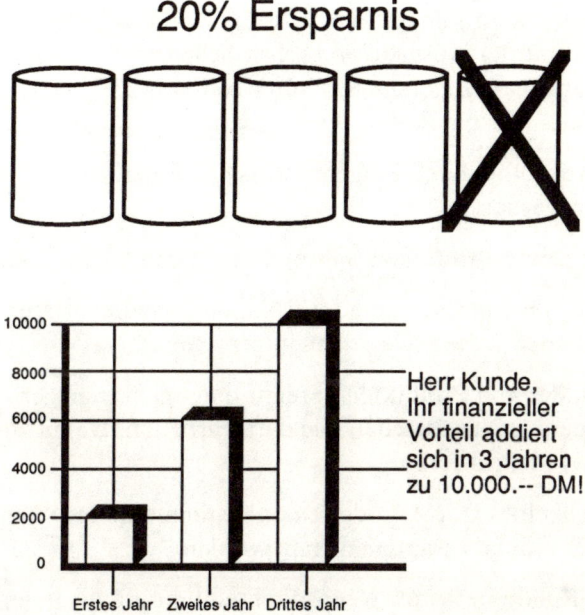

Sie benötigen für eine solche Darstellung lediglich etwas Übung, ein Blatt Papier und Stifte. Sie können mit Bleistiften arbeiten. Einfallsreiche Kollegen benutzen mittlerweile 4-Farbstifte oder Stifte in unterschiedlichen Farben, da farbliche Darstellungen noch überzeugender wirken. Sicherlich muß man sich vor Übertreibungen hüten, aber zeichnerische Darstellungen werden im Verkauf nach meiner persönlichen Erfahrung bisher recht selten angewendet.

Wenn Sie es dann noch schaffen, den Kunden in die Entstehung dieser Zeichnung mit einzubeziehen, haben Sie eine gemeinsame Lösung zu Papier gebracht. Und die verbindet.

78. Wie führt man Kundenseminare durch?

Die Durchführung von Seminaren ist ein interessantes Instrument, Kunden an sich zu binden und eine Mehrleistung gegenüber dem Wettbewerb zu bieten.

Die Durchführung von Kundenseminaren bietet sich an
- bei einer Neuprodukteinführung zur Vorführung oder
  die bessere Nutzung der eigenen Produkte oder
- zur Vermittlung von speziellem Fachwissen oder
- zur Ausbildung des kundeneigenen Personals (Beispiel: Großhandel)

Einige Regeln sollen bei der Durchführung beachtet werden:

1. Es ist wichtig, daß pünktlich angefangen wird.
   Treten Verzögerungen auf, nennen Sie den neuen Anfangstermin.

2. Es sollte bereits vor dem Beginn etwas passieren. Beispiel: Die Teilnehmer füllen einen Fragebogen aus, den sie in der nächsten Pause abgeben werden.

3. Die Zuhörer sollen sich auf die Vorträge und das Seminar konzentrieren. Deshalb ist mit der Ausgabe von schriftlichen Unterlagen vor dem Beginn äußerst sparsam umzugehen. Sie laufen sonst Gefahr, daß man während des Seminars anfängt, in den Blättern zu lesen.

4. Der Zuhörer sollte durch Fragen und aktive Beteiligung in den Vortrag mit einbezogen werden.

5. Praktische Demonstrationen während des Seminars sind sinnvoll.

6. Folien sollten möglichst wenig Information enthalten, dafür sehr gut lesbar sein. Sie können diese Folien dann interpretieren.

7. Werden Bilder von Produkten gezeigt, dann nicht nur perfekte Fotos vom Gerät sondern auch Menschen, die daran arbeiten. Damit kann sich der Zuhörer besser identifizieren.

8. Die Vorteile eines Gerätes oder einer bestimmten Anwendung sollten zum Schluß noch einmal zusammengefaßt werden.

9. Sollte ein Kunde bei einer Neuprodukteinführung nach dem Preis fragen, dann entscheiden Sie, ob der richtige Moment zur Nennung des Preises bereits erreicht ist. Falls nicht, verschieben Sie besser die Bekanntgabe des Preises.

10. Jeder Teilnehmer sollte nach dem Seminar noch einmal einen Brief mit den wesentlichen Höhepunkten erhalten.

11. Kunden, die sich angemeldet haben, aber nicht erschienen sind, erhalten eine Zusammenfassung der Vorträge.

Sinnvolle Wege zur Taktik gegenüber Wettbewerbern

79. Was tun .... wenn der Kunde sagt: Nennen Sie mir Wettbewerber?

Es gibt Fälle in der Verkäuferpraxis, bei denen der Kunde Sie ganz offen nach weiteren Wettbewerbern fragt.

Bevor eine Antwort gegeben wird, sollten Sie zuerst prüfen, welche Qualität Ihre Zusammenarbeit mit dem Kunden hat.

Ist die Zusammenarbeit eher unterdurchschnittlich, ist das Nennen eines Wettbewerbers ein Risiko. Da Sie sehr genau über Ihre Wettbewerber informiert sind, kann der Kunde sogar bei deren Bekanntgabe zusätzliche Gedankenanstöße bekommen, die Ihren Auftragsabschluß gefährden können.

In einem solchen Fall ist eine ausweichende Antwort sinnvoller.

Man nennt dann die Wettbewerber, die branchenbekannt sind.

Ist die Zusammenarbeit gut oder sogar überdurchschnittlich, können Sie den Kunden offen fragen, wofür er den Namen des Wettbewerbers braucht. In solchen Situationen ist es manchmal üblich, daß die Einkaufsleitung des Kunden grundsätzlich drei Angebote zu Vergleichszwecken fordert. Hat sich Ihr Kunde für Sie entschieden, kann ein Wettbewerber gewählt werden, der nur eine Alibifunktion für Sie und für Ihren Kunden zu erfüllen hat.

Wählen Sie einen Wettbewerber, der ihrem Leistungsangebot unterlegen ist.

80. Was tun .... bei aggressiven Wettbewerbern?

Wie können Sie als Verkäufer reagieren, wenn Sie feststellen, daß Sie zunehmend Aufträge an einen bestimmten Wettbewerber verlieren? In diesem Fall ist das Einholen von gezielten Informationen über den Wettbewerber eine erforderliche Aufgabe.

Befragen Sie systematisch Ihre Kunden über diesen Wettbewerber.

Zufriedene Kunden, zu denen Sie ein persönliches Verhältnis haben, sind bereit, Ihnen Auskunft zu geben.

Informieren Sie Ihre Verkaufsleitung. Dort kann geprüft werden, ob eine bundesweite oder sogar weltweite Aktion läuft. Erhält die Verkaufsleitung frühzeitig Daten und Informationen, können Gegenmaßnahmen ergriffen werden.

Eine weitere Möglichkeit wird seltener genutzt. Sprechen Sie Ihren Kollegen beim Wettbewerber persönlich an. Oft erhält man die eine oder andere Information.

Sie sollten Ihre Aktivitäten gegenüber Ihren Kunden noch weiter verstärken. Zusätzliche »Dienstleistungen«, die finanziell nicht honoriert werden, aber Gefälligkeitsdienste sind, stehen jetzt im Vordergrund. Parallel zu diesen Aktivitäten per Telefon, Brief oder persönlicher Verhandlung sollten verstärkt Neukundenbesuche durchgeführt werden. Auch hier sollte man gezielt Kunden ansprechen, von denen man weiß, das sie Kunden des aggressiven Wettbewerbers sind.

Sollten Ihnen Kunden abspringen, was nicht ausgeschlossen werden kann, haben Sie die Möglichkeit der Kompensation durch neue Kunden.

Erkennen Sie Frühwarnsignale, damit Sie frühzeitig gegensteuern können.

81. Wie argumentiert man gegen Wettbewerber?

Eine schwierige Aufgabe ist zu lösen. In einigen Branchen gilt es als sicher, daß Wettbewerber bewußt oder unbewußt nicht zutreffende Angaben machen. Der seriöse Verkäufer muß sich immer mehr damit auseinandersetzen, daß die Unterschiede in Preis, Leistung und in zugesicherten Eigenschaften bei Produktvergleichen immer mehr auseinanderklaffen.

Was tun?

Versucht man direkt, dem Wettbewerber unkorrekte Angebote oder auch nur falsche Argumentation vorzuwerfen, stellt man oft fest, daß der Kunde den Wettbewerber verteidigt, als wäre er Angestellter des Wettbewerbers. So mancher Überzeugungsversuch endet dann in einer Verteidigungsrede für das eigene Angebot, weil der Kunde jetzt ganz gezielt versucht, die Schwächen des eigenen Angebotes herauszustellen. Gerechtigkeitssinn des Kunden für den nicht vorhandenen Wettbewerber oder auch nur geschickte Argumentation, um andere Ziele beim Verkäufer zu erreichen, sind mögliche Hintergründe für ein solches Handeln des Kunden.

Sprechen Sie den Namen des Wettbewerbers nie direkt aus.

Es gibt keinen Grund, den Namen durch Wiederholung beim Kunden auch noch bekannter zu machen.

Versuchen Sie, das schriftliche Angebot des Wettbewerbers gemeinsam mit dem Kunden durchzuarbeiten. Der Kunde kann den Preis verdecken. Ihnen geht es um die grundsätzliche Vergleichbarkeit des Angebotes. Strecken Sie wie selbstverständlich die Hand aus: *»Herr Kunde. Wo liegen die Unterschiede im Angebot?«*

Sprechen Sie ganz bewußt positiv von Ihrem Wettbewerber. Mancher Kunde kann soviel Lob für den Wettbewerber nicht akzeptieren und wird Ihnen sagen, daß auch der Wettbewerber seine Schwächen hat.

Argumentieren Sie über Dritte. Erstens ist es glaubwürdiger und zweitens stellen nicht Sie eine Behauptung auf, sondern eine andere Person.

Beispiel:
»Sicherlich haben Sie Recht, Herr Kunde. Allerdings erzählte mir letzte Woche Herr Meier, daß....«

Eine der besten Möglichkeiten, gegen Wettbewerber zu argumentieren, ist die Schriftlichkeit. Legen Sie Prüfungsberichte, Gutachten, persönliche Schreiben von anderen Kunden und Artikel in Fachzeitschriften vor. Je nach Notwendigkeit kann auch einmal ein Angebot des Wettbewerbers, das Ihnen ein Kunde zur Verfügung gestellt hat, bei dem jetzt vorliegenden konkreten Fall gezeigt werden. Natürlich im Vergleich zu Ihrem eigenen Angebot. Bei einem konkreten Projekt konnte so eine offensichtlich fehlerhafte Amortisationsrechnung des Wettbewerbers zum Grund für die Präsentation der eigenen seriösen Rechnung genommen werden. Dafür erhielt man den Auftrag.

82. Was muß man tun, um dem Wettbewerber einen Riegel vorzuschieben?

Eine sehr wesentliche Frage in einer Zeit, in der die Bemühungen des Einkaufs, Angebote zu vergleichen und Preisvorteile herauszuhandeln, immer massiver werden.

Es ist aber auch eine Zeit, in der Kontakte und Beziehungen eine immer größere Rolle spielen. Also wird der persönliche Kontakt im Verkauf eine weiter wachsende Rolle haben.

Die Mitarbeiter im Kundenunternehmen, Ihre Verhandlungspartner, stehen unter einem zunehmenden Zeitdruck. Und mit Mitarbeitern sind nicht nur Einkäufer gemeint, sondern auch Abwickler, Ingenieure, Lagerverwalter und Geschäftsleitungsassistenten. Bei allen läßt die fehlende Zeit auch immer weniger soziale Kontakte zu. Das »Schwätzchen« auf dem Flur wird immer mehr zur Seltenheit. Berücksichtigt man diese Trends, ist es schon einfacher, dem Wettbewerber einen Riegel vorzuschieben.

1. Persönliche Beziehungen, gegenseitige Akzeptanz und Verständnis sind aufzubauen. Der Mensch und Partner ist gefordert.
   »Wie man Kunden als Freunde gewinnt« ist die Aufgabenstellung.
   Hier geht es auch um private Kontakte. Einladungen zum gemeinsamen Abendessen mit Ehefrauen, Tennisspiele und Skatabende.

2. Da unsere Partner immer weniger Zeit haben, müssen Sie in Sachfragen in die Rolle eines »geleasten Assistenten« Ihres Kunden schlüpfen. Je mehr Gefallen Sie ihm tun können oder je mehr Know-how oder Anwendungswissen Sie ihm zur Verfügung stellen können, um so größer werden Ihre Auftragschancen sein.

3. Vertrauen und Sicherheit spielen in unserer Zeit eine sehr große Rolle. Der Kunde muß sicher sein, daß er sich »blind« auf Ihre Angaben bei der technischen Beratung und bei den von Ihnen gemachten Zusagen verlassen kann. Er muß auch den Eindruck haben, daß die Firma hinter Ihnen steht.

4. Dem direkten Gesprächspartner in der Kundenfirma muß der »Weiterverkauf« Ihres Unternehmens leicht gemacht werden. Er darf sich nicht der Gefahr ausgesetzt sehen, daß er einseitig die Zusammenarbeit mit Ihnen bevorzugt. Damit müssen auch die objektiven vordergründigen Pluspunkte stimmen: Einhaltung von Lieferzeiten, technische Pluspunkte und der Preis. In diesem Fall müssen Sie Ihrer eigenen Firma klar machen können, daß eine langfristige Zusammenarbeit mit dem Kunden auch eine preisliche Zusammenarbeit bedeuten kann. Nicht der Einzelfall entscheidet, sondern die langfristige Zusammenarbeit.

So verbessert man seine eigene Entwicklung und stärkt die Persönlichkeit

83. Welche Ziele haben Sie?

Es gibt mittlerweile einige Erfolgsmethoden, die sich intensiv mit der Zieldefinition, der Zielrealisation und der Zielkontrolle auseinandersetzen.

Mit Recht. Man braucht einen Fixpunkt, an dem man sich ausrichten kann. Wie der Stabhochspringer, der vorher noch einmal die Latte anvisiert und sie fast zu hypnotisieren versucht. Übrigens sind Fotozellen beim Stabhochsprung noch genauer, nur würde wahrscheinlich keiner mehr höher springen, weil der Fixpunkt fehlt.

Nach der konkreten Zieldefinition lassen sich die Einzelschritte daraus ableiten. Insbesondere ist unser Unterbewußtsein in der Lage, das vorgegebene Gedankenspiel = Zieldefinition weiter und weiter durchzukneten.

Ziele zeigen den Weg in die Zukunft.

Welche Ziele gibt es?
Private Ziele
Berufliche Karriereziele
Sportliche Ziele
Besuchsziele
Umsatzziele
um nur einige Beispiele zu nennen.

Die meisten Ziele stehen sogar in einer Abhängigkeit zueinander und können in der Addition entweder einen hemmenden oder fördernden Charakter haben.

Beispiel:
Privates Ziel ist mehr Freizeit, berufliches Ziel ist die Einarbeitung in die neue Aufgabe des Verkaufsleiters.

Setzen Sie sich konkret mit Ihren Zielen schriftlich auseinander und entwickeln Sie daraus die notwendigen Handlungsschritte.

Sie werden mit dieser Vorgehensweise jedem Zufallssieger überlegen sein.

84. Worin unterscheiden Sie sich?

Vielleicht überrascht Sie diese Frage. Von erfolgreichen Unternehmen erwartet man aber, daß sie Produkte auf den Markt bringen, die sich positiv von anderen Produkten unterscheiden.

Wenn Sie es nicht bereits getan haben: Nehmen Sie sich einmal die Zeit und führen Sie eine Stärken- und Schwächenanalyse der eigenen Person durch. Fragen Sie auch einmal Ihren Kunden-, Verwandten- und Freundeskreis. Was wird an Ihnen besonders geschätzt? Wo sieht man Ihre Schwächen? Warum? Viele Sportarten, insbesondere asiatische, streben die Perfektion in der Eigenbeherrschung an. Dazu zählen Karate und Judo. Als Verkäufer muß man sich über seine Wirkung im klaren sein. In Kenntnis der eigenen Stärken und Schwächen können Sie wie ein Sportler einen Maßnahmen- oder Trainingsplan ableiten. Es hilft Ihnen auch beim Verständnis dafür, warum Ihnen ganz bestimmte Dinge mehr oder weniger schwer fallen. Erst die Erkenntnis und Überwindung eigener Engpässe läßt Sie Ihren Verkäuferalltag zufriedener gestalten.

Probieren Sie es einmal mit dieser Liste:
Listen Sie zuerst Ihre Stärken auf, wie Sie sie selbst kennen oder von Ihren Kunden, Bekannten oder Freunden erfahren. Bewerten Sie dann das Ausmaß Ihrer Stärke. Ist eine Stärke bei Ihnen durchschnittlich ausgeprägt, vergeben Sie 50 % auf der Skala. Ist Ihre Stärke überdurchschnittlich oder fast einmalig, bewerten Sie sie mit 100 % auf der Skala.

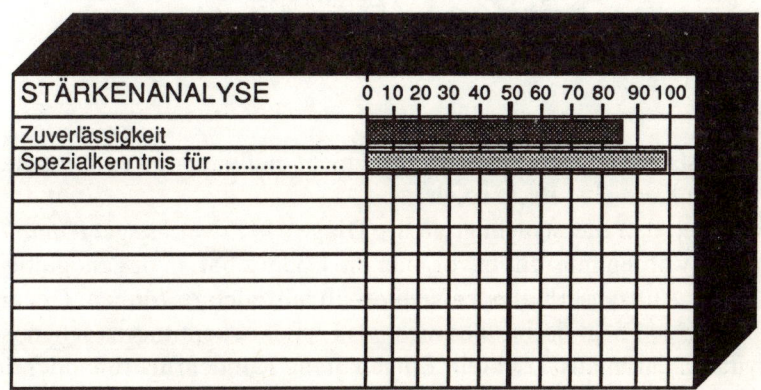

Sinngemäß verfahren Sie mit Ihrer Schwächenanalyse.

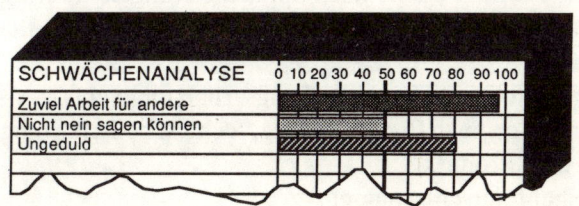

85. Warum ist man als Verkäufer erfolgreich?

Der Anspruch »Spitzenverkäufer« zu sein, ist das hochgesteckte Ziel. Was Spitzenverkäufer auszeichnet, ist schon oft definiert worden. Meine Definition läßt sich auf 3 Worte reduzieren:

Der methodische Mensch

Gemeint ist der Verkäufer, der als Person und Mensch akzeptiert wird und nach einem System oder Plan arbeitet, sprich strukturiert denkt und handelt.

»Warum ist man als Verkäufer erfolgreich« wird in unseren Seminaren von den Verkäufern aus ihrer Sicht regelmäßig definiert.

Dabei besetzen folgende 10 Anforderungen immer die vordersten Plätze:

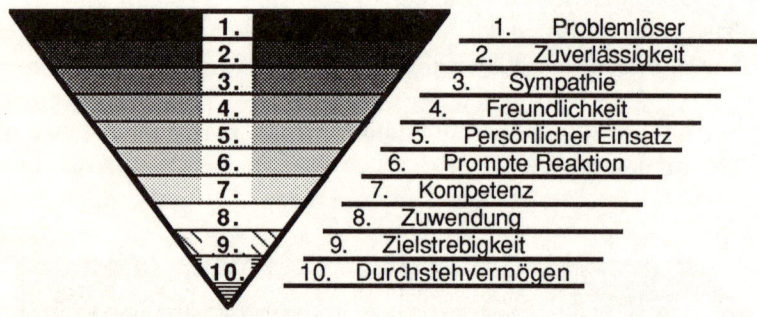

Warum bin ich als Verkäufer erfolgreich ?

1. Problemlöser
2. Zuverlässigkeit
3. Sympathie
4. Freundlichkeit
5. Persönlicher Einsatz
6. Prompte Reaktion
7. Kompetenz
8. Zuwendung
9. Zielstrebigkeit
10. Durchstehvermögen

Sie werden feststellen, daß es überwiegend nicht meßbare und emotionelle Gründe sind, die im Kern eine Rolle spielen.

Das bedeutet, daß zuerst nicht greifbare Dinge wie Zuverlässigkeit und Vertrauen geschaffen werden müssen, bevor man die Chance hat, in der endgültigen Verhandlung über Auftragserhalt oder Nichterhalt mitreden zu können. Der entscheidende Unterschied liegt darin, dies nicht als Lippenbekenntnis zu sehen, sondern die Aktivitäten daran auszurichten. Eingehaltene Kundenrückrufe oder die Erledigung zugesagter kleiner Gefälligkeiten sind vielleicht auf den ersten Blick ohne Ergebnis, langfristig sind sie aber möglicherweise auftragsentscheidend. Es gibt eine interessante Parallele zu den Untersuchungen einer Unternehmensberatung, die in dem Buch »Auf der Suche nach Spitzenleistungen« (verlag moderne industrie), festgehalten sind. Hier wurden Unternehmen analysiert, die über Jahrzehnte erfolgreich sind.

Es ist selbstverständlich, daß zum Auftragserhalt mehr gehört als Sympathie und Vertrauen. Hier zählen auch Preis/Leistung, technische Erfahrung, die Firmenunterstützung und gute Produkte.

Nur....die Reihenfolge entscheidet.

86. Worin unterscheiden sich Spitzenverkäufer?

Das Thema ist komplex. Lassen Sie trotzdem einen Definitionsversuch zu.

Die Fähigkeit, »weiche Faktoren« gezielt einzusetzen

Der Spitzenverkäufer ist sich bewußt, daß nicht nur Preise, Technik und Konditionen eine Rolle spielen. Für ihn steht der Mensch auf der gegenüberliegenden Seite im Vordergrund. Damit ist nicht nur der Einkäufer gemeint, sondern auch die Sekretärin, der Techniker und derjenige, der mit der Maschine oder den Produkten arbeiten soll. Für ihn sind emotionale Kaufgründe zu erforschen. Dazu zählen Sicherheit, Vertrauen und Zuverlässigkeit. Zusagen werden von ihm eingehalten, egal wie schwer die Erfüllung auch sein mag.

Das Engagement ist immer etwas größer, als es eigentlich erforderlich wäre. So manche eigene Freizeitstunde »opfert« der Spitzenverkäufer für seine Kunden. Termine für Angebote, die zeitlich eigentlich zu kurz sind, macht er möglich. Dazu ist er sympathisch und gegenüber sich selbst, seinem Beruf und seinen Kunden positiv eingestellt.

Die Fähigkeit, Verkaufstechniken mit der eigenen Persönlichkeit überzeugend zu verbinden

Bei jedem Verkaufstraining wird die Frage gestellt: Merkt das nicht der Kunde, daß wir bei einem Verkaufstraining waren? Manchem Verkäufer wird der Vorwurf gemacht, absolut identisch wie sein Kollege zu reden. Ob gerechtfertigt oder nicht – die Angst ist da, daß man seinen eigenen Stil verliert. Und die Angst ist berechtigt. Ich habe Spitzenverkäufer erlebt, die in ihrer Art zu verkaufen absolut verschieden waren. Nun kann man sagen, daß jeder seinen Typ von Kunden anzieht und damit schon genug erreicht. Richtig. Allerdings hat man auch die Kunden verloren, deren Typ man nicht ist. Bei vielen Diskussionen mit Verkäufern und durch Beobachtungen der eigenen gemeinsamen Kundenbesuche mit Verkäufern ist deutlich geworden, daß auch Verkaufstechniken, wie sie hier in diesem Buch sehr konkret beschrieben sind, den Spitzenverkäufer noch besser machen. Das Geheimnis: Er schafft es, Verkaufswerkzeuge, wie Schlüsselfragen, Abschlußtechnik und Preisverkauf harmonisch in seine eigene Art des Verkaufens einzubinden. Und zwar so, daß es absolut natürlich wirkt.

Die Fähigkeit, die zur Verfügung stehende Zeit bestens zu nutzen

Diese Fähigkeit ist am wenigsten ausgeprägt. Selbst der bisher erfolgreiche Spitzenverkäufer hat noch enorme Reserven, die Zeit besser einzusetzen. Das gilt für ein 90-Minuten-Verkaufsgespräch, für den 10-Stunden-Tag und für 200 Arbeitstage. Mehr Zeit für verkaufsbezogene Aktivitäten und das Setzen von Verkaufsprioritäten sind die Zukunftsaufgabe.

87. Wie bleibt man fachlich immer auf dem aktuellsten Stand?

Gerade in der heutigen Zeit ist dies eine Aufgabe von besonderer Bedeutung, da immer mehr Wissen zur Verfügung gestellt wird und immer weniger Zeit vorhanden ist.

Eine Möglichkeit sind Schnellesetechniken, die bereits eine Verbesserung zur Informationsaufnahme bringen können.

Vorteilhaft ist es auch, eine Matrix der Themenbereiche zu erstellen, die für Sie persönlich, privat und geschäftlich, interessant sind.

	Fachzeit-schrift	Magazin X	Magazin Y	EDV Zeitschrift	
Technik					
Weiterbildung					
Steuern					
EDV					

Prüfen Sie, ob Sie diese Zeitschriften oder Magazine bereits regelmäßig lesen. Wenn nicht: Lesen Sie grundsätzlich zuerst das Inhaltsverzeichnis gründlich durch, dann sofort den Artikel, der Sie am meisten interessiert. Anschließend nehmen Sie den Bericht, der Sie danach interessiert und so fort. Legen Sie sich eine Zeitschrift in Ihren Aktenkoffer und lesen Sie diese im Warteraum des Kunden, falls dieser Sie nicht sofort empfangen kann.

88. Nimmt man als Verkäufer emotional Einfluß auf den Kunden?

Sie werden die Frage sicher eindeutig mit »ja« beantworten. Forschungen haben ergeben, daß man durchschnittlich nicht mehr als 10 % der geistigen Kapazität des Gehirns nutzt und über der Bandbreite aller Entscheidungen oft auch nur 10 % rational getroffen werden.

90 % Unterbewußtsein bei jedem Menschen heißt: Damit haben unser Erscheinungsbild, unser Auftreten und unsere eigene Art, uns zu geben, eine bedeutende Wirkung auf den Kunden.

89. Wie beeinflußt die Produktüberzeugung den Verkaufserfolg?

Die Analyse von Erfolg und Mißerfolg eines Verkaufsgespräches macht Reserven erkennbar.

Aus unserer Praxis gibt es einige Beispiele für Erfolge mit Lerneffekt:

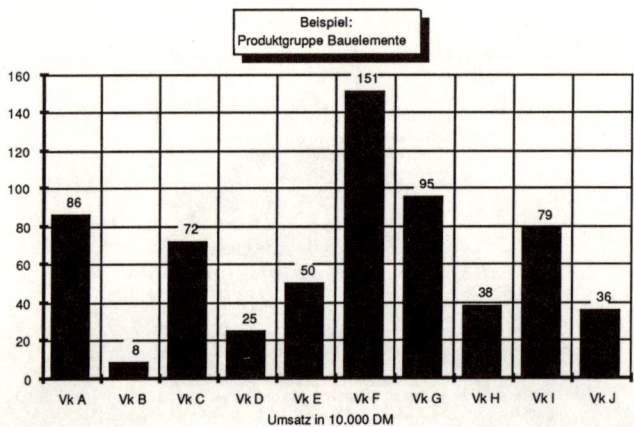

Hier liegt der Verbesserungsansatz in der eigenen Produktüberzeugung. Die Spitzenverkäufer in der jeweiligen Produktgruppe finden weitaus mehr Pluspunkte, die für das Produkt sprechen, als die Verkäufer in derselben Produktgruppe mit unterdurchschnittlichen Umsätzen.

Fazit: Erfahrungsaustausch welche Produktvorteile der Spitzenverkäufer sieht?

In einem anderen Beispiel hat der Verkäufer bei geringer Angebotssumme eine überdurchschnittliche Auftragsrealisierungsquote. Das verschlechtert sich mit zunehmendem Angebotswert. Woran liegt es? Fehlt dem Verkäufer in der Größenordnung über 100 TDM die Überzeugungskraft oder gibt es andere Gründe?

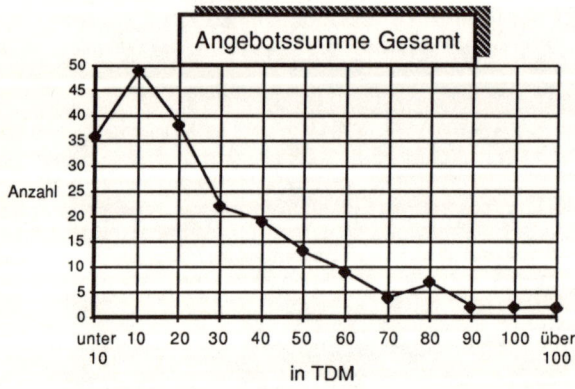

Was tun? Analysen helfen, Ansatzpunkte für weitere Reserven im Verkauf zu finden. Oft hilft schon ein Erfahrungsaustausch unter Kollegen mit konkreten Fragen und Antworten.

90. Wie sollte man sich als Verkäufer selbst trainieren?

Unsere Entwicklung als Verkäufer ist nicht statisch.

Wir entwickeln uns im Laufe der Jahre durch unsere Erfahrung weiter. Erfolgs- und Mißerfolgserlebnisse korrigieren unsere Art, als Verkäufer zu arbeiten. Wesentlich ist jedoch die Akzeptanz eines lebenslangen Lernens und Trainierens. Genau wie ein Sportler oder Flugzeugkapitän müssen wir trainieren, damit wir in kniffligen und kritischen Situationen, wo es auf Sekundenbruchteile ankommt, richtig reagieren.

Das erfordert »Verkäuferreflexe«, die einstudiert oder trainiert werden müssen.

Jeder ist als Verkäufer in einer individuellen Situation. Denn jeder Mensch ist nicht der gleiche Typ, das Alter spielt eine Rolle und die Erfahrung, um nur einige Beispiele zu nennen.

Bildhaft ausgedrückt könnte die Auseinandersetzung mit der individuellen Entwicklungssituation etwa folgendermaßen aussehen:

Nennen wir einige Beispiele für die Entwicklungsstufen beim Eigentraining: Gesprächsvorbereitung, Gesprächseröffnung, Fragetechnik, Einwandbehandlung, Abschlußtechnik, u.s.w.

Mit der Zeit werden die zu trainierenden Aufgaben immer schwieriger: z. B. strategische Gebietsbearbeitung durch Planung und Gebietsanalyse oder Zeitmanagement.

Sie treffen die Entscheidung, welche Verkaufshilfsmittel Sie bereits beherrschen und welche weiter verbessert oder neu aufgenommen werden sollten.

In der Praxis hat sich folgende Unterlage als hilfreich erwiesen:

Eigentrainingsprogramm	0	10	20	30	40	50	60	70	80	90	100
Gesprächsvorbereitung											
Gesprächseröffnung											
Gesprächsführung											
Fragetechnik											
Einwandbehandlung											
Preisverkauf											
Abschlußtechnik											
Gebietsmanagement											
Zeitmanagement											

Tragen Sie die Einzelthemen ein, die für Ihre weitere Entwicklung als Verkäufer eine sinnvolle Hilfe sind und bewerten Sie den Ist-Zustand. 50% ist Durchschnitt. Manche Verkäuferreaktion beherrscht man zu 50%. Das ist noch nicht gut genug!

91. Warum mit uns?

Haben Sie sich diese Frage schon einmal konkret in einer kritischen Verhandlungsphase gestellt? Konzentrieren Sie sich darauf, Argumente und Vorteile zu finden, die für eine Zusammenarbeit sprechen.

Diese Grafik unterstützt Sie dabei:

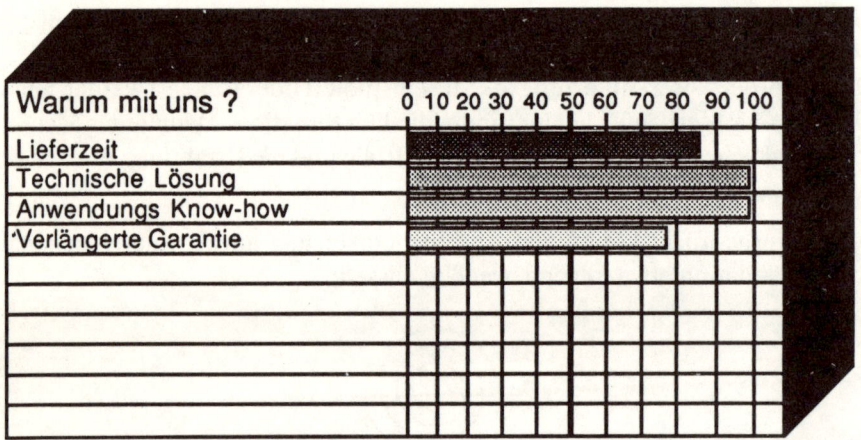

Diese Form der Fragestellung dient dazu, Ihnen persönlich Klarheit zu verschaffen, wie Sie Ihre Chancen einschätzen.

Zusätzlich kann eine grafische Darstellung in dieser Form auch, richtig aufbereitet, dem Kunden als Grafik zur Verfügung gestellt werden.

In jedem Fall dient sie in der Vorbereitungsphase dazu, den aktuellen Standpunkt der Verhandlung aus allen Richtungen zu durchleuchten und die Chancen zu objektivieren.

92. Wie hält man eine Rede?

Die Situation entsteht sehr schnell: Man wird gebeten, entweder vor den eigenen Verkaufskollegen auf einer Vertriebstagung zu einem bestimmten Thema eine Rede zu halten oder beim Kunden zum Firmenjubiläum einige Worte zu sagen.

Hier ein paar Hinweise:

Was ist das *Ziel* Ihrer Rede? Formulieren Sie das Ziel aus, damit Sie es anschließend kontrollieren können. Denn Ihre Rede ist nur Mittel zum Zweck, um etwas damit zu erreichen.
Eine Rede wird heute nicht mehr so geführt, daß einer spricht und die anderen zum Zuhören gezwungen sind.

Sorgen Sie für eine *aktive Beteiligung* der Zuhörer bei Ihrer Rede. Entweder sprechen Sie die Zuhörer direkt an oder stellen Sie eine rhetorische Frage, die Sie dann selber beantworten. Der Zuhörer wird Ihrer Rede viel konzentrierter folgen, weil er merkt, daß er eingebunden ist in Ihren Vortrag.

Sprechen Sie in *Bildern und Beispielen,* das ist anschaulicher. Es hört sich besser an, wenn Sie sagen: »Unser neues Produkt paßt jetzt in Ihren Aktenkoffer. Früher haben wir mit der Hälfte der Leistung den Platzbedarf eines Zimmers benötigt.«

Einstieg und Ausstieg müssen sitzen. Sie sollten vorher einstudiert werden. Unterscheiden Sie sich insbesondere beim Einstieg positiv. Bringen Sie eine Anekdote, erzählen Sie von einem Erlebnis, das im Zusammenhang mit Ihrem Vortragsthema steht.

Visualisieren Sie in Ihrer Rede, indem Sie Bilder, Zeitungsausschnitte und Muster zeigen. Gibt es eine Tafel im Raum, benutzen Sie sie. Reden Sie nicht in der »Ich-Sprache« sondern in der »*Sie und Wir-Sprache*«. Formulierungen, wie »Ich denke, ich meine, ich finde«, interessieren denjenigen, der es sagt, aber nicht die Zuhörer.

Informieren Sie sich vorher über die Zuhörer, damit Sie sich in ihre Sprache reinversetzen können. Bei Handwerkern kommen andere Formulierungen an als bei einer Sitzung von Bankiers.
Achten Sie auf Ihre Stimme. Nicht monoton sprechen. Trainieren Sie, schneller und langsamer, lauter und leiser zu sprechen.

Beachten Sie Ihre *Gestik*. Keiner erwartet von Ihnen, daß Sie nur noch mit Händen und Füßen reden. Aber das Verschränken der Arme auf den Rücken beispielsweise wirkt während der ganzen Rede langweilig. Erzählen Sie den Zuhörern nur das, was ihnen nützt. Die Rede ist kein Eigenzweck sondern ein Mittel, Teilnehmer für sich zu gewinnen. Eine positive, nicht überzogen wirkende Selbstdarstellung während einer Rede durch den Einsatz der vorgenannten »Werkzeuge« wird auch Ihren Vorsprung weiter ausbauen.

So nutzt man alle Wege als entscheidende Verkaufshilfe für den Erfolg

93. Wieviele Ihrer zufriedenen Kunden haben Sie schon um eine aktive Vollreferenz gebeten?

Nach wie vor ist das persönliche Engagement eines zufriedenen Kunden für das Produkt, Unternehmen oder die Person des Verkäufers bei einem möglichen Kunden eines der überzeugendsten Vorteile, die man als Verkäufer für sich buchen kann.

Möglicherweise sind Ihre Kunden in Verbänden oder Gemeinschaften zusammengeschlossen.

Oft treffen sich auch Einkäufer bei einem Glas Bier zu einem Erfahrungsaustausch.

Manchmal fürchtet man sogar stattfindende Biertischgespräche unter Kunden, weil eine gerade laufende Reklamation sich wie ein Buschfeuer herumsprechen kann. Andererseits haben Sie auch eine ganze Menge Chancen durch intensive Kundenkontakte untereinander.

Bitten Sie Ihre zufriedenen Kunden einmal darum, Ihnen ein Referenzschreiben zu geben. Das kann ein konkreter Anlaß sein, wie etwa die termingerechte Erstellung einer Anlage oder das Hervorheben einer mittlerweile bereits Jahre dauernden zuverlässigen Zusammenarbeit.

Verwenden Sie diesen Brief bei Ihren Akquisitionsgesprächen. Bitten Sie vorher den Kunden darum, seinen Namen nennen zu dürfen.

Eine genauso wichtige aktive Vollreferenz ist es auch, daß der Kunde sich bereit erklärt, persönlich einen bekannten Einkäuferkollegen anzusprechen und ihn über ihre sehr guten Geschäftsbeziehungen zu informieren.

Legen Sie mit Ihrem Kunden einen gemeinsamen Termin fest zur Nachbereitung von Ihrer Seite.

Eine sehr geschickte Möglichkeit der Neukundengewinnung!

94. Sollte man sich während der Verkaufsverhandlung Notizen machen?

Verkaufen ist auch die Fähigkeit, einzelne Pluspunkte unseres Angebotes aus der Sicht des Kunden zu gewichten, und die individuelle Kundensituation zu erkennen. Dabei steht als Aufgabe die Problemlösung für den Kunden im Vordergrund. Wir wissen, daß sich auch die Problemlösung aus rationalen und emotionalen Gründen zusammensetzen wird. Wobei emotionale Gründe nicht oder nur ganz selten ausgesprochen werden. Oft ist sich der Kunde seiner Handlungsweise nicht einmal bewußt.

Aus diesen Gründen ist es notwendig, zwischen den Zeilen lesen und interpretieren zu können.

In einer Verkaufsverhandlung erhalten Sie viele Informationen. Manche sind sofort zuzuordnen. Andere erfordern Nachdenken.

Die beschriebenen Pluspunkte sprechen eindeutig für Notizen während einer Verkaufsverhandlung.

Die Vorteile:
Sie sparen Zeit, weil das Notwendige sofort festgehalten wird.

Nichts Wesentliches geht verloren, weil es sofort aufgeschrieben wird. Berücksichtigen Sie auch, wie schnell Informationen vergessen werden können, wenn Sie Ihre Notizen nicht während der Verhandlung machen, sondern erst am Abend Ihres Arbeitstages. Dann werden sich nicht mehr alle Einzelinformationen der verschiedenen Besuche ins Gedächtnis zurückholen lassen.

Sie zeigen dem Kunden, daß Sie ihn wichtig nehmen. Mit dem Festhalten seiner Information dokumentieren Sie ihm die Wichtigkeit seiner Aussage.

Sie haben für Kollegen oder den Vertriebsleiter direkt ohne Mehrarbeit eine Informationshilfe geschaffen.

Falls Sie etwas nicht direkt beantworten können, zeigen Sie dem Kunden, daß er seine Antwort erhalten wird, indem Sie es notieren.

Nach Monaten oder manchmal Jahren sind die festgehaltenen Informationen eine wertvolle Fundgrube für Ihre Argumentation.

Ein Hinweis:
Jeder Mensch sagt oft etwas mit speziellen Worten, die ein anderer nicht verwendet, die er auch als seine eigenen Worte wiedererkennt. Meistens werden wortwörtliche Sätze oder Aussagen unseres Gesprächspartners nur sinngemäß wiedergegeben und aufgeschrieben. Hier gibt es eine weitere Verkaufschance. Notieren Sie die Aussagen Ihres Gesprächspartners wortwörtlich. Verwenden Sie diese Formulierungen in Ihren Angeboten und Gesprächen mit diesem Kunden, selbst wenn es nicht Ihr eigener Sprachstil ist. Was wirkt mehr, als Vorteile so zu hören, wie man es als Kunde selbst nicht besser formulieren könnte?

95. Welche Bedeutung hat der Name des Gesprächspartners für das Verkaufsgespräch?

Es sei erlaubt, ein Beispiel aus der Computerbranche zu nennen. In dieser Branche ist es oft geübte Praxis, neue Computermodelle mit einer nur für Insider nachvollziehbaren Zahlen- und Buchstabenkombination zu bezeichnen. Andererseits gibt es Aussagen, daß bei neuen Computermodellen die Werbekosten zur Einführung mit Zahlen oder Buchstabenkombinationen bis zu doppelt soviel Gelder erfordern wie bei Modellen, die mit verständlichen Namen auf den Markt gebracht werden.

Eine weitere Erkenntnis bestätigt, daß der Name für jeden Menschen eines der wichtigsten Themen ist. Man ist sogar so sensibilisiert, daß man auf einer Party, bei der man in einer einige Meter entfernten Diskussionsrunde nur ein Stimmengemurmel verstehen kann, seinen eigenen Namen heraushört.

Nutzen wir den Kundennamen als Verkaufshilfe

Da der Name wichtig ist, sollte er auch ausgesprochen werden. Es gibt Kunden mit leicht verständlichen Namen. Andere hingegen haben fast nicht auszusprechende Namen. Jetzt kommt es auf die Hartnäckigkeit des Verkäufers an. Häufig sprechen die Kunden ihren Namen nur unverständlich aus. Viele Verkäufer belassen es dabei und fassen nicht mehr nach, um den Namen richtig zu verstehen und auszusprechen. Je länger das Gespräch dann dauert, um so größer wird die Barriere, den Namen in Erfahrung zu bringen. Eine sinnvolle Verkaufshilfe ist vertan.

Der Name des Gesprächspartners ist am Anfang des Gespräches hartnäckig zu hinterfragen, falls man ihn nicht sofort verstanden hat. Sinnvoll ist es auch, den Namen aufzuschreiben, weil man bei der anschließenden Verhandlung den Namen vor Augen hat und ihn dadurch besser aussprechen kann.

Insbesondere bei Verhandlungen mit mehreren Teilnehmern auf der Kundenseite ist die Erfassung der Namen und, falls man es nicht bereits weiß, die Funktion der Teilnehmer in Erfahrung zu bringen.

96. Was sollte man über den Kunden wissen?

Das Ziel ist es, alle verfügbaren Informationen in Erfahrung zu bringen. Auch Informationen über die Privatsphäre des Kunden sind für Ihren Verkaufserfolg wertvoll.

Beispiel:
Was man über einen Großhändler wissen muß, um die bestmögliche Betreuung sicherzustellen:

1. Firmengröße
   - Jahresumsatz
   - Eigener Umsatzanteil
   - Einzugsgebiet
   - Verpflichtungen zu anderen Großhändlern

2. Wichtige Personen, die man als Alliierte gewinnen sollte:
   - Einkäufer
   - seine Sekretärin
   - sein Chef
   - sein möglicher Nachfolger
   - Lagerverwalter
   - Außendienst
   - Innendienst

3. Über diese Personen sollte man soviel wie möglich wissen:
   - Vor- und Zuname
   - Geburtstag/Alter
   - Funktion in der Firma (Status)
   - Ausbildung und Wissensstand
   - wie lange bei der Firma
   - Politische Einstellung
   - Hobbies
   - Karriereeinstellung
   - Familie
   - Raucher/Nichtraucher
   - Angewohnheiten
   - Abneigungen

4. Produkt und Kunden
   - Welche Produktpalette bietet der Großhändler an?
   - Wo liegen die Schwerpunkte?
   - Welche Wettbewerbsprodukte vertreibt er?
   - Welche Anteile haben die Wettbewerber?
   - Besteht Lagermöglichkeit?
   - Wer ist sein Kundenkreis?
   - Wie betreut er seine Kunden?

5. Sonstige Informationen
   - Preisverhalten am Markt
   - Zahlungsmoral
   - Bonität
   - Versandsystem
   - Fabrikatstreu

Das Beispiel der notwendigen Informationen über einen Großhändler werden Sie sicherlich schnell auf Ihre eigenen Abnehmergruppen übertragen können und komplettieren. Es ist eine konkrete Verkaufshilfe.

97. Wie verhält man sich bei Geburtstagen des Kunden?

Kunden freuen sich über Geburtstagsgrüße von Verkäufern besonders. Es ist eine nicht immer genutzte Möglichkeit, den Kunden mehr an sich zu binden.
Es brauchen keine Geschenke mit wertvollem Inhalt sein.
Eine schöne Geburtstagskarte erfüllt auch ihren Zweck.
Auch ein Telex mit einem netten Text ist ein schönes Geburtstagsgeschenk für Ihren Kunden.

```
TELEX   ks 234......

        an

        meier & schulze


        lieber herr meier,

        herzlichen glückwunsch zum geburtstag. es gibt

        tage, die einen besonderen wert haben. geburts-

        tage..... als rückblick und ausblick des lebens. an

        sie denkt


        ihr

        max müller

                                        ks 234.......   TELEX
```

98. Wie können die Kollegen im Service helfen, mehr Umsatz zu machen?

Der Kollege im Service ist für manchen Verkäufer ein interessanter Umsatzfaktor.

Bedenkt man, daß man als Verkäufer lediglich eine begrenzte Kapazität an durchzuführenden Kundenbesuchen hat und deshalb nicht überall sein kann, ist bei den Kollegen im Service eine weitere Umsatzreserve offensichtlich.

Ihr Kollege besucht pro Tag eine Anzahl an Kunden, die Sie möglicherweise aus Zeitgründen nicht anfahren, weil kein aktueller Bedarf vorliegt.

Der Servicemann genießt, genau wie Sie, das volle Vertrauen des Kunden. Allerdings zeigt die Erfahrung, daß Servicetechniker oft noch mehr Informationen über geplante Anschaffungen im eigenen Hause oder bei befreundeten Unternehmen erhalten, weil man sich ihnen gegenüber noch zwangloser verhält. Ihnen wird ganz einfach unterstellt, daß sie keinerlei Verkaufsinteressen haben. Hierdurch erfahren Sie manche Überlegung des Kunden, bevor daraus eine offizielle Anfrage geworden ist.

Durch die Informationen der Kollegen im Service können Sie in einem sehr frühen Stadium Einfluß auf Bedarfsfälle nehmen, da Sie in diesem Stadium die Anfrage noch aktiv mitgestalten können.

Darüber hinaus hat Ihr Kollege Kontakt zu Mitarbeitern im Kundenunternehmen, mit denen Sie möglicherweise nicht zusammenkommen. Auch hier kann es eine wahre Fundgrube für Informationen geben.

Nutzen Sie die Informationen Ihres Kollegen im Service durch regelmäßige Treffen oder telefonische Kontakte.

Der Kollege muß erkennen, daß Sie ihn als Person wichtig nehmen und seine Informationen auch verwerten.

99. Sollte man sich vorher anmelden oder ohne Anmeldung zum Kunden hingehen?

Vorteile der vorherigen Anmeldung

Ihr Besuch ist nicht vergebens, weil Sie Ihren Gesprächspartner antreffen. Der Besuch hat eine größere Bedeutung, weil auch der Kunde sich vorbereiten kann.

Ihr Zeitmanagement ist sinnvoll genutzt. Wertvolle Zeit durch Anfahrtzeiten zu nicht erreichbaren Kunden geht nicht verloren. Es entsteht nicht der Eindruck, daß man als Verkäufer »Klinkenputzen« geht.

Nachteile der vorherigen Anmeldung

Die Gefahr der Ablehnung während des Telefonates zur Terminvereinbarung ist größer. Mancher Termin ist zustandegekommen, weil vorher keine Anmeldung erfolgte und der Kunde sagte: »Einverstanden, wenn Sie schon mal hier sind....«

Vereinbarte Termine sind in der Regel länger als »Kaltbesuche« ohne vorherige Abstimmung. Sie können somit weniger Besuche pro Tag oder Monat durchführen. Die Qualität der Besuche ist dabei bewußt einmal nicht in Anrechnung gebracht worden.

Vorteile eines »Kaltbesuches« und damit ohne vorherige Anmeldung

Es ist zwar auch eine Gefahr der Ablehnung beim Pförtner gegeben. Allerdings ist die Chance, empfangen zu werden, um einiges größer.

Sie können mehr Besuche pro Tag durchführen.

Sie können einen Trick nutzen. Wollen Sie eine weitere Person im Kundenunternehmen kennenlernen, über Ihren direkten Gesprächspartner hinaus, ist der Besuch ohne vorherige Anmeldung hilfreich. Oft wird die Urlaubsvertretung für Ihren direkten Gesprächspartner von dem Vorgesetzten übernommen.

Sie können »Kaltbesuche« einfach dazwischen schieben, falls Ihnen reguläre Termine ausgefallen sind.

Nachteile eines »Kaltbesuches« und damit ohne vorherige Anmeldung

Ihr Gesprächspartner ist unter Termindruck und hört Ihnen nicht zu, da er Ihren Termin nicht geplant hat.

Die Qualität des Besuches kann darunter leiden.

Sie treffen Ihren Gesprächspartner nicht an.

Fazit:
Beide Besuchsarten bieten für das aktive Verkaufen interessante Ansatzpunkte. Berücksichtigen Sie planerisch beide.

100. Wie verhindert man, im Stehen empfangen zu werden?

Die beste Möglichkeit, nicht im Stehen oder in einem Besprechungszimmer empfangen zu werden, ist sicherlich eine telefonische oder schriftliche Terminvereinbarung.

Sprechen wir von den Fällen, in denen dies nicht möglich ist.

Sie wissen, daß in einer Vorhalle oder einem kalten Besprechungszimmer keine Gesprächsathmosphäre aufkommen kann, die gerade für ein erfolgreiches Verkaufsgespräch sehr wichtig ist.

Möglichkeiten, die Räumlichkeiten zu verändern....

1. Sagen Sie dem Kunden, daß Sie ihm etwas *zeigen* wollen und deshalb mehr Platz brauchen als den, der gerade zur Verfügung steht.

2. Bitten Sie den Kunden darum, den Betrieb, das Lager oder das Labor besichtigen zu dürfen, da Sie einen Überblick für Ihr Angebot brauchen.

3. Bitten Sie bei einem Erstgespräch darum, den Chef persönlich kennenzulernen. Das geht beim Erstbesuch weitaus einfacher als später.

4. Bitten Sie um eine Zeichnung oder Unterlage und bieten Sie dem Kunden direkt an, daß Sie gerne mitgehen, damit er nicht soviel zu laufen braucht.

5. Falls Sie wissen, daß Ihr Gesprächspartner mit mehreren Kollegen in einem Raum sitzt, versuchen Sie, die Teilnehmerzahl zu erweitern und bieten Sie dem Kunden auch in diesem Fall an, ihn direkt zu begleiten.

101. Wie weit sollte man sich dem Kunden anpassen?

Man weiß, daß Menschen grundverschieden sind. Unsere eigenen Erfahrungen bei gemeinsamen Kundenbesuchen, mit Verkäufern und die anschließenden Diskussionen mit diesen ergeben häufig, daß man sich auch als Kunde oder Verkäufer, oder anders ausgedrückt als Mensch, den gleichen »Typ« auf der anderen Seite aussucht, d. h. am besten mit denjenigen auskommt, die man als sich selbst ähnlich wahrnimmt. Es gibt zahlreiche Versuche, Menschen zu typologisieren.

Nehmen wir beispielsweise den *»Rechteckigen«,* der alles besonders sorgfältig sieht und diskutiert. Bei ihm werden bestimmt nur Pünktlichkeit, bis ins Detail gehende Erklärungen und Zurückhaltung in der Diskussion eine Rolle spielen.

Andererseits gibt es auch den »Prestigeorientierten«. Für ihn ist nur das Neueste und Modernste gut genug. Bieten Sie Altbewährtes an, fühlt er sich sehr schnell nicht angesprochen.

Dann gibt es auch immer häufiger den »sicherheits- und vertrauensorientierten« Kundentyp. Nur nichts tun, was auffällt. Vielmehr Bewährtes anbieten. Neue Modelle sollten bestenfalls mit geprüften und gesicherten Baubestandteilen ausgeliefert werden, da dieser Kundentyp nicht experimentierfreudig ist.

Jeder einzelne dieser Kundentypen spricht auf eine auf seine Person abgestimmte Argumentation gut an.

Sagen Sie beispielsweise dem sicherheitsorientierten Kundentyp, daß er einer der ersten ist, die dieses Gerät erhalte, wird er möglicherweise mit seiner Kaufentscheidung zögern.

Aber nicht nur unsere Argumentation, sondern auch unsere Art, uns zu geben, hat Einfluß auf unseren Verkaufserfolg. Körpersprache und der Wille, auf den anderen einzugehen, beeinflussen unsere Verkaufschancen.

Fazit:
Wieweit man sich dem Kunden anpassen soll, hat jeder Verkäufer selbst zu entscheiden. Je mehr Bereitschaft Sie allerdings zeigen, auf die Persönlichkeit des Gegenübers einzugehen, umsomehr werden Sie auch Kunden gewinnen können, die Ihnen nicht von Anfang an »richtig liegen«.

102. Was verhindert kundenorientierte Gespräche?

1. »Ich« Argumentation in den Vordergrund stellen.
   »Ich werde Ihnen sagen....«

2. Fehler, Unkenntnis und Unwissenheit des Kunden schonungslos aufdecken.
   »Das ist falsch, Herr Kunde, was Sie sagen, weil ich....«

3. Über Dritte schlecht reden, die der Kunde möglicherweise sogar noch kennt.

4. Dem Kunden ins Wort fallen oder ihn gar nicht erst zu Wort kommen lassen.

5. Falls mehrere Gesprächspartner auf der Kundenseite vertreten sind, nur mit dem ranghöchsten Gesprächsteilnehmer verhandeln. Andere nicht mit einem Blick würdigen.

6. Eigene Ansichten bis zum letzten ausdiskutieren und auf dem eigenen Standpunkt beharren, selbst wenn der Kunde offensichtlich gegenteiliger Ansicht ist.

7. Die Körpersprache durch Kopfschütteln, verneinende Handbewegungen und fehlenden Augenkontakt signalisiert dem Kunden mit jedem Wort, das er sagt, daß man nicht seiner Ansicht ist.

8. Herabsetzen des Kunden im Beisein von Vorgesetzten und ihm unterstellten Mitarbeitern. Beispiel:
   »Das können Sie gar nicht wissen.«

9. Arroganz und zuviel Selbstsicherheit an den Tag legen.
   Den Kunden erkennen lassen, daß man als Mitarbeiter einer sehr großen Firma auftritt und den Kunden den Größenunterschied zwischen Lieferanten und Kundenfirma spüren lassen.

Fazit:
Die Führung kundenorientierter Gespräche ist einfach. Dreht man vorgenannte Negativbeispiele um, sind gute Voraussetzungen geschaffen.

103. Wie kann man auf eine Kaufentscheidung emotional Einfluß nehmen?

Im emotionalen Bereich sind weitaus mehr Schlüsselfaktoren für Erfolg oder Mißerfolg eines Verkäufers zu suchen, als sie bisher in das Tagesgeschäft durch bewußtes Handeln Einzug gehalten haben.

Da beispielsweise Sympathie oder Vertrauen nur schwer greifbare und quantifizierbare Dinge sind, hält man sich an die offensichtlicheren aber in vielen Fällen zweitrangigen Themen für Verkäufererfolg, um den vielzitierten Verkäufersatz: »*zu teuer*« noch ein weiteres Mal zu gebrauchen.

Von der wesentlichen eigenen Motivation und Identifikation mit dem Verkäuferberuf oder dem Projekt einmal abgesehen, sind Themen wie Sicherheit der Lösung, Vertrauen in die Person des Verkäufers und Sympathie das Tüpfelchen auf dem i zum Auftragserhalt.

Setzt man sich bewußt damit auseinander, werden auch emotionale Verkaufshilfsmittel offensichtlich.

Engagement für den Kunden und sein Projekt, Mehrleistung an persönlicher Unterstützung für ihn, Sympathie, Freundlichkeit, Beweise für Zuverlässigkeit und gerechtfertigtes Vertrauen werden bei der endgültigen Kaufentscheidung des Kunden Ihnen einen Vorsprung vor dem Wettbewerb einräumen.

Es ist ein mühevoller Weg, da beispielsweise Sicherheit und Vertrauen langfristig aufgebaut werden und Sie oft von der Unterstützung eigener Kollegen im Unternehmen abhängig sind, um Ihre Zusagen auch einhalten zu können. Ihr Erfolg wird andererseits durch das bewußte Einsetzen von emotionalen Gesichtspunkten noch mehr steigerungsfähig sein.

104. Wie gewinnt man die Sympathie des Kunden?

1. Ordentliches, sauberes Äußerliches. Tragen Sie keine überzogene Kleidung oder Frisuren. Ihre Kleidung sollte der Vorstellung des Kunden für einen Verkäufer entsprechen. Das kann branchenabhängig sein.

2. Stellen Sie sich selbst mit Namen vor. Geben Sie Ihre Visitenkarte ab. Damit sich der Kunde Ihren Namen besser merken kann, sagen Sie zuerst den Nachnamen und danach noch einmal Vor- und Nachnamen.

3. Sprechen Sie den Kunden öfter mit Namen an.

4. Bereiten Sie sich gut vor. Sie sollten vorher alle Informationen haben. Versuchen Sie über Ihnen bekannte Personen vorher Informationen über Ihren Gesprächspartner in Erfahrung zu bringen.

5. Verteilen Sie Streicheleinheiten. Geben Sie ein Lob über die Entwicklung der Firma, der Gebäude, seinen Schreibtisch oder sein Büro.

6. Seien Sie ein aktiver Zuhörer. Signalisieren Sie dem Kunden Aufmerksamkeit durch Blickkontakt, Kopfnicken und Zustimmung.

7. Lassen Sie den Kunden aussprechen.

8. Bekräftigen Sie manchmal noch einmal die Wichtigkeit der Kundenangaben. »Das ist wichtig, daß gerade Sie das sagen.«

9. Seien Sie von Ihrer Firma und den Produkten überzeugt, und lassen Sie es den Kunden auch wissen.

10. Akzeptieren Sie Ihren Gesprächspartner als Mensch, selbst wenn er sich nicht immer sympathisch verhält.

105. Welche Bedeutung haben Sicherheit und Vertrauen für die Arbeit eines Verkäufers?

Sie werden es bestätigen:

Sicherheit und Vertrauen haben eine ganz entscheidende Bedeutung für den Auftragserhalt.

Unternehmen, deren Produkte einen Marktanteil von 70 % oder sogar mehr haben, verkaufen leichter.

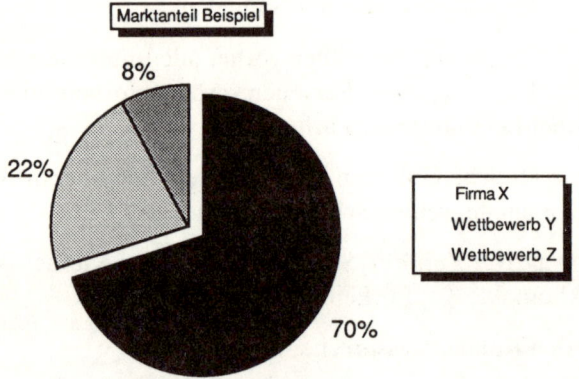

Image und Bekanntheit des Unternehmens haben einen nicht zu leugnenden Einfluß auf den Verkaufserfolg. Negative Konsequenz: Gerade Reklamationen in einem über dem Durchschnitt liegenden Maße können einen Gebietserfolg torpedieren.

Welche *Möglichkeiten zur Erhöhung der Sicherheit* gibt es bei der Kaufentscheidung für den Kunden, da nicht alle Produkte und Unternehmen einen 70 % Marktanteil haben und selbst in diesem Falle bei neuen Produkten zuerst einmal ein Marktanteil erreicht werden muß?

– Legen Sie Referenzlisten vor. Qualität entscheidet, nicht nur Quantität.

– Besuchen Sie mit dem möglichen Kunden gemeinsam ein Referenzobjekt. Der Kunde kann bereits mit dem Nutznießer Ihres Angebotes ein persönliches Gespräch führen.

– Falls es möglich ist, gestehen Sie dem Kunden ein Rücktrittsrecht zu.

– Erhöhen Sie die Anzahl der Entscheidungsträger im Unternehmen des Kunden! Das Verkaufen wird zwar dadurch schwieriger, weil Sie mehr Personen überzeugen müssen, andererseits wird die Entscheidung dann von mehreren Köpfen im Kundenunternehmen getragen.

Vertrauen aufzubauen ist ein kurz- und langfristiger Zeitprozeß.

Kurzfristig, weil man durch sein Auftreten und seine Aussagen einen vertrauenerweckenden *Eindruck* erreichen kann. Insbesondere gemachte Zusagen und die Art, Angaben zu bestätigen oder sogar um Klärungsaufschub zu bitten, beeinflussen Ihre Gesprächspartner. Der langfristige und dauerhafte Vertrauensaufbau erfolgt durch Einhalten von Zusagen und Lieferzeiten sowie Unterstützung in kritischen Situationen.

136

106. Wie sind Sie organisiert?

In diesem Fall ist nach den Entscheidungsmöglichkeiten und Kompetenzen des Kunden gefragt.

Es gibt bei Verhandlungen mit neuen sowie alten Kunden die gleiche Gefahr. Man verhandelt mit den falschen Leuten. Nur bekommt man es nicht gesagt. Die Gefahr ist zwar bei neuen Kunden größer. Allerdings gibt es auch bei Altkunden immer häufiger Neuregelungen in der Hierarchie. Oft kümmert man sich dann zu spät um den Nachfolger. Vor allen Dingen, wenn man den Vorgänger lange Jahre kannte.

Suchen Sie deshalb den *Entscheidungsträger* im Unternehmen, den Sie dann als Verbündeten gewinnen oder halten müssen.

Welche Möglichkeiten gibt es?

1. Erweitern Sie systematisch die Anzahl der Ihnen bekannten Leute im Kundenunternehmen. Erfragen Sie den Urlaub Ihres direkten Gesprächspartners und sprechen Sie dann gezielt den Vertreter an.

2. Lassen Sie sich ein Organigramm von Ihren jetzigen und zukünftigen Kunden geben.

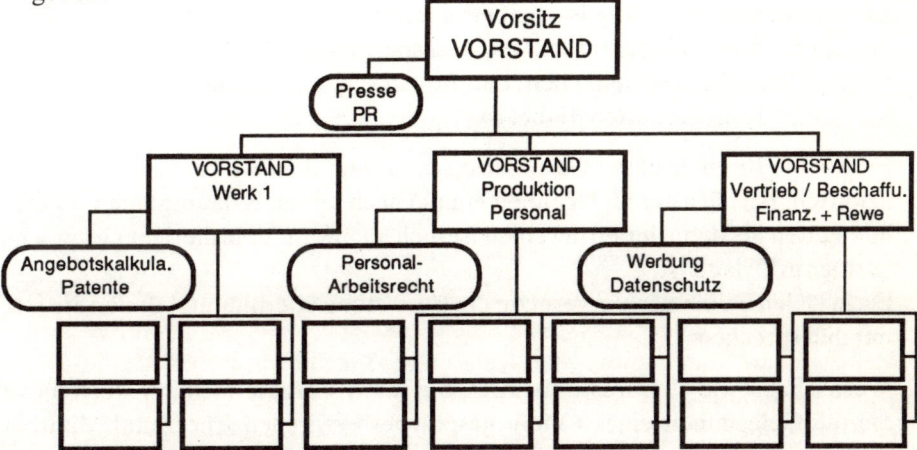

3. Veranstalten Sie bei Ihren Großkunden von Zeit zu Zeit interne Messen, bei denen Sie gezielt die Ihnen nicht bekannten Abteilungen und Gesprächspartner ansprechen.

4. Fragen Sie gezielt nach Nachfolgern.

5. Scheuen Sie sich nicht, gezielt über andere Leute im Kundenunternehmen Informationen einzuholen.

6. Stellen Sie möglichst zu Beginn einer Verkaufsverhandlung dem Kunden die Frage: »Wie sind Sie organisiert?« Dadurch erfahren Sie, wer im Unternehmen die Kaufentscheidung treffen wird. Der Kunde fühlt sich dadurch nicht falsch angesprochen.

107. Wie stellt man sicher, daß man die Leute, die im Kundenunternehmen über Aufträge entscheiden, auch kennenlernt?

Sie haben sicher schon die Erfahrung gemacht: Ihr direkter Gesprächspartner wird Ihnen nicht den Auftrag erteilen können. Er ist nicht der Entscheidungsträger.

Dafür gibt es verschiedene Gründe. Er darf gar nicht entscheiden. Er will nicht entscheiden. Er kann nicht entscheiden, weil er zum Beispiel erst seit kurzer Zeit im Unternehmen ist.

Fazit:
Sie brauchen ein Gespräch mit dem Chef oder anderen Gesprächspartnern.

Mehrere Möglichkeiten bieten sich an:

1. Der sinnvollste Weg ist, daß Sie beim ersten Gespräch Ihren direkten Gesprächspartner darum bitten, daß er Sie dem Chef vorstellt. Begründung: »Herr Kunde, da ich das erste Mal in Ihrem Hause bin, würde ich gerne die Gelegenheit wahrnehmen und mich im Hause bei Herr X (Chef) vorstellen.«
   Beim ersten Besuch ist das einfach. Danach wird es schwieriger, weil der direkte Gesprächspartner sich übergangen fühlen kann.

2. Ebenfalls chancenträchtig ist die Durchführung einer Präsentation beim Kunden, wobei hier direkt mehrere Gesprächspartner auf der Kundenseite erreicht werden. Sie sollten sicherstellen, daß Ihr Entscheidungsträger, zu dem Sie bisher keinen Kontakt hatten, dabei ist.

3. Fragen Sie Ihren direkten Gesprächspartner, von dem Sie keine Entscheidung erwarten, bei nächster Gelegenheit einmal nach seinen Urlaubsplänen. »Zufällig« statten Sie dann der Firma einen Besuch ab, wenn Ihr bisheriger Gesprächspartner in Urlaub ist.
   Da in vielen Fällen der Vorgesetzte die Vertretung übernimmt, können Sie jetzt mit ihm sprechen.

4. Wechseln Sie die Hierarchie. Bringen Sie Ihren Vorgesetzten mit. Jetzt haben Sie die Gelegenheit eines »Vierergespräches« zwischen Chefs und Mitarbeitern.

108. Was tun .... wenn der Gesprächspartner gewechselt hat?

Es gilt, in zwei Richtungen zu arbeiten:
Den neuen Gesprächspartner für sich gewinnen.
Den bisherigen Gesprächspartner weiter betreuen.

Der neue Gesprächspartner kann ein Risikofaktor sein. Kommt er von einer anderen Firma, wird er bereits seine Lieferantenbeziehungen haben. Es gilt, ihn wie einen Neukunden zu betrachten.

Vorinformationen über die Person sind nach Möglichkeit in Erfahrung zu bringen. Je mehr Sie über den neuen Gesprächspartner vor Ihrem ersten persönlichen Gespräch wissen, desto sicherer kann der erste Kontakt ablaufen.

In der ersten Phase sollte der Kontakt häufig erfolgen, denn der neue Gesprächspartner arbeitet sich in die Materie ein und Sie können bei Fragen den Kunden direkt unterstützen.

In dieser Phase sind auch die Kontakte mit weiteren Gesprächspartnern in der Firma zu intensivieren.

Der neue Gesprächspartner sollte von zwei Seiten überzeugt werden:
Durch Ihr Engagement und durch seine eigenen Kollegen, mit denen Sie eine gute Beziehung aufgebaut haben.

Der Kontakt zu Ihrem bisherigen Gesprächspartner darf nicht verloren gehen. Bei einem Wechsel in eine andere Firma öffnen sich Ihnen zusätzliche Verkaufschancen. Bleibt der Gesprächspartner innerhalb der Kundenfirma, ist er ein wichtiger Verbündeter.

Gratulieren Sie ihm für seine persönliche Weiterentwicklung. Und halten Sie auch hier einen sehr intensiven Kontakt in der Anfangsphase.

109. Was gibt es bei Reklamationen zu berücksichtigen?

Reklamationen haben negative Auswirkungen für den Kunden und für das eigene Unternehmen. Diese Auswirkungen sind bekannt. Weniger bekannt ist, daß Reklamationen auch positive Auswirkungen haben können.

In dieser schwierigen Phase der Zusammenarbeit, in der Not, kann das Unternehmen unter Beweis stellen, ob es sich für den Kunden gelohnt hat, diesem Unternehmen zu vertrauen.

Wie behandelt man Reklamationen?

1. Geben Sie dem Kunden Gelegenheit, seinen »Dampf« abzulassen. Zuerst muß er seinem Ärger Luft machen dürfen.
   Unterbrechen Sie den Kunden in dieser Phase, wird er sich sehr schnell persönlich angegriffen fühlen.

2. Aktiv Zuhören. Den Kunden nicht unterbrechen. Hin und wieder Bestätigungsformulierungen wie »Ja« oder »Hm« geben.

3. Betroffenes Interesse zeigen. Bitten Sie den Kunden um alle Informationen, auch wenn sie sich gegen Ihr Unternehmen richten. Dann haben Sie alle Fakten zusammen.

4. Streicheleinheiten verteilen. Werten Sie seine Person auf.
   »Ausgerechnet bei Ihnen muß das passieren....«

5. Wundern Sie sich. Es ist nicht alltäglich, daß es bei Ihnen eine Reklamation gibt.

6. Machen Sie schriftliche Notizen. Der Kunde merkt, daß Sie ihn ernst nehmen. Er wird zur Sachlichkeit gezwungen, da seine Übertreibung, die bei einer Reklamation schnell passieren kann, schriftlich festgehalten wird. Merkt der Kunde, daß seine Äußerung festgehalten wird, wird er seine oft übertriebene Aussage abschwächen.

7. Entschuldigen Sie sich. Nichts wirkt versöhnlicher als das Wort »Entschuldigung«.

8. Treu zur Firma stehen. Wer in dieser Situation auf Kollegen oder andere Bereiche im eigenen Unternehmen schimpft, wird diese Informationen als Bumerang bei zukünftigen Verhandlungen, wenn die Reklamation längst vergessen ist, zurückerhalten.

9. Verhalten Sie sich lösungsorientiert. Machen Sie dem Kunden keine Vorwürfe, selbst wenn er eine Mitschuld trägt. Versuchen Sie herauszuarbeiten, wie es weitergehen kann.

10. Enden Sie positiv. Auch bei einer Reklamation läßt sich etwas Positives finden.

110. Welche positiven Verkaufsausdrücke sollte man gezielt einsetzen?

Positive Verkaufsausdrücke wirken unbewußt beim Kunden.

Verkaufspositivworte:

Sicherheit
Nach meiner persönlichen Einschätzung erhält die Sicherheit bei der Einkaufsentscheidung eine immer größere Rolle. Sprechen Sie Sicherheit gegenüber dem Kunden aus und beweisen Sie sie durch Referenzen.

Bewährt
Viele Kunden sind nicht risikofreudig. Damit spielen die Bewährtheit des Produktes oder der Firma eine große Rolle. Übrigens können auch neue Produkte bereits bewährte Materialien enthalten, so daß die Akzeptanzschwelle verbessert werden kann.

Garantie
Auch hier steht der Sicherheitsgedanke Pate. »Wir garantieren Ihnen...« wirkt beim Kunden. Sollten Sie eine längere Garantie, als die gesetzliche es vorschreibt, anbieten, sollten Sie ausdrücklich darauf hinweisen.

Unverbindlich
Man verpflichtet sich nicht gerne als Kunde. »Kennenlernen ohne Verpflichtung« ist in einigen Branchen bereits Tagesdenken.

Erprobt
Auch hier spielt der Gedanke, nicht Versuchskaninchen für ein wenig ausgereiftes Produkt zu sein, eine Rolle. Listen Sie auf, wieviele zufriedene Kunden es bereits gibt. Bei einem ausgereiften und eingeführten Produkt fällt es Ihnen leichter, auf Erprobtes zurückzugreifen. Bei neuen Produkten kombinieren Sie das Neue mit bewährten Bestandteilen.

Materialgeprüft
Wenn Sie Ihre Produkte einem Härte- oder Dauertest unterziehen, sollte es der Kunde erfahren. Können Sie möglicherweise auf Ergebnisse der Stiftung Warentest zurückgreifen, haben Sie ebenfalls eine aktive Verkaufshilfe.

Sonderprüfung
Falls Sie Abnahmen und Kontrollen durchführen, die über das branchenübliche Maß oder die gesetzlichen Vorschriften hinausgehen, sollte es der Kunde erfahren. Der Sicherheitsgedanke wird zusätzlich unterstützt. Hilfreich sind auch Fotos der Abnahme im Werk, die anschaulich Ihre Bemühungen um eine höhere Qualität unterstreichen.

111. Welche Antiverkaufsausdrücke sollte man meiden?

Man verbindet mit ganz bestimmten Worten oft mehr als nur die eigentliche Bedeutung des Wörterbuches.

So bekommen sie schnell eine doppelte Bedeutung, die sich für ein Verkaufsgespräch unbewußt negativ oder positiv auswirken kann.

Verkaufsnegativworte:

Kosten

Wer will schon Kosten haben? Besser ist eine Investition, die einen bestimmten Betrag erfordert.

Preis

Vermeiden Sie das Wort Preis. Besser ist es, von »Summe« oder »Investition« zu sprechen.

Produktdemonstration

»Vorführung« ist das bessere Wort. Demonstration ist zu politisch geworden.

Verpflichtung

Wer verpflichtet sich schon gerne. Klingt zu endgültig.

Neu

»Neu« ist ebenfalls ein Risiko bei einem sicherheitsorientierten Kunden. »Neu« bedeutet auch »Versuchskaninchen« und Schwierigkeiten bei der ersten Serie. Weisen Sie besser darauf hin, daß auch das neue Modell viele bewährte Einzelheiten enthält.

Vertrag

Verkaufsaktiver ist es von einer Vereinbarung zu sprechen.

Schulung

Mancher gestandene Erwachsene verbindet mit der Schule seiner Kindheit unangenehmes. Alternativen sind Begriffe wie »Training«, »Weiterbildung« oder »Ausbildung«.

Lieferfrist

Fristen passen vielen Kunden nicht. Sprechen Sie entweder von einem Liefertermin oder vom Lieferzeitpunkt.

So versteht man Einkäufer noch besser

112. Was ist aus der Sicht eines Einkäufers für die Zusammenarbeit mit einem Verkäufer wichtig?

Ein mir persönlich bekannter Einkäufer hat aus seiner Sicht einmal definiert, wann und warum Verkäufer bei ihm Erfolg haben. Mag es auch keine repräsentative Umfrage sein, die Ergebnisse sind es wert, gelesen zu werden:

10 Punkte
Der Verkäufer muß sein Produkt sehr umfassend und genau kennen.

9 Punkte
Der Verkäufer muß nachweislich (d. h. auf Dauer) ehrlich und zuverlässig sein.

8 Punkte
Der Verkäufer kann sich in die Probleme des Kunden reinversetzen.

7 Punkte
Der Verkäufer eleminiert die Probleme des Kunden mit Rückhalt seines eigenen Hauses.

6 Punkte
Seine Leistung ist wirtschaftlich.

5 Punkte
Sprachkenntnisse (falls Auslandsverhandlungen)

4 Punkte
Persönliche Kontakte.

Interessanterweise hat der Einkäufer bestätigt, daß man den Preis nicht als Einkaufsgrund Nr. 1 sehen kann.

Er kauft bei etwa 30 % seiner Lieferanten (600 insgesamt) etwa 80 % seines gesamten Einkaufvolumens.

Kurzfristige ausschließliche Preisorientierung kann für ihn in der langfristigen Zusammenarbeit nachteilige Auswirkungen haben.

113. Welche Tricks kennt ein Einkäufer?

Einer der »Tricks«, die sehr viel Geld kosten können, ist die »Salami-Taktik« bei Preisverhandlungen. Hier versucht der Einkäufer, zuerst sehr hartnäckig den Preis herunterzuhandeln. Wenn der Einkäufer dann seine 10 oder 12 % Rabatt herausgeholt hat und Sie sich bereits des Auftrages sicher glauben, fordert er von Ihnen weitere Zugeständnisse, wie z. B. die Anerkennung seiner Liefer- und Zahlungsbedingungen. Akzeptieren Sie auch dies, wird er versuchen, von Ihnen Zugeständnisse bei der Fracht zu erreichen. Er wird Ihnen jedes Zugeständnis einzeln abringen wollen. Vermeiden Sie deshalb die Verhandlung in Einzelschritten.

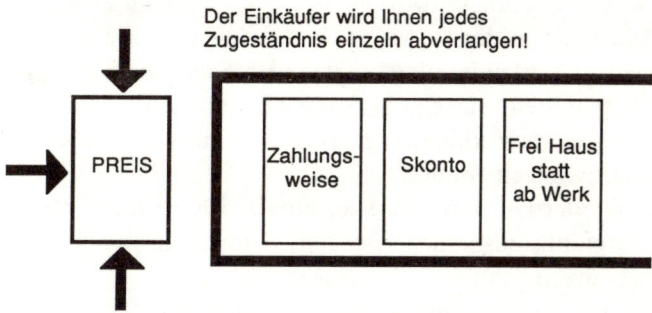

Der Einkäufer wird Ihnen jedes Zugeständnis einzeln abverlangen!

Stellen Sie deshalb am Anfang einer Preisverhandlung sicher, daß *alle* anderen Besprechungspunkte vorher geklärt sind.

Fragen wie: »Welche Punkte werden wir heute besprechen?« oder »Ist neben dem Preis noch ein weiterer Punkt zu besprechen?« vermeiden oder reduzieren das Risiko, Schritt für Schritt Zugeständnisse machen zu müssen. Jedes Zugeständnis, das Sie trotzdem machen müssen, sollten Sie, wenn möglich in DM oder Prozent zahlen als Rabatt ausrechnen und von den ursprünglich geforderten Rabatten direkt abziehen.

Auch die Frage: »Wenn wir eine Einigung über den Preis erzielen, kann ich dann heute den Auftrag mitnehmen?« ergibt Klarheit, ob der Kunde abschlußbereit ist oder noch weitere Besprechungspunkte hat.

Ein weiterer »Trick« ist die Rollenverteilung bei Einkaufsgesprächen mit mehreren Teilnehmern auf der Kunden- und Verkäuferseite. Der bisherige direkte Gesprächspartner des Verkäufers auf der Anwender- oder technischen Seite wird instruiert in der Verhandlung nicht mehr der Alliierte des Verkäufers zu sein. Ganz im Gegenteil wird er sich bei der Abschlußverhandlung entweder sehr kritisch oder sehr ruhig verhalten, je nachdem, welche Rolle ihm zugeteilt worden ist. Der Verkäufer kann von diesem offensichtlichen Meinungswechsel so überrascht sein, daß er an Sicherheit in der Gesprächsführung verliert. Immerhin hat man sich als Verkäufer durch die Vorinformationen des Technikers oder Anwenders bereits sehr gute Auftragschancen eingeräumt. Hier hilft nur die Erkenntnis, daß ein abgestimmtes Vorgehen in der Verhandlung durch den Einfluß des Einkäufers vorliegt.

114. Was lehrt man Einkäufern in Einkäuferseminaren und wie kann man trotzdem das Verkaufsgespräch führen?

Diese Fragen interessieren viele Verkäufer:
Wie verhalte ich mich einem geschulten Einkäufer gegenüber?
Was wird Einkäufern in Seminaren vermittelt?

In Einkäuferseminaren werden viele Themen behandelt, die ebenfalls in Verkäuferseminaren vermittelt werden. Beispiele: Fragetechnik, Informationserhalt durch Zuhören, Einwandbehandlung und Preisrabattverhandlungen. Nur werden jetzt die Hilfsmittel eingesetzt, um als *Einkäufer* das beste Verhandlungsergebnis zu erzielen. Die oft heraufbeschworene Situation: Geschulter Verkäufer trifft geschulten Einkäufer ist in der Praxis nicht so schwierig, wie es gerne dargestellt wird. Wenn man als Verkäufer überzeugt die Verhandlung führt, Verkaufstechniken an der richtigen Stelle einsetzt und den persönlichen Kontakt zum Einkäufer aufbaut, wird man seine Verhandlungsergebnisse auch gegenüber einem geschulten Einkäufer durchsetzen können.

Was wird Einkäufern in Seminaren vermittelt? Einige Beispiele: Der Verhandlungsort soll sorgfältig ausgesucht werden, damit man den Raum bereits zum eigenen Vorteil nutzen kann.

Die Auswahl des Verhandlungsteams auf der Einkäuferseite wird rechtzeitig festgelegt. Das kann bedeuten, daß ein wichtiger Gesprächspartner und Alliierter des Verkäufers nicht an der Verhandlung teilnimmt.

Wichtige Verhandlungen werden vorher trainiert. Die Beteiligten treffen sich bereits vor der Verhandlung und sind dann für die Verhandlung ein eingespieltes Team.

Es werden gezielt Negativinformationen von befreundeten Einkäufern oder im eigenen Unternehmen eingeholt. Lieferverzögerungen und Reklamationen sind dann die Vorwürfe, die Ihnen erst einmal gemacht werden, um Sie aus der Reserve zu locken.

Manchmal wird sogar der Geschäftsbericht des eigenen Unternehmens eingeholt, um die Gewinne der letzten Zeit zu analysieren. In der Preisverhandlung wird Ihnen dann der eigene Geschäftsbericht vorgelegt und eine Preiserhöhung abgelehnt. Man begründet die Absage mit Ihren Gewinnen, die damit noch Spielraum zulassen müssen. Die Nachteile Ihrer Produkte werden dramatisiert und das Kaufinteresse, obwohl vorhanden, wird heruntergespielt.

Es wird eine Rollenverteilung vorgenommen. Gesprächspartner, die in der Vorphase sehr intensiv mit dem Verkäufer zusammengearbeitet haben, werden in der Verhandlung schweigen.

Manchmal geht man so weit und legt fest, wer der freundliche und wer der aggressive Gesprächspartner auf der Einkäuferseite sein wird.

So perfektioniert man seine Angebotsverfolgung

115. Wie verfolgt man ein Angebot nach der Abgabe?

Am Angebotstag

wird das Angebot am besten persönlich abgegeben, um es beim Kunden durchzusprechen.

»Herr Kunde, damit Sie Zeit sparen, gehe ich das Angebot mit Ihnen durch.«

Die hervorstechenden Vorteile, wie besondere Materialien, verlängerte Garantien, Qualitätsbezeichnungen und zusätzliche Unterstützung werden beim Kunden mit Gelbmarker gekennzeichnet.

Der Kunde wird beim Vergleichen sofort erkennen, wo die Unterschiede liegen.

Bei Dingen, die im Kollegenkreis manchmal unter den Tisch fallen, ist ein besonderer Hinweis sinnvoll: »Lieber Kunde, bitte achten Sie besonders auf diesen Punkt. Dieser Vorteil ist insbesondere für Sie wichtig, weil....«

Im Angebot sind die Gesamtangebotsvorteile der Firma deutlich herausgestellt.

Hinweis: Für Angebote an staatliche Stellen oder an Einkäufer legen Sie bei allen Produkten, die es gibt, Prüfzeugnisse bei.

Angebotstag – 1 Tag:

Ein Tag, nachdem das Angebot dem Kunden vorliegt, rufen Sie den Kunden an: »Welche zusätzlichen Überlegungen sollten wir noch in unserem Angebot berücksichtigen?«

Falls das Angebot per Post abgeschickt wurde:
»Herr Kunde, haben Sie das Angebot erhalten? Wie entspricht es Ihren Vorstellungen?«

Angebotstag – 4 Tage:

Vier Tage, nachdem Sie das Angebot zugesendet oder persönlich überbracht haben, nehmen Sie wieder Kontakt zum Kunden auf:

Persönlich:
»Wie kann ich Sie noch bei der Entscheidungsfindung unterstützen?«

Schriftlich:
»Wir haben noch eine weitere Alternative entwickelt. Bitte rufen Sie an.«

Telefonisch:
»Wie liegen wir im Rennen? Was ist abgesehen vom Preis Ihre heutige Anforderung?«

116. Wie erhöht man die Erfolgschance nach Abgabe des Angebotes?

Dabei steht ein Wort deutlich im Vordergrund: **Hartnäckigkeit!**

Vielfach neigt man dazu, die Quantität der Angebote in den Vordergrund zu stellen. Dabei kommt alleine aus Zeitgründen die systematische Angebotsverfolgung zu kurz.

Möglichkeiten zur Erhöhung der Erfolgschance:

Systematische Angebotsverfolgung mit der Notwendigkeit, täglich eine aktuelle Übersicht über die laufenden Projekte zu erhalten. Bestenfalls integriert in ein Zeitplaninstrumentarium.

Angebots-Verfolgung
Checkliste

Lfd. Nr.	Datum	Firma/PLZ/Ort Ansprechpartner/Telefon	Ver- treter	Angebot Produkt	Menge	Preis	Rabatt	Nachfass Termin	Notizen/ Ergebnisse	OK

Quelle: Time/System Hamburg

Lassen Sie in Ihrem vorher geführten Verkaufsgespräch bewußt ein bis zwei wichtige Punkte weg. Sie haben anschließend die Möglichkeit, per Telefon, Brief oder persönlich nach Abgabe des Angebotes darauf einzugehen.

Setzen Sie in Ihre Angebote grundsätzlich Entscheidungstermine für den Kunden, die ihm gegenüber natürlich als Vorteil dargestellt werden. *Beispiele*:

Damit die Lieferzeit für Sie sichergestellt ist, bitten wir um Antwort bis zum 25.3.86

Damit die Konditionen für Sie gehalten werden können, bitten wir um Ihre Meinung bis zum 25.3.86

Entweder reagiert der Kunde, oder Sie haben durch den Termin sofort einen Aufhänger für die Angebotsverfolgung.

Schicken Sie dem Kunden noch zusätzliche Informationen nach dem eigentlichen Angebot. Eventuell eine Zeichnung mit Ihren persönlichen Notizen am Rande. Schicken Sie ihm eine Einladungskarte zur Messe, damit Sie sich mit ihm dort treffen können.

Laden Sie den Kunden zu einem Werksbesuch ein oder besuchen Sie einen Referenzkunden gemeinsam mit dem zukünftigen Kunden.

Bringen Sie einen neuen Gesprächspartner mit ins Spiel. Das kann Ihr Verkaufsleiter sein oder sogar der Geschäftsführer.

Legen Sie immer bei jedem Kontakt den nächsten Termin mit dem Kunden fest. Kein Termin ohne Brücke zum nächsten Kontakt. Bestenfalls legen Sie auch fest, was der Kunde in der Zwischenzeit tut und was Sie tun.

117. Wie sieht ein Vorschlag für eine Angebotsverfolgungscheckliste aus?

Es sollte ein Formblatt entwickelt werden, das die wesentlichen Details enthält. Beispiele sind Unterteilungen nach

Angebotsnummer

Kundenname

Angebotswert

Produktname

Nachfaßtermine (1, 2 oder 3 Wochen nach Angebotsabgabe)

Notizen und

Ergebnisse

Angebots-Verfolgung Checkliste

Lfd. Nr.	Datum	Firma/PLZ/Ort Ansprechpartner/Telefon	Ver-treter	Angebot Produkt	Menge	Preis	Rabatt	Nachfass Termin	Notizen/ Ergebnisse	OK

Quelle: Time/System Hamburg

Weitere Punkte sind zu berücksichtigen:

Legen Sie die Kontakttermine mit dem Kunden fest.

Lassen Sie die Angebotsverfolgung durch Ihre EDV durchführen, weil Ihnen dann auf Zeit gesehen nützliche Auswertungsmöglichkeiten zur Verfügung stehen.

Entwickeln Sie einen Standardbrief zur Angebotsverfolgung, den Sie zusätzlich einsetzen können.

Erstellen Sie einen Bericht über die Gründe für einen nicht erhaltenen Auftrag, damit zukünftig daraus gelernt werden kann.

Falls Sie mit Vertretungen zusammenarbeiten, beispielsweise mit Auslandsvertretungen, beziehen Sie die Vertreter aktiv in die Angebotsverfolgung durch den Einsatz von Formblättern ein.

Die Zusammenarbeit auf diesem Gebiet ist immer dann sinnvoll, wenn zwei Partner ein Angebot gemeinsam zur Abgabe an einen Dritten erstellen. Beispielsweise die Zusammenarbeit mit Großhändlern und gemeinsamen Angeboten an Handwerksfirmen.

Wer soll über den aktuellen Stand der Angebotsverfolgung informiert sein? Legen Sie deshalb den Verteiler fest.

Halten Sie fest, welche Änderungen und Ergänzungen jeweils erforderlich waren und ob daraus generell Ableitungen für die Produktpolitik getroffen werden können.

118. Wie baut man als Verkäufer ein lückenloses Angebotsverfolgungssystem auf?

Sie werden sich sicher bereits mit dieser Problematik auseinandergesetzt haben: Die größte Gefahr liegt in der Unübersichtlichkeit.

Entweder hat man zuviele Daten, die untergebracht werden müssen, oder zuviele Projekte.

Andererseits darf nicht Zeit in eine Kundenbearbeitung und Angebotserstellung gesteckt werden, ohne durch eine systematische Nachverfolgung die Früchte der Arbeit zu ernten.

Abhängig von der Branche führen 80 bis 95 % aller Angebote nicht zum Auftrag für das eigene Unternehmen. Ein Teil der verlorenen Aufträge kann auf das Konto der fehlenden oder unsystematischen Angebotsverfolgung gebucht werden.

Ein Prinzip muß für die Angebotsverfolgung eingehalten werden:

**Übersicht durch
Schriftlichkeit und Bewertung**

Es empfiehlt sich, eine Unterlage bestenfalls in einem Methodik-Handbuch oder Zeitplanbuch mitzutragen, um in Wartezeiten oder aufgrund aktueller Ereignisse, etwa zusätzliche Kundeninformationen, sofort reagieren zu können.

Entwickeln Sie Ihr eigenes Angebotsverfolgungschart, das Ihre wesentlichen Informationen erhält.

Ein Beispiel finden Sie nachfolgend:

**Angebots-Verfolgung
Checkliste**

Lfd. Nr.	Datum	Firma/PLZ/Ort Ansprechpartner/Telefon	Ver-treter	Angebot Produkt	Menge	Preis	Rabatt	Nachfass Termin	Notizen/ Ergebnisse	OK

Quelle: Time/System Hamburg

Bewerten Sie Ihre Angebote entweder mit dem A/B/C-Prinzip nach Ihrer eigenen Einschätzung oder führen Sie erst Projekte ab einer zu definierenden Größenordnung in DM auf.

Kann man die Projektverfolgung als eine zentrale Aufgabe für den Verkaufserfolg akzeptieren, wird die Aussage eines Einkaufsleiters keine Gültigkeit mehr haben: »Höchstens 20 % der Angebote werden von Verkäufern bei uns im Einkauf systematisch nachverfolgt.«

119. Welche Schlüsselfragen sollen bei der Angebotsverfolgung gestellt werden?

Gerade bei der Angebotsverfolgung ist es wichtig, nicht direkt eine »Ja« oder »Nein«-Entscheidung für oder gegen das eigene Unternehmen zu erhalten.

Auch hier gilt es zuerst, zusätzliche Informationen zu erhalten.

Falls gute Chancen bestehen, den Auftrag zu erhalten, sind diese Informationen für die spätere Endverhandlung notwendig.

Ist der Auftrag bereits anderweitig vergeben worden, sollte ermittelt werden, ob der Auftrag schon unterschrieben an den Wettbewerber rausgeschickt worden ist. Falls nicht, haben Sie auch in diesem Fall noch Chancen. Falls der Auftrag allerdings tatsächlich rausgeschickt worden ist: Auch durch die Analyse verlorener Aufträge kann man sehr gute Erfahrungen sammeln. Man muß allerdings den Standardeinwand des Kunden »Auftrag wegen des Preises verloren« überwinden und hinter die Kulissen schauen.

Schlüsselfragen bei der Angebotsverfolgung am Telefon:

1. Haben Sie unser Angebot erhalten?
2. Was meinen Sie dazu?
3. Wie ist der Stand der Dinge?
4. Was hat Ihnen an unserem Angebot besonders gefallen?
5. Welche Aussichten haben wir, Ihrer Meinung nach, mit unserem Angebot?
6. Wurden alle Punkte in Ihrem Sinne berücksichtigt?
7. Bestehen noch Unklarheiten über die angebotenen Details?
8. Wo sehen Sie noch Ergänzungsmöglichkeiten?
9. Welche Maßnahmen sind nach Ihrer Meinung erforderlich, um den Auftrag für uns buchen zu können?
10. Mit welchen Unterlagen können wir Ihnen noch weiterhelfen?
11. Was hindert Sie bisher daran, Ihre Entscheidung zu treffen?
12. Wo liegen wir preislich gegenüber dem Wettbewerb?
13. Welche Mitbewerber sind noch im Gespräch?
14. Dürfen wir davon ausgehen, daß Sie den Auftrag bereits im Hause haben?
15. Wann paßt Ihnen ein persönliches Gespräch in Ihrem Haus am besten, damit wir die diskutierten Punkte klären können?

Diese Schlüsselfragen dienen Ihnen dazu, Ihren eigenen Fragenkatalog zur Angebotsverfolgung am Telefon zu erstellen.

Selbstverständlich wird nach wie vor die Situation darüber entscheiden, wann und ob Sie welche Fragen stellen.

Durch einen Fragenkatalog wird die schwierige Angebotsverfolgung am Telefon erleichtert.

Sie haben nun bereits Ihre Erfahrungen mit der 1-Seiten-Methode im Verkauf gesammelt.

Welche Ziele für Ihre persönliche Vorgehensweise werden Sie in den nächsten Wochen konsequent verfolgen und trotz der Alltagsarbeit nicht aus den Augen verlieren?

_____

_____

_____

_____

_____

_____

_____

_____

_____

So kann man per Brief, Telex und Angebot Aufträge für sich entscheiden

120. Verwenden Sie bereits den kundenorientierten Briefstil?

Sehen Sie als Verkäufer einen Brief nur unter Verkaufsgesichtspunkten. Sie wollen eine Idee verkaufen und müssen dafür Interesse wecken.

Vermeiden Sie Floskeln und unnötige Phrasen. Beispiel: »In Erwartung Ihrer geschätzten Rückäußerung verbleiben wir....«

Vermeiden Sie Worte wie: unser, wir. Verwenden Sie Worte wie: Sie, gemeinsam, in Ihrem Interesse.

Schreiben Sie am Anfang grundsätzlich etwas positives, selbst wenn der Anlaß des Briefes nicht positiv ist. Die gute Zusammenarbeit in den zurückliegenden Jahren ist es wert, bei einer Reklamation erwähnt zu werden.

Machen Sie dem Leser die Informationsaufnahme leicht. »Schreiben Sie optisch« durch Einrücken, Unterstreichen, Fettdruck und Kursivschrift.

Schreiben Sie den Namen Ihres Ansprechpartners mindestens noch ein zweites Mal in dem Brief. Die Aufmerksamkeit wird dadurch deutlich erhöht.

Bitten Sie den Kunden in Ihrem Brief um eine Aktivität von seiner Seite. Das kann ein Gefallen sein oder eine Zeichnung oder die Beantwortung eines beiliegenden Fragebogens. Je mehr Zeit der Kunde für die Zusammenarbeit mit Ihnen investiert, um so deutlicher signalisiert er seine Bereitschaft zu einer weiteren Zusammenarbeit nach dem Auftragsabschluß.

Achten Sie darauf, daß Anschrift und Name absolut richtig geschrieben sind. Viele Briefe werden nicht richtig gelesen, weil bereits der Name völlig falsch geschrieben ist.

Schreiben Sie kurze Sätze. Man kann kurze Sätze besser lesen und behalten. Das ist gerade in der heutigen Zeit wichtig, in der die meisten Leser unserer Post immer wieder abgelenkt werden.

Bleiben Sie in Ihren Briefen positiv und zeigen Sie Möglichkeiten auf, wie etwas geht und nicht wie etwas nicht geht. Bedenken Sie:

Auch bei berechtigter Schuldzuweisung für eine Reklamation ist der Kunde in einer schwierigen Situation, wenn die Schuld deutlich genannt wird. Sein Vorgesetzter hat nunmehr diese Information und wird wiederum seinen Mitarbeiter um Aufklärung bitten. Falls Sie es bewußt schreiben, sind mögliche Auswirkungen von vornherein zu bedenken.

121. Wie aktiviert man Kunden in einem Brief?

Auch heute werden viele Kundenbriefe unter dem Gesichtspunkt geschrieben: Der Brief ist dann komplett, wenn nichts mehr gesagt werden kann. Der Umkehrschluß ist richtig: Ein Brief ist dann komplett, wenn nichts wesentliches mehr weggelassen werden kann.

Wie aktiviert man Kunden in einem Brief?

Schreiben Sie den Kundennamen nicht nur am Briefanfang, sondern setzen Sie den *Namen* mehrmals ein. Beispiel:

»Wie Sie, Herr Krämer, bei unserem letzten Gespräch sagten, ist....«

»Gerade aus diesem Grunde ist es, Herr Meier, für Sie und Ihre Mitarbeiter wichtig....«

»Sicherlich sind Sie der gleichen Ansicht, Herr Müller, daß sich diese....«

Vorteile sind offensichtlich. Sobald der eigene Name gelesen wird, steigt die Aufmerksamkeit. Sie steigt nochmals, wenn der *Kunde wortwörtlich zitiert* wird. Voraussetzung ist allerdings, daß bei vorangehenden Gesprächen bestimmte Redewendungen des Käufer wortwörtlich mitgeschrieben werden. Sinngemäße Zitate reichen nicht aus.

Stellen Sie *Fragen* im Brief. »Nutzen Sie bereits die Wärme aus Ihrem Abwasser?«

Bitten Sie den Kunden, Ihnen etwas zuzusenden. Das kann eine technische Zeichnung wie auch eine zusätzliche Information sein.

Erleichtern Sie dem Kunden die Aufnahme der schriftlichen Informationen. Setzen Sie Grafiken ein, wo es möglich ist. Unterstreichen und Einrücken sind weitere *optische Hilfsmittel*.

122. Wie bringt man Kunden in einem verkaufsorientierten Angebot zum Handeln?

Zwei Dinge sind wesentlich:

Vorteile für den Kunden optisch und inhaltlich herausstellen und um Stellungnahme bitten.

Ein Angebot sollte in zwei Bereiche unterteilt sein: 1. den Anschreibebrief an den Kunden und 2. der eigentliche Angebotstext. In dem Anschreibebrief sind die Vorteile des Produktes für den Kunden deutlich herauszustellen. Er darf nicht den Eindruck haben, daß es ein Standardtext ist. Nennen Sie zwei bis drei wesentliche Vorteile. Unterstreichen Sie diese Vorteile. Oder nutzen Sie andere optische Hilfsmittel wie Fettdruck, Kursiv und Einrückungen.

Dieser Brief sollte eine Seite nicht überschreiten.

Sie haben so einen weiteren wichtigen Pluspunkt. Die Post wird im Kundenunternehmen zuerst einmal vom *Chef* gelesen. Mit einem kurz und für den Schnelleser einprägsamen Begleitbrief können Sie Ihre Verkaufsbotschaft auch hier anbringen. Der Angebotstext, meist mehrere Seiten lang, sollte auch das richtige Verhältnis der Investitionssummen einzelner Positionen widerspiegeln.

Beispiel: Angebotstext für ein 10 000,- DM Einzelgerät 3 Zeilen und für ein 2 300,- DM Zubehör 20 Zeilen. Umgekehrt ist richtig.

Kein Angebot ohne Termin

In den meisten Angeboten stehen am Ende Lehrformeln wie

»In Erwartung Ihrer geschätzten Rückäußerung....«

»Wir stehen Ihnen bei Rückfragen jederzeit zur Verfügung....«

Unser Ziel heißt verkaufen.

Beenden Sie kein Angebot, ohne dem Kunden einen Termin gesetzt zu haben.

Beispiele:

»Damit die Lieferzeit für Sie sichergestellt ist, antworten Sie bitte bis zum 20.4.«

»Da die Preise Ihre Gültigkeit im März verlieren, antworten Sie bitte bis....«

Es gibt genügend Möglichkeiten, dem Kunden einen glaubwürdigen Grund zu nennen, mit uns Kontakt aufzunehmen. Wir haben auch einmal vorgeschlagen:

»Bitte erteilen Sie uns den Auftrag bis zum 20.4., weil sich unsere Preise für Rohstahl, den wir zukaufen, ab diesem Datum erhöhen.«

Ein Teil der Kunden wird diese Termine nach wie vor ignorieren.

Ein kleiner Teil wird reagieren. Für Sie ein sicheres Zeichen von Interesse. Erreicht haben Sie die Reaktion mit keiner Minute Mehrarbeit.

Sie haben noch einen weiteren Vorteil: Antwortet der Kunde nicht zu diesem Datum, haben Sie einen sehr guten Aufhänger für ein Gespräch oder Telefonat.

»Herr Kunde, wir hatten uns den 20.4. als Termin gesetzt.«

123. Was muß alles in einem Angebot enthalten sein?

1. Ist eine Aufteilung vorgenommen worden für den technischen oder den produktbezogenen Teil und den Begleitbrief?

2. Stimmt die Anschrift beim Begleitbrief? Ist der Name richtig geschrieben? Ist der Name bei einem wichtigen Pluspunkt im Text mindestens ein zweites Mal geschrieben worden?

3. Ist der Vorteil für den Kunden optisch hervorgehoben worden?

4. Ist der Nutzen des Kunden in seiner idividuellen Situation deutlich genug beschrieben worden?

5. Kein Angebot ohne Termin. Ist für den Kunden ein glaubwürdiger Termin eingesetzt worden, der ihm einen Sinn gibt, bis zu diesem Termin zu antworten?

6. Haben Sie unverständliche Fachausdrücke weggelassen, falls Sie Zweifel haben, daß Ihre Leser des Angebotes diese Fachsprache verstehen?
   Beispiele aus dem EDV-Bereich: kompatibel, echtzeitfähig und Multi-Tasking. Mancher Geschäftsführer kann verständlicherweise dann oft nur etwas reininterpretieren. Das Risiko, daß Ihre Vorteile nicht deutlich genug erkannt werden, ist offensichtlich.

7. Haben Sie Grafiken, Anschauungsmaterial und aktuelle Prospekte beigelegt?

8. Falls Sie die Möglichkeit haben: Ist nicht nur der Endpreis genannt, sondern auch die Chance genutzt worden, den Preis zu relativieren durch eine Wirtschaftlichkeitsrechnung, Steuerersparnisse oder staatliche Fördermaßnahmen? Wird eine Vergleichsrechnung beigefügt, die Personalkostenersparnisse oder Zeitersparnisse deutlich macht?

9. Ist der Preis in der für den Kunden geeignetsten Form dargestellt worden? Ist nur ein Endpreis, eingerückt und unterstrichen, genannt worden? Das ist nicht zielführend, da die Gesamthöhe nur noch Verhandlungsgegenstand ist. Sinnvollerweise werden, falls möglich, auch Einzelpreise aufgelistet. Dadurch wirkt die Gesamtkalkulation glaubwürdiger. Bei einer Maschine z. B. ist das sehr gut möglich. Achten Sie bei Einzelpreisen darauf, daß der Kunde, falls Sie von einem Unterlieferanten beziehen, nicht Ihre Aufschlagskalkulation nachvollziehen kann.

10. Wird auch beachtet, daß nicht nur der direkte Empfänger das Angebot liest, sondern auch der Vorgesetzte? Mancher Vorteil kann unter diesem Gesichtspunkt noch zusätzlich aufgenommen werden, obwohl er Ihrem direkten Gesprächspartner bereits bekannt ist.

124. Wie schreibt man einen guten Werbebrief?

Nachfolgend finden Sie ein Beispiel für einen Werbebrief, der einem Unternehmen Mehrumsätze gebracht hat.

```
Unser Zeichen   Bearbeitet von  Durchwahl      Datum

Nutzen Sie die Wärme aus Ihrem Abwasser!

Sehr geehrter

Ihr Unternehmen ist als Hersteller von hochwerti-
gen Stoffen bekannt.

Ihre Kunden erwarten von Ihnen qualitativ an-
spruchsvolle Textilien und gleichzeitig günstige
Preise.

Das zwingt Sie, Ihre Produktionskosten zu senken.

Wir haben eigens für die Textilindustrie das
......-System entwickelt und erprobt. Heiße,
flusenhaltige Abwasser werden ohne kostenintensive
Filter zur Wärmerückgewinnung genutzt. Hier
bietet sich Ihnen eine Investition mit erstaunlich
kurzer Amortisationszeit.

Um Ihnen noch zwei weitere wichtige Gründe persön-
lich erläutern zu können, wird sich unser Ver-
käufer, Herr Klaus Berg erlauben, Sie bis Ende
nächster Woche anzurufen.

Mit freundlichen Grüßen für einen schönen und
erfolgreichen Tag

PS.: Über Ihre Anfrage würden wir uns freuen; ein
     ausgefüllter Antwortbrief sichert Ihnen ein
     schnelles und passendes Angebot.
```

Man hat sich bei diesem Brief auf das Wesentliche konzentriert. Die Vorteile sind deutlich inhaltlich und optisch hervorgehoben worden, so daß auch ein Schnelleser die Briefbotschaft liest. Eine Seite kann gut aufgenommen werden.

125. Was muß ein Brief an einen Kunden enthalten, damit er vor seiner Kaufentscheidung den Besuch des Verkäufers abwartet?

Neugierde

NEU herausstellen
Ankündigung für ein mitzubringendes Muster

Persönliche Vorteile

Der Kunde gehört zu einem Kreis mit bevorzugten Konditionen

Moralische Verpflichtung

»Es hat sich für über 40 000 Kunden gelohnt zu warten.
Unser Verkäufer hält einen Termin für Sie frei.«

Angst

»Wir bedauern, daß unsere Branche nicht seriös ist, weil....
Wir sehen gerade darin unsere Aufgabe und unseren Erfolg«

Zusatzinformationen

Kündigen Sie eine wichtige Information an, die Sie persönlich bei Ihrem Besuch vorlegen.
Legen Sie eine markierte Zusatzinformation dem Angebot bei.

Einladung

Laden Sie den Kunden ein, etwas mit Ihnen gemeinsam zu besichtigen.
Beispielsweise das eigene Werk.
Kündigen Sie ein spezielles Seminar an, daß für ihn sicher interessant ist.

So kann man das Telefon als aktives Verkaufsinstrument einsetzen

126. Wie bereitet man Telefongespräche vor?

Sie sparen durch vorbereitete Telefongespräche Zeit, führen ein sicheres Gespräch und vergessen keinen Besprechungspunkt.

Was gibt es zu berücksichtigen:
1. Wer ist der Gesprächspartner:
2. Welcher Kundentyp ist er:
   Sie können sich dann bereits auf ihn einstellen.
3. Telefonnummer mit Durchwahl:
   Haben Sie die Durchwahl noch nicht, fragen Sie beim nächsten Gespräch danach. Sie sparen Zeit.
4. Wann ist er/sie am besten zu erreichen?
   Sie sparen auch Zeit, wenn Sie wissen, wann Ihr Gesprächspartner am besten zu erreichen ist.
5. Welche Themen sind zu besprechen:
   Legen Sie sich in Ihrem Zeitplanbuch (wir nennen unsere Ausgabe Methodik-Handbuch), ein Blatt an für Telefonate und erfassen Sie die Besprechungspunkte.
   Sagen Sie Ihrem Gesprächspartner, daß es beispielsweise vier Punkte zu besprechen gibt. Er wird sich darauf einstellen und sich mehr auf das Wesentliche konzentrieren.
6. Was ist Ihr Einstiegssatz:
   Er sollte bereits ausformuliert sein.
7. Welche Einwände können möglicherweise kommen:
   Auf bekannte Einwände können Sie sich bereits jetzt einstellen und Ihre Einwandbehandlung überlegen. Sie werden noch sicherer.
8. Welche Vorteile kann ich bieten:
   Überlegen Sie sich vorher noch einmal, warum der Kunde ausgerechnet bei Ihnen kaufen soll. Manchmal fallen die ganzen Pluspunkte erst nach dem wichtigen Telefonat ein.
9. Welches Ziel verfolgen Sie mit diesem Telefonat:
   Konzentrieren Sie sich vor dem Gespräch noch einmal bewußt darauf, was Sie mit Ihrem Telefonat erreichen wollen. Ist es nur eine Information oder die grundsätzliche Zusage eines Auftrages?
   Oft bittet der Kunde Sie auch um einen Rückruf. Sein Ziel für dieses Telefonat ist möglicherweise ein anderes als Ihres.

Betrachten Sie diese Checkliste als eine Unterstützungshilfe auf Zeit. Arbeiten Sie bei den nächsten zu führenden Telefonaten bewußt mit den einzelnen Punkten und Sie werden feststellen, wie Sie die einzelnen Prüfpunkte verinnerlichen. Schon nach kurzer Zeit werden Sie keinen Blick mehr auf diese Unterlage werfen müssen, da das Gespräch automatisch abläuft.

127. Was gibt es beim aktiven Telefonieren zu berücksichtigen?

Telefonplaner

Partner:		
Partnerbild:		
Telefonnummer: mit Nebenstelle		Wann erreichbar:

Ziele:

Rückzugsziele:

Thema:

Einstieg:

Vorteile:

Einwände:

Unterlagen:

Entscheidungen:

Notizen:

128. Was sind die häufigsten Einwände bei der telefonischen Terminvereinbarung?

Ihr Ziel ist es, einen Termin beim Kunden zu erhalten, damit Sie ihm Ihr Produkt vorstellen können.

Es gilt, die Barrieren beim Kunden zu überwinden. Oft hat der Kunde verständlicherweise noch Bedenken, ob ihm das Gespräch etwas nützen kann.

Einwände, die der Kunde in dieser Situation hat, sind auszuräumen.

Einwand: Kein Interesse

»Herr.... das verstehe ich, denn Sie können ja nur Interesse an einer Sache haben, die Sie kennen. Sie sollten sich persönlich davon überzeugen. Nach 20 Minuten können Sie entscheiden, ob dieses Produkt Ihren Vorstellungen entspricht.«

Einwand: Keine Zeit

»Herr.... nach 20 Minuten, und ich werde mich genau daran halten, können Sie entscheiden, ob es Ihnen Vorteile bringt.«

Einwand: Kaufe bei Ihrem Wettbewerber

»Das ist gut. Dann können Sie direkt vergleichen und mir Ihre Meinung als Praktiker sagen.«

Einwand: Sie wollen nur verkaufen

»Wäre Ihnen das recht?«
Sagt der Kunde. »Nein« Antworten Sie: »Sehen Sie, ich bin der gleichen Ansicht, daß Sie nur etwas kaufen sollen, was Ihnen wirklich nützt. Deshalb....«
Sagt der Kunde. »Ja, das ist doch Ihr Beruf.« Antworten Sie: »Danke, daß Sie so offen sind. Ich biete Ihnen allerdings etwas an, von dem ich überzeugt bin....«

Einwand: Wir brauchen nichts

»Dann haben Sie einen zeitlichen Vorteil. Sie können sich jetzt bereits über die aktuelle technische Entwicklung informieren.«

129. Wie führt man den Einstieg für ein Telefongespräch zur Terminvereinbarung?

Ziel: Einen Termin zu bekommen!

Herr....

....hat ein neues Produkt entwickelt, das Ihnen finanziell Vorteile bieten kann!

Wäre das interessant für Sie?....

Kunde: Ja

Wir haben hier ein System entwickelt, das bereits nach ....
Das müßte ich Ihnen *zeigen*.
Die Länge des Gespräches bestimmen Sie.
Wann paßt es Ihnen am besten. Am.... vormittags oder lieber am.... um 14.00 Uhr?

(Zeigen kann man nicht am Telefon.
Durch obige Formulierung verhindern Sie, daß der Kunde um eine telefonische Produktvorstellung bittet.... und Sie können Alternativtermine nennen, die dem Kunden nicht die Wahl zwischen ja oder nein zum Besuch lassen)

Kunde: Kann ich jetzt noch nicht sagen.

Das kann ich verstehen.
Es handelt sich um ein System, das Ihnen....
.........Ein Stichwort....
............Wie das aussieht, möchte ich Ihnen gerne in einem Gespräch zeigen. Die Länge des Gespräches bestimmen Sie.
Wann paßt es Ihnen....

Kunde: Nein

Wie könnten wir Sie interessieren?

Kunde/Antwort.

Alternative A:
Wenn wir Ihnen dafür etwas zeigen, wäre das etwas für Sie?

Alternative B:
Das ist richtig. Davon einmal abgesehen, ist es für Sie als Kenner der Branche wichtig, über neue Entwicklungen informiert zu sein?

Alternative C:
Offen gestanden mir ist gerade *Ihre Meinung* wichtig.
Wir haben ein System entwickelt....

130. Welche Barriere gibt es beim Telefonieren zu überwinden?

Das Telefon ist ohne Zweifel ein Zukunftsinstrument, weil es ohne Zeitverluste kostengünstig eingesetzt werden kann. Neue Möglichkeiten der Post, wie BTX und Kombinationen mit PC's, werden die Chancen noch weiter verbessern.

Trotzdem hat es gerade für den Verkauf auch Nachteile.

Da man nur auf die Stimme beschränkt ist, fehlt die Rückinformation durch *Augenkontakt* und *Körpersprache*.

Diese beiden Informationshilfen braucht man jedoch als Verkäufer.

Was tun?

Beim Telefonieren gilt noch mehr als im persönlichen Gespräch, daß man als Zuhörer verhandelt. Die Rolle des Zuhörers fällt möglicherweise schwer, allerdings ist die Bedeutung bekannt und man muß sich darauf einstellen.

Sprechen Sie am Telefon in Bildern. Bringen Sie Beispiele, die Ihre Argumentation in der Vorstellungskraft des Kunden deutlich machen.

»Die Umschaltung erfolgt so schnell wie ein Augenaufschlag....«

»Das Gerät hat die Größe eines Werkzeugkastens....«

»Der Unterschied im Gewicht entspricht der einer normalen Aktentasche....«

Arbeiten Sie weiter in Bildern, indem Sie den Kunden bitten, Ihr Prospekt herauszusuchen. Sie können jetzt auf die im Prospekt enthaltenen Bilder eingehen.

Schicken Sie dem Kunden vorher Zeichnungen, Maßblätter oder Raumskizzen zu. Sie können dann am Telefon auch darauf besser eingehen.

Die Barriere, daß visuelle Rückinformationen fehlen, kann damit überwunden werden.

131. Wie führt man den ersten Teil einer Angebotsverfolgung per Telefon durch?

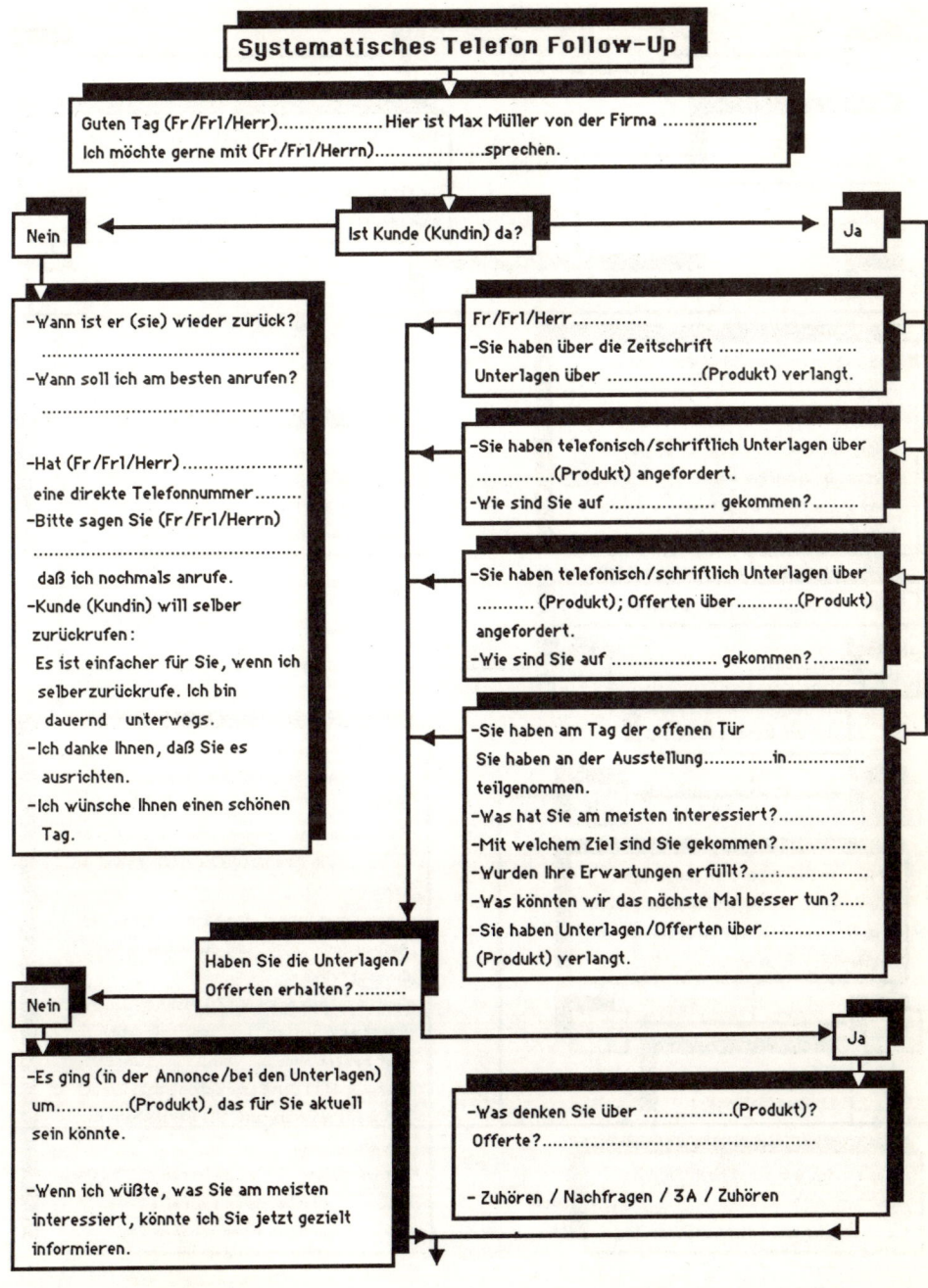

Systematisches Telefon Follow-Up

Guten Tag (Fr/Frl/Herr)....................Hier ist Max Müller von der Firma ....
Ich möchte gerne mit (Fr/Frl/Herrn).....................sprechen.

Ist Kunde (Kundin) da?

Nein

-Wann ist er (sie) wieder zurück?
....
-Wann soll ich am besten anrufen?

-Hat (Fr/Frl/Herr)........................
eine direkte Telefonnummer........
-Bitte sagen Sie (Fr/Frl/Herrn)
....
daß ich nochmals anrufe.
-Kunde (Kundin) will selber
zurückrufen:
Es ist einfacher für Sie, wenn ich
selber zurückrufe. Ich bin
dauernd unterwegs.
-Ich danke Ihnen, daß Sie es
ausrichten.
-Ich wünsche Ihnen einen schönen
Tag.

Ja

Fr/Frl/Herr.............
-Sie haben über die Zeitschrift ....
Unterlagen über ....(Produkt) verlangt.

-Sie haben telefonisch/schriftlich Unterlagen über
...............(Produkt) angefordert.
-Wie sind Sie auf .... gekommen?.........

-Sie haben telefonisch/schriftlich Unterlagen über
.... (Produkt); Offerten über...........(Produkt)
angefordert.
-Wie sind Sie auf .... gekommen?...........

-Sie haben am Tag der offenen Tür
Sie haben an der Ausstellung.............in.............
teilgenommen.
-Was hat Sie am meisten interessiert?................
-Mit welchem Ziel sind Sie gekommen?................
-Wurden Ihre Erwartungen erfüllt?......................
-Was könnten wir das nächste Mal besser tun?.....
-Sie haben Unterlagen/Offerten über....................
(Produkt) verlangt.

**Haben Sie die Unterlagen/
Offerten erhalten?.........**

Nein

-Es ging (in der Annonce/bei den Unterlagen)
um..............(Produkt), das für Sie aktuell
sein könnte.

-Wenn ich wüßte, was Sie am meisten
interessiert, könnte ich Sie jetzt gezielt
informieren.

Ja

-Was denken Sie über ....(Produkt)?
Offerte?..

- Zuhören / Nachfragen / 3A / Zuhören

132. Wie führt man den zweiten Teil einer Angebotsverfolgung per Telefon durch?

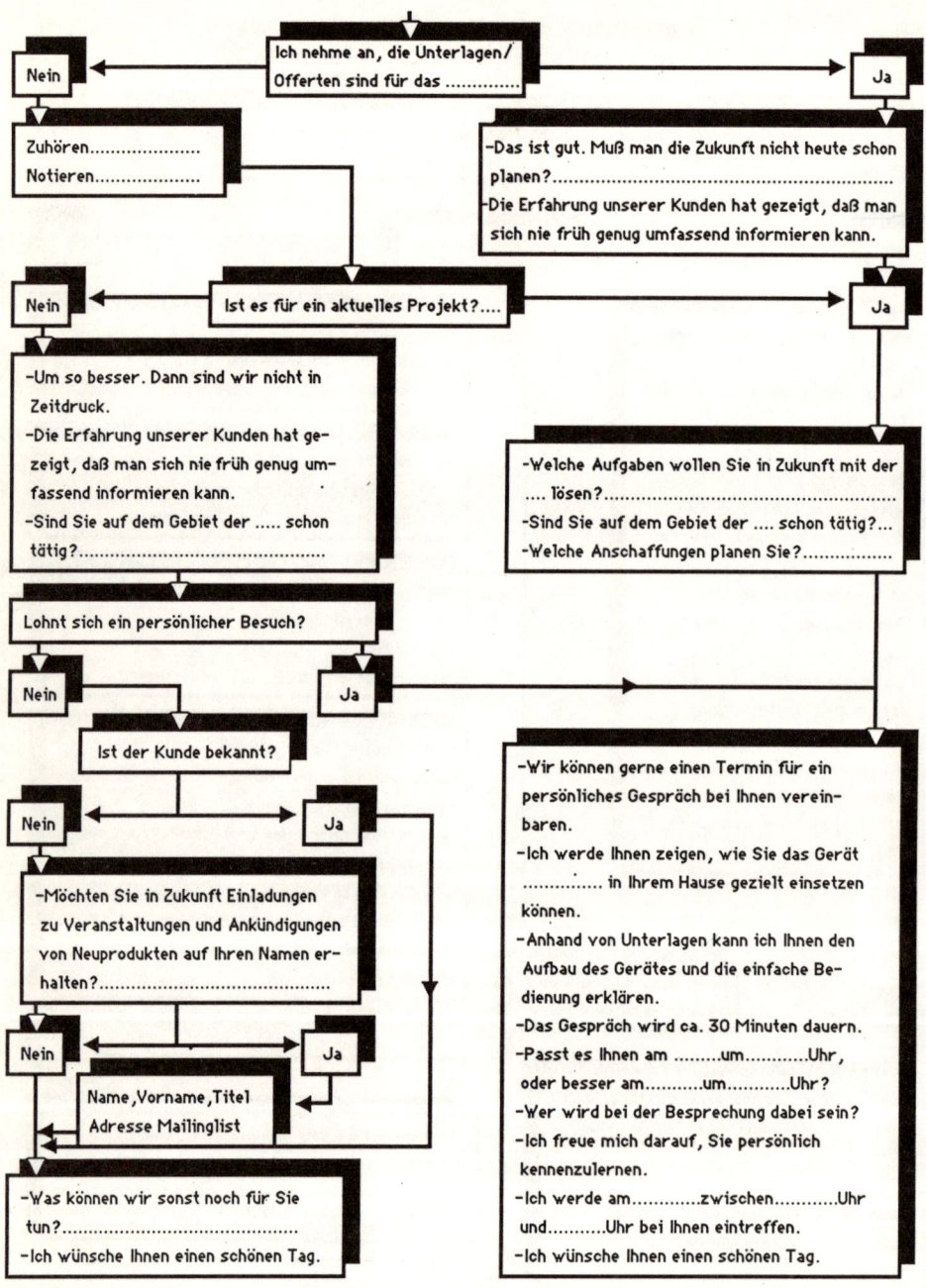

Diese Checkliste zur Angebotsverfolgung wurde von Max A. Müller, Schweiz, erstellt.

So kann man Messen als eigene Verkaufsplattform für Umsätze nutzen

133. Was gibt es bei der Messevorbereitung zu beachten?

Wesentlich ist die verkaufsbezogene Vorbereitung auf Basis der von Ihnen festgelegten Messeziele. Wenn Sie beispielsweise neue Kunden gewinnen wollen, sind Interessenten vorher anzuschreiben.

Zielgruppen / Produktgruppen	Stamm-kunden	Neu-kunden	Verlorene Kunden	Neue Zielgruppen	Ausgesuchte Entscheidungs-träger
Neues Produkt				X	X
Modifiziertes Produkt A			X		
Neues Zubehör	X		X		
Produkt B	X	X	X	X	X
Produkt C				X	
Produkt D		X			

So kann man systematisch eine verkaufsbezogene Messevorbereitung sicherstellen. Weitere Planungsaktivitäten sind:

Tagesstandchef bestimmen
Belegungsplan, wer von wann bis wann auf der Messe ist
Tägliche Frühbesprechung und Manöverkritik organisieren
Interviewbogen mit max. 5 Fragen vorbereiten
Bsp: Wie beurteilen Sie (der Kunde) die Entwicklung der nächsten Jahre?
Wer sorgt für Ordnung am Stand?
Genügend Visitenkarten vorhanden?
Existiert für Prospekte eine zentrale Anlaufstelle?
Gibt es eine »Pinwand« für Nachrichtenübermittlung?
Überlegen Sie einmal, ob eine Liste (Packpapier), in der alle Verbesserungsvorschläge eingetragen werden, zu sofortigen Verbesserungen am nächsten Tag führen kann.
Ist eine Garderobe vorhanden?
Messepräsent für die Ehefrau des Besuchers?
Rotationssystem für das Mittagessen einrichten?
Referenzlisten mitnehmen
Sind genügend Hotelzimmer in der Nähe der Messe und in einem Hotel reserviert?
Möglichkeit vorhanden, Visitenkarten des Kunden in das Besprechungsformular einzuheften?

134. Wie sollte man Messen – vom Standpunkt der Verkaufsorientierung aus – planen?

Die Messe ist für Unternehmen und Verkäufer eine ideale Plattform, um losgelöst vom Tagesgeschäft neue Aufgaben anzupacken.

Dazu gehören

Neukundengewinnung

Neuprodukteinführung

Neue Abnehmerkreise

Die Messe ist oft ein Rennen mit der Zeit. Viele Dinge, insbesondere bei grundlegenden neuen Produkten, werden buchstäblich erst in der letzten Minute fertig.

Drei Phasen sind bei einer Messe für den Verkäufer wichtig:

Messevorbereitung:
Sie definieren Verkäuferziele für Ihre Messe:
   Sie wollen beispielsweise einen neuen Markt gezielt angehen oder gezielt Entscheidungsträger für die Messc interessieren, die normalerweise nicht hingehen würden.
   Setzen Sie die Ziele mit Hilfe der anderen Verkäufer und der Geschäftsleitung. Verschicken Sie vor der Messe entweder schriftliche Einladungen oder laden Sie telefonisch oder durch einen persönlichen Besuch ein.

Messedurchführung:
Verkaufsbezogen legen Sie fest, welche Ziele Sie auf der Messe erreichen wollen.

Messe Follow Up:
Jeder Verkäufer reserviert *vor* der Messe bereits Tage, die er für eine Messenachverfolgung verwenden wird. Aufgabe wird es sein, die auf der Messe begonnenen Kontakte systematisch abzuarbeiten. Erfolgt dies nicht mit System, läuft man Gefahr, in der aufgelaufenen Tagesarbeit zu versinken, die Kontakte »kalt« werden zu lassen und damit einen Teil der Messeinvestition zu verschenken.

135. Was unterscheidet die Messe vom Tagesgeschäft?

- Die Messe bietet die Chance für weitaus mehr Kundenkontakte pro Tag.
- Neue Produkte können in kürzester Zeit eigenen Kunden vorgestellt werden.
- Kaufentscheidungen werden bis zur Messe aufgeschoben:
  Viele potentielle Kunden werden auf oder direkt nach der Messe abschließen.
- Markttransparenz ist fast gegeben, weil der Kunde den Nachbarstand des Wettbewerbers direkt besuchen kann.
- Wettbewerbsbeobachtungen können wirksam durchgeführt werden.
- Messebesucher wollen eher »anschauen« als sich beraten lassen.
- Es wird A/B/C-Messebesucher geben. Wer ein A-Messekunde, beispielsweise für ein neues Produkt oder ein Neukunde, ist, bestimmen Sie.
- Die Zeitspannen für ein Gespräch sind kürzer als bei Verkaufsgesprächen beim Kunden im Hause.

Es ist offensichtlich, daß Chancen und Risiken in der besonderen Situation der Messe stecken.

Die Chancen sind die Konsequenzen aus den vorgenannten Punkten:

- Um die Chance mit mehr Kundenkontakten zu nutzen, sollten Messekunden aktiv angesprochen werden. Mögliche Messebesucher sollten vorher aktiv und schriftlich von Ihnen eingeladen werden. Damit sind nicht Ihre Stammkunden gemeint, sondern verlorene oder neue Kunden oder neue Zielgruppen.
- Neue Produkte sollten auch durch eine aktive Produktdemonstration den Interessenten vorgestellt werden. Aktive Beteiligung der Zuhörer ist ein Hilfsmittel.
- Wenn Kaufentscheidungen bis zur Messe aufgeschoben werden, entscheiden Sie sehr schnell über zusätzliche Aufträge. Kaufwillige Kunden sind vorher schriftlich zu definieren. Wird mit ausländischen Vertretern gearbeitet, ist auch aus dem Ausland jeder potentielle Kunde, der seine Kaufabsichten bis zur Messe zurückgestellt hat, zu definieren.
- Da die Markttransparenz gegeben ist, können Sie auch Nutzen daraus schlagen. Fragen Sie gezielt, was der Kunde vom Wettbewerb erwartet oder der Wettbewerb bereits an Vorteilen aus seiner Sicht bietet. Zurückhaltung ist jetzt fehl am Platz.
- Führen Sie Wettbewerbsbeobachtungen systematisch durch. Legen Sie fest, welcher Kollege welchen Wettbewerber gezielt beobachten wird. Werten Sie die Ergebnisse aus und stellen Sie die Erkenntnisse Ihren Verkäuferkollegen zur Verfügung.
- Für Messe-Verkaufsgespräche legen Sie fest, wer für diese Messe ein interessanter Besucher ist. Nennen wir ihn A-Chance.
- Definieren Sie die zwei wesentlichen Informationen für jede Produktgruppe, die der Kunde unbedingt als Information von Ihrem Messestand mitnehmen muß. Selbst in verkürzten Verkaufsgesprächen stellt man so die Übermittlung der wichtigen Botschaften sicher.

136. Was ist wesentlich für eine aktive Messecrew?

1. Augen auf nach neuen Interessenten und kaufwilligen Kunden (A-Chance)

2. »Kann ich Ihnen helfen?«
   W-Fragen sind die bessere Alternative!

3. Ermutigen Sie den Kunden, über sich selbst und sein Aufgabengebiet zu sprechen! Was will er?

4. Identifizieren Sie Messebesucher so schnell wie möglich und halten Sie bei allen Kontakten Wichtiges schriftlich fest.

5. Halten Sie Ihren Stand so attraktiv wie möglich.

6. Seien Sie sparsam mit Prospekten. Senden Sie dem Kunden die Broschüre besser zu. Sie erhalten dann auch seine Adresse.

7. Neu ist für den Kunden alles, was er noch nicht kennt.
   Vorher fragen. Beziehen Sie den Kunden bei Produktdemonstrationen mit ein.

8. Füllen Sie Messeberichte lesbar und vollständig aus. Ihr Kollege wird dankbar sein.

9. Behandeln Sie Einwände, Preisfragen und Reklamationen durch Fragetechnik. So vermeiden Sie Streitgespräche vor Zuhörern.

10. Melden Sie sich ab, wenn Sie den Stand verlassen.
    Meistens sucht Sie dann gerade Ihr Top-Kunde.

11. Konzentrieren Sie sich auf die wesentliche Messe-Botschaft!

137. Was wird auf der Messe am meisten falsch gemacht?

Messen sind heute als Informationsmedium zu teuer. Trotzdem haben viele Unternehmen die Einstellung, daß eine Messe nur dazu dienen soll, präsent zu sein. Das reicht jedoch zur Nutzung der Messe als Verkaufsplattform nicht aus.

Weitere Ziele gibt es genug:
Neuheiten vorstellen
Kundenpflege
Neue Ansprechpartner
Neue Kunden.

Gerade bei dem letzten Punkt werden Sie bestätigen, daß er ein wichtiges Ziel für eine Messe ist.

In der Praxis sieht es in vielen Fällen so aus, daß die Stammkundengespräche den allergrößten Teil der Messezeit blockieren.

Beachten Sie folgendes:

Laden Sie »Neukunden« schriftlich, persönlich oder per Telefon zur Messe ein. Wenn Sie als Verkäufer vorher nicht aktiv werden, dürfen Sie nicht erwarten, daß Ihre gewünschten »Neukunden« zu Ihnen auf die Messe kommen.

Fazit:
Definieren Sie für die Messezeit eindeutig personenbezogene Messeziele:

A-Kontakte

A-Kontakte sind z. B.
– Kunden, die bisher noch nicht oder seit fünf Jahren nicht mehr gekauft haben.
– oder Gesprächspartner, die in der Kundenfirma neu sind.
– oder eine Zielgruppe, die bisher zwar bekannt war, aber für die eigenen Produkte nicht in Frage kam.

Durchaus kann und soll sich die Definition des A-Messekontaktes von Messe zu Messe verändern. Wesentlich ist aber das Setzen von Prioritäten. Und es ist entscheidend, daß man festlegt, wieviel A-Kontakte jeder einzelne Verkäufer pro Tag gewinnen soll!

Name / Tag	1. Tag		2. Tag		3. Tag		4. Tag		5. Tag	
	SOLL	IST	SOLL	IST	SOLL	IST	SOLL	IST	SOLL	IST
Gottfried Meier	2		4		3		2		2	

138. Wie identifiziert man Gesprächspartner auf der Messe?

Bitte stellen Sie sich eine Situation vor, die sich auch bei Ihnen alltäglich abspielen kann. Sie gehen in ein Warenhaus und haben durchaus die Absicht, einen Anzug zu kaufen. Kaum betreten Sie den optisch abgegrenzten Bereich der Herrenkonfektion, stürzt ein schlanker junger Mann auf Sie zu und stellt Ihnen die Frage (Bitte raten Sie 'mal):

Kann ich Ihnen helfen ?

Sie werden möglicherweise antworten: »Vielen Dank. Ich schaue mich zuerst einmal um.« Später verlassen Sie den Stand, obwohl Sie durchaus kaufbereit waren.

Übertragen Sie diese Situation auf die Messe, lassen sich Parallelen ziehen.

Der Messebesucher will sich am Anfang eines Kontaktes nicht binden, obwohl er durchaus Kaufinteresse hat. Sie sehen als Verkäufer aber Ihre Hauptaufgabe darin, während der Messe Gesprächspartner so schnell wie möglich zu identifizieren, um Spreu vom Weizen zu trennen. Dadurch verschenken Sie keine wertvolle Zeit, vielleicht sogar mit Wettbewerbskollegen.

In der Kontaktphase gibt es einen Interessenkonflikt zwischen dem Messebesucher und unseren Verkäuferzielen. Der Kunde will sich informieren, wir wollen den Gesprächspartner identifizieren. Es bietet sich deshalb an, eine Brücke zu schlagen und dem Messebesucher die Anfangsphase des Gespräches so einfach wie möglich zu machen.

Stellen Sie offene Fragen:

Wofür interessieren Sie sich besonders?
Wie gefällt Ihnen unser neues Produkt?
Worüber darf ich Sie informieren?

Um den Gesprächspartner dann zu identifizieren, gibt es viele Möglichkeiten wie Visitenkarten austauschen
Dem Vorgesetzten vorstellen: »Darf ich bekannt machen, Herr....?«
»An welche Adresse darf ich Ihnen detailliertes Informationsmaterial schicken?«

Den Gesprächspartner zu erkennen und einzuordnen, ist durch diese Hilfsmittel möglich. Durch frühzeitiges Identifizieren stellen Sie sicher, daß wichtige Kunden als solche behandelt werden und neue Interessenten nicht den Stand verlassen, ohne daß Sie den Namen kennen.

139. Was gibt es bei einem Messegespräch zu beachten?

Die Zeit – Den Gesprächspartner – Das Ziel.

Bei Messegesprächen spielt die Zeit eine wichtige Rolle, weil zuviel investierte Zeit für ein Gespräch weitere Kontaktmöglichkeiten auf der Messe blockiert.

Die Messe ist nicht der Ort für intensive Einzelgespräche.

Hier geht es darum, Interessenten zu gewinnen, Termine zu vereinbaren und Neuheiten vorzustellen.

Prüfen Sie deshalb, ob Sie Ihre Messezeit richtig nutzen. Gespräche mit guten Altkunden sind zwar wichtig, für die Messe ist aber die Zeit für Interessenten besser genutzt, da Sie nur hier die Möglichkeit haben, daß potentielle Kunden zu Ihnen kommen. In der Tagesarbeit müssen Sie die Interessenten sonst einzeln besuchen. Sie werden ein Vielfaches an Tagen investieren müssen, um die gleiche Anzahl an Interessenten kennenzulernen.

Den Gesprächspartner möglichst schnell zu identifizieren ist die Aufgabe.

Sprechen Sie mit einem Altkunden? Kennt er Ihre Firma bereits? Wer ist er? Von welcher Firma kommt er? Hat er ein konkretes Thema oder will er sich generell nur informieren?

Ordnen Sie den Messebesucher in eine von Ihnen festzulegende Werteskala ein. Nennen Sie die Besucher A-, B- oder C-Messebesucher.

Es darf Ihnen nicht passieren, daß Sie sich längere Zeit mit einem Messebesucher unterhalten und nicht wissen, wen Sie vor sich haben.

Das Messeziel ist der dritte Punkt, der bei Messegesprächen besonders beachtet werden soll. Die Messecrew muß vor der Messe wissen, welche »Messebotschaften« an die Standbesucher weitergegeben werden. Bei Unternehmen, die eine breite Produktpalette haben, wurden damit gute Erfahrungen gemacht: Jeder Produktmanager legt die zwei wichtigsten Messebotschaften für diese Messe fest und informiert die Messecrew am Vorabend des ersten Tages über seinen Produktbereich.

So hat man als Standbesatzung einen Überblick über den gesamten Produktbereich, selbst wenn man als Spezialist für eine Produktgruppe eingesetzt wird.

140. Was soll man dem Messebesucher mitgeben?

Sehr schnell hat ein Messebesucher am Ende eines Messetages einen schier nicht zu verdauenden »Topf von Eindrücken« gesammelt. Er ist gezwungen, vieles zu vergessen.

Den Messebesucher deshalb mit Informationen, schriftlich wie mündlich, zu überladen, ist wenig zielführend.

Eine bessere Alternative ist die Konzentration auf wesentliche Botschaften und das Herausarbeiten der weiteren Schritte mit diesem Kunden noch auf der Messe.

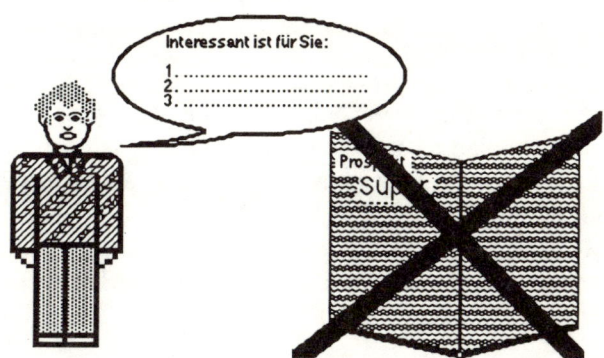

Prospekte, falls sie nicht personifiziert sind, laufen Gefahr, in einem Papierkorb zu verschwinden. *Personifizierte Prospekte* sind entweder mit handschriftlichen Zusatzinformationen von Ihnen oder noch besser vom Kunden selbst zu versehen. Erfahrungsgemäß werden Prospekte, die eine persönliche Handschrift tragen, weniger schnell weggeworfen. Sollte der Kunde auf Prospekten bestehen, bieten Sie ihm ein Übersichtsprospekt an.

Wenn Sie dem Kunden das Zuschicken der Prospekte anbieten, erfahren Sie auch direkt seinen Namen und den Firmennamen.

Sie haben die Möglichkeit, im Anschluß an die Messe die Prospekte beim Kunden persönlich vorbeizubringen.

Besser sind ein bis *zwei Informationen* für den Kunden, die er auch aus seiner Sicht als wichtig akzeptiert.

Eine kreative Idee kann eine *Cassette* sein, die dem Kunden mitgegeben wird, auf der wesentliche Informationen für neue Produkte oder für das Unternehmen besprochen sind.

Da dieser Informationsträger noch nicht so sehr in der Industrie verbreitet ist, hat sie einen hohen Aufmerksamkeitswert.

Da heute fast jedes Auto über einen Cassettenrecorder in Verbindung mit einem Radio verfügt, ist die Chance groß, daß der Kunde sie sich auf dem Wege von der Messe nach Hause anhört. Man sagt:

Der letzte Eindruck zählt. Eine gute Chance ist die Cassette in jedem Fall.

141. Was bringen Messekontaktzettel?

Die Messe ist die Plattform für zukünftige Verkaufschancen.

Damit die Verkaufschancen in Aufträge umgesetzt werden können, sind Informationen über die auf der Messe durchgeführten Gespräche notwendig.

Sicherlich ist es möglich, den Verkäuferkollegen persönlich und mündlich über das Gespräch zu informieren, das man mit einem Kunden in seinem Verkaufsgebiet geführt hat. Das Risiko ist dann allerdings groß, daß, bedingt durch fehlende Zeit, nicht alle wesentlichen Informationen übermittelt werden.

Das Ausfüllen von Messekontaktzetteln oder Messeberichten bietet sich als ein systematisches Hilfsmittel an, um erhaltene Informationen auch nach der Messe verfügbar zu haben.

Entscheidend für die spätere Verwendung der Messekontaktzettel ist die Qualität der Informationen. Hierbei ist jeder angesprochen, der Messeberichte ausfüllt. Sehr schnell kann es passieren, daß die schriftlich festgehaltenen Informationen, nach der Messe ausgewertet, nicht mehr enthalten als den Wunsch des Kunden nach der Zusendung von Prospekten. Dann ist wertvolle Messezeit verschenkt worden. Jeder Messekontaktzettel soll die Möglichkeit einer Klassifizierung nach A, B oder C enthalten, damit Spreu vom Weizen nach der Messe schneller getrennt werden kann.

Darüber hinaus ist auch eine Einstufung sinnvoll, wann, aus der Sicht des Ausfüllers, der Kunde kaufen will.

Ein Projekt, das innerhalb des nächsten Monats realisiert werden soll, wird anders nachbearbeitet als ein Projekt, das erst frühestens in zwei Jahren spruchreif ist.

Der Messebericht sollte auch die Möglichkeit enthalten, im »Kreuzelverfahren« ausgefüllt zu werden. Sie brauchen dann weniger zu schreiben, und haben trotzdem die wesentlichen Informationen erfaßt.

Handschriftliche Informationen sollten bestenfalls in Blockschrift erfolgen, damit für Ihren Kollegen die Lesbarkeit der Informationen sichergestellt ist.

Messekontaktzettel oder Messeberichte sind die Basis für die Nachbearbeitung. Damit sichern Sie den Erfolg der Messe ab.

142. Was gibt es bei der Messenachbereitung zu beachten?

Die Messe unterteilt sich in drei Bereiche:

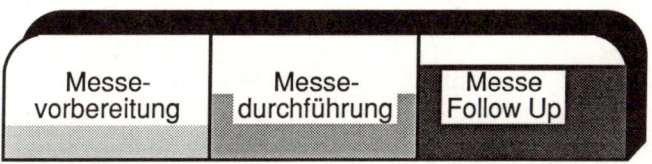

Der Messeerfolg kann entscheidend von der letzten Phase der Messe als Verkaufsplattform abhängen.

Oft erfordert die Messe eine ganze Woche Zeit vom Verkäufer, die er auf dem Messestand verbringen wird. Die Tagesarbeit bleibt liegen. Nach der Messe drängen sich die Termine, Angebote und Aufgaben. Ihre Kollegen und Sie haben auf der Messe eine ganz interessante Anzahl an Kontakten gehabt. Jetzt werden Ihnen die Rückläufer zugestellt.

Wenn die Messekontakte nicht bereits auf der Messe in A/B/C-Kontakte aufgegliedert worden sind, ist die Gefahr jetzt sehr groß, daß die »heißen« Kontakte abkühlen.

Vorschläge:

Falls Sie ein Mitbestimmungsrecht haben, weisen Sie darauf hin, daß Messekontakte unbedingt auf der Messe zu klassifizieren sind. Sollten trotzdem die Messerückläufer ungewichtet zu Ihnen kommen, nehmen Sie sofort bei der Ankunft eine eigene Bewertung vor. Bitten Sie Ihre Kollegen, mit »heißen« Kunden noch auf der Messe für Sie einen Besuchstermin zu vereinbaren. Sie verfahren umgekehrt genauso. Erfahrungsgemäß ist es einfacher, einen vereinbarten Termin zu verlegen, als einen Termin ganz neu zu vereinbaren.

Bauen Sie die Messenachbereitung aktiv in Ihre Tagesarbeit ein. Beispielsweise rufen Sie jeden Tag zwei Messekontakte an oder besuchen ein oder zwei Messeinteressenten, die auf Ihrer Route liegen. Schreiben Sie den Messeinteressenten einen Brief, in dem Sie mit einem Fragebogen um Zusatzinformationen bitten. Je detaillierter der Interessent antwortet, desto mehr können Sie jetzt »Spreu vom Weizen« trennen.

Unterteilen Sie Ihre eigenen persönlichen Kontakte nach der Messe noch einmal deutlich in sofort kaufwillige Kunden und für die Zukunft wichtige A/B/C-Messekontakte.

Initiieren Sie eine Messenachbesprechung, auf der die meßbaren Ergebnisse erfaßt werden, die qualitativen Ergebnisse, oft genauso wichtig, auf ihre Erreichung hin überprüft werden und konstruktive Verbesserungsvorschläge für zukünftige Messen herausgearbeitet werden.

143. Wie führt man ein systematisches Gespräch auf der Messe?

Kunden haben eine bestimmte Erwartungshaltung, wenn sie zu Ihnen auf die Messe kommen. Sie wollen sich vielleicht nur über Neuigkeiten informieren oder sie haben ganz konkrete Kaufabsichten.

Es gilt, möglichst schnell die Erwartungen des Kunden herauszufinden und zu erfüllen.

Dazu muß der Kunde empfangen werden. Mit Ihrer Art, den Kunden auf der Messe zu empfangen, schaffen Sie notwendige Voraussetzungen für das anschließende Verkaufsgespräch. Stellen Sie in dieser Phase W-Fragen, damit dem Kunden die Kontaktphase so leicht wie möglich gemacht werden kann.

Der nächste Schritt ist das Erkennen des Gesprächspartners.

Wen hat man vor sich? Ist es ein Stammkunde, der einen Kollegen sprechen will, oder ist es ein Interessent? Vielleicht sind es auch Wettbewerbskollegen oder Presseleute?

Der Name des Gesprächspartners ist in Erfahrung zu bringen. Stellen Sie sich selbst vor oder geben Sie dem Gesprächspartner Ihre Visitenkarte. Fragen Sie nach, ob er im technischen oder im kaufmännischen Bereich tätig ist.

Erforschen Sie seine aktuelle Situation und seine Absichten. Stellen Sie auch in dieser Phase W-Fragen.

Ordnen Sie den Kunden ein. Ist es ein A-Kunde oder A-Kontakt? Dann investieren Sie mehr Zeit, um noch mehr Informationen in Erfahrung zu bringen. Achten Sie darauf, daß Sie sich nicht mit einem Zeitdieb unterhalten.

Stellen Sie sicher, daß ein interessanter Kunde nicht den Stand verläßt, ohne daß Sie ihm die Neuigkeiten gezeigt haben. Geben Sie dem Kunden ein, zwei höchstens drei wesentliche Argumente mit auf den Weg, warum Ihre Produkte gut sind und es sich lohnt, mit Ihnen zusammenzuarbeiten.

Entlassen Sie den Kunden nicht, ohne die weitere Vorgehensweise festgelegt zu haben. Wird der Kunde innerhalb einer bestimmten Zeit nach der Messe angerufen werden? Ist bereits ein Besuchstermin vereinbart? Selbst wenn der Kunde nicht im eigenen Verkaufsgebiet ist, kann für den Kollegen ein Besuchstermin vereinbart werden. Terminverlegung ist einfacher als einen neuen Termin zu vereinbaren. Der Erfolg bei einem interessanten A-Kontakt sollte geprüft werden. Sie können daraus den Erfolg Ihrer Messe ablesen und Ableitungen für die Zukunft treffen.

So kann man Leistungssteigerung und Zeitgewinn im Außendienst bestens kombinieren

144. Arbeiten Sie als Verkäufer zuviel?

Angenommen, Sie haben statt fünf Arbeitstagen nur noch vier Arbeitstage zur Verfügung:

Was würden Sie ändern?

Ihnen fehlen 20% Ihrer Arbeitszeit. Trotzdem müssen die gesteckten Umsatzziele erreicht werden. Nachfolgend die Vorschläge von Verkäuferkollegen zur Anpassung an die neue Situation:

- Nebentätigkeiten an Service und Innendienst delegieren
- Mehr Selbstdisziplin
- Zeitmanagement konsequent praktizieren
- Prioritäten bei der Gebiets-, Kunden- und Eigenarbeit setzen

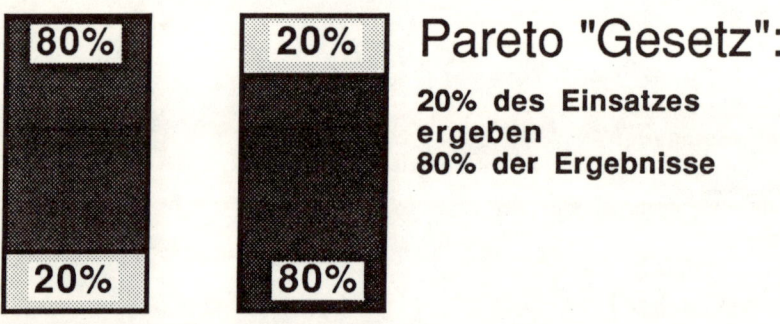

Pareto "Gesetz":

20% des Einsatzes ergeben 80% der Ergebnisse

- Konsequente Planung mit Zeitplanbuch
- Kunden umerziehen, dadurch weniger Feuerwehraktionen
- Leerläufe erkennen und reduzieren
- Bürozeit durch Standardisierung und Organisation verbessern
- Bessere Besuchsvorbereitung und Durchführung der Besuche
- Telefon-, Verkaufs- und Kollegengespräche um 10% kürzen
- Unklare Vorstellungen des Kunden durch Checklisten auf ein Minimum reduzieren und Änderungen der Spezifikation reduzieren
- Bewußt nein sagen, ohne schlechtes Gewissen

Wenn Sie als Verkäufer zuviel arbeiten, prüfen Sie die Möglichkeiten des Zeitmanagements.

Es geht darum, zwischen den Zeilen zu lesen. Sehr schnell kann aus den Gesprächen eine übertriebene Kommunikation werden. Der Deckmantel: »Das ist ja unsere Aufgabe« verhindert zeitliche Freiräume. Die Kernfrage:

Will ich zuviel arbeiten?

Ich kenne Verkäufer, die so sehr in ihrer Arbeit aufgehen, daß mehr Freizeit eine Bestrafung ist. Gehören Sie zu diesem Typ, wird Zeitmanagement nicht als Hilfsmittel akzeptiert. Wollen Sie allerdings mehr Freizeit oder mehr Zeit für das Wesentliche schaffen, wird aktives Zeitmanagement nachweisbar zu Erfolgen führen.

145. Welche Zeitplanung sollte man als Verkäufer haben?

»Eine perfekte Planung ist die beste Voraussetzung für eine geniale Improvisation.« Ein Satz, der mir sehr imponiert hat.

Der Kern ist aber: Planung ist notwendig, Flexibilität erforderlich. Nur wer klare Ziele hat, was er in bestimmten Zeiträumen erreichen will, wird alle seine Reserven mobilisieren, um dieses Ziel zu erreichen.

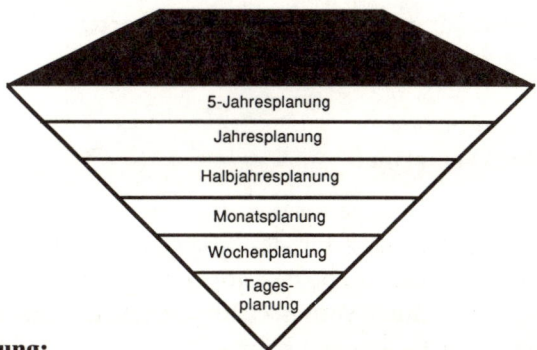

Zur 5-Jahresplanung:
Sie sollten schriftlich festlegen, was Sie beruflich und privat in fünf Jahren erreichen wollen. Legen Sie dann die Teilschritte fest, die zur Erreichung dieser Ziele notwendig sind. In Etappenzielen von Jahr zu Jahr sollten Sie die Erreichung kontrollieren und daraus Konsequenzen ziehen.

Zur Jahresplanung:
Legen Sie spätestens zu Beginn des Jahres fest, welche beruflichen und privaten Ziele Sie in diesem Jahr erreichen wollen. Bei einer gebietsbezogenen Planung sollten Sie auch Neukundengewinnungsaktionen oder Messeaktionen berücksichtigen.

Zur Halbjahresplanung:
Prüfen Sie die Erreichung der gesteckten Jahresziele. Sie haben jetzt noch Korrekturmöglichkeiten. Nutzen Sie diese durch gezielte Aktionen.

Zur Monatsplanung:
Teilen Sie Ihr Jahresziel in kleinere Einheiten auf. Beispielsweise pro Monat. Umsätze verteilen sich nicht gleichmäßig auf 12 Monate, sondern es gibt Hochsaison und Flaute. Teilen Sie Ihr Umsatzsoll entsprechend auf. Auch Aktionen müssen zu bestimmten Zeiten bestimmte Teilergebnisse erreichen, weil sonst das in der Ferne liegende Gesamtziel gefährdet ist.

Zur Wochenplanung:
In der Vorwoche sollte Ihre Planung für die nächste Woche im Wesentlichen fertig sein. Improvisieren innerhalb der Woche führt zu ungeplantem Handeln und Zeitverlusten.

Zur Tagesplanung:
Ihre Aktivitäten sollten am Vorabend schriftlich festgelegt sein.

146. Was bringt eine Tagesplanung für Verkäufer?

Ihr Ziel ist es, eine möglichst hohe aktive Verkaufszeit zu erreichen. Arbeitet man nicht mit einem Tagesplan, läuft man Gefahr, sich zu verzetteln. Man vergißt möglicherweise, Angebote nachzuverfolgen oder Rückrufe zu erledigen.

Die Tagesplanung hat den Vorteil, daß Sie
– den Überblick bewahren
– Prioritäten setzen
– kontrollieren, ob Sie Ihr gestecktes Tagespensum erreicht haben
– langfristige Aufgaben in Tagesportionen aufteilen
– nichts vergessen
– Zeitintervalle besser planen
– Reservezeiten direkt einplanen

Notwendig ist es, daß die Planung für den folgenden Tag bereits am Vortage erstellt wird. Und die Tagesbilanz für den abgelaufenen Tag noch am gleichen Abend erfolgt. Reservieren Sie für beide Tätigkeiten fünf Minuten pro Tag und Sie werden feststellen, daß Sie durch vorausschauende Planung und anschließende Tageskontrolle Ihre Effektivität steigern können.

Ein gutes Beispiel für ein Tagesplanungsformular ist das nachfolgende der Firma Time/System Hamburg:

147. Was bringt ein Zeitplanbuch für Verkäufer?

Der Zwang zur wirksamen Nutzung der Zeit, insbesondere im Vertrieb, ist offensichtlich. Bei einer immer weiter verkürzten Arbeitszeit hat es der Verkäufer immer schwerer, überhaupt Termine bei den (richtigen) Kunden zu erhalten. Jede Zeit im Büro der eigenen Firma ist verlorene aktive Verkaufszeit vis à vis dem Kunden. Somit ist die Idee eines *tragbaren Büros* eine wertvolle Zeitsparhilfe.

Genau die Funktion eines tragbaren Büros erfüllen heutige Ziel- und Zeitplanbücher. Sie haben mehrere offensichtliche Vorteile:
– Sie haben eine übersichtliche Jahres-, Wochen- und Tagesplanung
– Sie sind ein wirksames Angebotsverfolgungsinstrument, da Sie Ihre laufenden Projekte auf einem Blatt zusammentragen können.
– Sie enthalten ein Telefonregister, wodurch Sie Ihre Kunden auch von unterwegs erreichen.
– Sie ermöglichen die Planung und laufende Aktualisierung der Umsatzvorgabe.
– Sie bieten die Möglichkeit, Ihre Schlüsselkunden mit den Umsätzen zu erfassen.
– Sie ermöglichen es, Ideen, Aufgaben und Übriggebliebenes festzuhalten und nach Prioritäten zu sortieren.
– Sie haben auf einen Blick mehr Zeit für das Wesentliche gewonnen.
– Sie können Wartezeit bei Kunden nutzen und in Ihr Zeitplanbuch reinschauen.

Somit gewinnen Sie Zeit, die sonst verloren wäre und sind weniger im Büro, da Sie genauso wirkungsvoll von unterwegs arbeiten können.

148. Was bringt eine Zeitinventur?

Wieviele Stunden sitzen Sie im Jahr im Auto?
Wieviel Zeit geht durch Wartezeit beim Kunden oder anderswo verloren?
Wie lange brauchen Sie für Ihre Büroarbeiten?
Welche Büroarbeiten sind am zeitaufwendigsten?
Wie können Sie Ihre Zeit sinnvoller für Verkaufsaktivitäten einteilen?
Wie hoch ist Ihre aktive Verkaufszeit, die Zeit vis à vis dem Kunden?
Wieviel Zeit verbringen Sie mit A/B/C-Kunden?
Wieviel Zeit investieren Sie für die Gewinnung von Neukunden?
Wieviel Stunden beträgt Ihre Freizeit?

Wenn Sie die vorstehenden Fragen alle eindeutig beantworten können, bringt Ihnen eine Zeitinventur wenig.

Falls Sie allerdings feststellen, daß Sie bei einigen Fragen die Antworten nur schätzen können, ist eine Zeitinventur sinnvoll.

Eine Zeitinventur bringt Ihnen Klarheit für Ihre Zeitverteilung. Sie wissen anschließend, wo Sie Zeit verlieren und können einen Maßnahmeplan daraus ableiten. In vielen Branchen ist beispielsweise eine aktive Verkaufszeit, die Zeit vis à vis dem Kunden, von 15–25% üblich.

Es gibt also Reserven. Bevor Sie aktives Zeitmanagement im Verkauf als Verkaufshilfsmittel weiter perfektionieren, ist die Ist-Analyse Ihrer Zeit erforderlich.

Ihnen fällt eine Zeitinventur schwerer, weil Sie nicht wie ein Büroangestellter den ganzen Tag an einem Arbeitsplatz beschäftigt sind.

Verkaufskollegen, die trotzdem Klarheit für ihre Situation haben wollten, haben ein Formblatt entwickelt, wo Sie ihre Tätigkeiten in 5-Minuten-Intervallen anstreichen. Sie können Ihre Haupttätigkeiten eintragen, wie etwa Wartezeit, Telefonate, Angebote diktieren, Fahrzeit oder aktive Verkaufszeit.

Ein Beispiel:

Eine Zeitinventur sollte mindestens zwei Wochen konsequent durchgeführt werden, besser noch vier Wochen. Das ist die Basis für Ihren Maßnahmeplan

Aktives Zeitmanagement.

149. Wie »stiehlt« man sich als Verkäufer selber die Zeit?

Zeitmanagement für Verkäufer bedeutet im gleichen Atemzug Konfliktsituationen mit anderen Bereichen. Mit Kunden, Vorgesetzten, Kollegen und mit sich selbst. Beispiele:

Eigene Zeitdiebe

Sehr schnell hat man liebgewonnene Gewohnheiten für seinen Arbeitsalltag entwickelt. Sei es für einen Ingenieur, Meßungen selbst durchzuführen oder für einen Kaufmann, umfangreiche Statistiken zu betreiben. Das kostet unnötige Zeit. Weitere eigene Zeitdiebe sind die physische Verfassung und damit die Konzentrationsfähigkeit. Das kann dazu führen, daß sie für bestimmte Tätigkeiten bis zur dreifachen Zeit benötigen. Die Motivation und Identifikation mit Ihrer Aufgabe können ebenfalls eigene Zeitdiebe sein. Ebenso auch das Aufschieben unangenehmer Aufgaben. Der ausgeprägte Hang, alles selbst tun zu müssen und die Überzeugung, daß man nur selbst eine Arbeit bestens erledigen kann.

Zeitdieb Kollegen

Erfahrungsaustausch ist notwendig. Manche Gesprächsrunde ist aber gar nicht erforderlich oder 50% zu lang. Können Sie nicht »Nein« sagen, ist die Gefahr auch sehr groß, daß Kollegen Rückdelegation mit Ihnen betreiben. Etwa: »Du kennst dich doch aus. Welche Auslegung sollte ich da machen?« Sehr schnell neigt man dann dazu, es selbst zu rechnen.

Zeitdieb Vorgesetzte

Auch der Vertriebsleiter kann zum Zeitdieb werden. Die Erhöhung der aktiven Verkaufszeit und im Verbund damit die Umsatz/Gewinnerhöhung sind das Ziel. Unvorbereitete Konferenzen, übertragene Sonderaufgaben und überzogener Papierkram sind mit der Verkaufsleitung zu diskutieren und Verbesserungsvorschläge vorzulegen. Dabei sollten die Vorschläge auch Ihr deutliches Bemühen um eine höhere aktive Verkaufszeit bestätigen.

Zeitdieb Kunden

Kunden können zu einem großen Zeitdieb werden. Hier steht der Verkäufer in einer sehr deutlichen Konfliktsituation. Einerseits weiß man, daß Mehrleistung durch Beratung und ausführende Tätigkeiten in der Regel vom Kunden honoriert wird, andererseits ist durch diese »Feuerwehraktivitäten« der Zeitdiebstahl vorprogrammiert. Der Ausweg: Ein langsamer Umerziehungsprozeß bei Ihren Stammkunden. Nicht jedes Mal muß der Kunde noch am gleichen Tag besucht werden, wenn der Anruf morgens kommt. Verbessern Sie die Arbeitsunterlagen.

Beachten Sie: die investierte Zeit muß im Verhältnis zu den Umsätzen stehen.

150. Wie kriegt man seine Zeit im Verkauf in den Griff?

Zunächst muß man sich damit auseinandersetzen, welche Zeitverteilung Verkäufer haben.

Ein Beispiel:

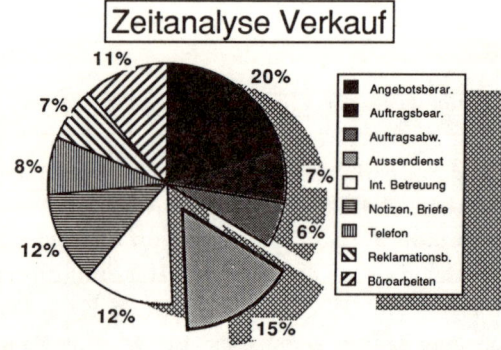

Vereinfacht ausgedrückt kriegt man seine Zeit in den Griff, wenn man die Zeitverwendung für Büroarbeiten, gefahrene Kilometer im Auto, Wartezeit und andere nicht direkt mit der aktiven Verkaufszeit zusammenhängende Tätigkeiten analysiert und die dafür verwendete Zeit reduziert.

Geht man tiefer ins Detail, finden sich konkrete Möglichkeiten der Rationalisierung die in diesem Buch einzeln näher erläutert sind.

Reduzieren Sie eigene Zeitdiebe
Reduzieren Sie fremde Zeitdiebe
Erledigen Sie unangenehme Aufgaben immer zuerst
Lernen Sie »Nein« sagen und begründen Sie es
Vermeiden Sie Unterbrechungen beim Kunden und bei Ihrer Büroarbeit
Erstellen Sie Checklisten für wiederkehrende Situationen und Aufgaben
Nutzen Sie leistungsstarke Stunden für wichtige Arbeiten
Ermitteln Sie Ihre Lieblingsbeschäftigung und reduzieren Sie die Zeit dafür
Erkennen Sie Überperfektionismus. Alles muß nicht 101% sein
Verbessern Sie Ihre Verhandlungsführung
Prüfen Sie Besuche ohne Ergebnisse und leiten Sie Maßnahmen daraus ab
Erwirken Sie Gruppenverhandlungen
Besuchsumwandlung – Laden Sie 10 Kunden zu einer Produktdemonstration oder Verkaufsveranstaltung ein
Reagieren Sie gegen Störungen beim Kunden
Kürzen Sie Verhandlungen um 10% am Anfang und am Ende
Keine Sternfahrten – also von Norden nach Süden an einem Tag
Reduzieren Sie Feuerwehraktionen bei Kunden, wenn der Kunde um Hilfe ruft
Reduzieren Sie die km-Leistung pro Kunde
Entwickeln Sie Standardbriefe
Delegieren Sie an den Service und/oder Innendienst
Erledigen Sie keine Arbeiten für andere Abteilungen

151. Welche eigenen Zeitdiebe kosten viel Zeit?

Zeitdiebe auch Zeitfresser genannt, können Sie sehr schnell am Tag bis zu einer Stunde und mehr kosten. Auf ein Jahr hochgerechnet, bei 200 Arbeitstagen, ergibt sich eine dramatische Zahl für Zeitverluste durch eigene Zeitdiebe.
Welche eigenen Zeitdiebe gibt es im Verkauf?

	0	10	20	30	40	50	60	70	80	90	100
1. Ablenkung dankbar akzeptieren											
2. Unkonzentriertes Arbeiten											
3. Redseligkeit											
4. Überperfektionismus, alles muß 101%-ig sein											
5. Unentschlossenheit											
6. Aufschieben unangenehmer Aufgaben											
7. Zu lange Telefonate											
8. Zu lange Verkaufsgespräche											
9. Ausgeprägter Hang, alles selber tun zu wollen											
10. Scheinaktivitäten											
11. Fehlende Planung und Eigenorganisation											

Sie haben die Möglichkeit anzukreuzen, mit wieviel Prozent der einzelne Zeitdieb auf Ihre eigene Situation zutrifft. Die Skala in der rechten Hälfte der Abbildung gibt Ihnen die Möglichkeit, eine Bewertung vorzunehmen. Ist ein Zeitdieb bei Ihnen sehr ausgeprägt, entspricht er 100 %. Ist er durchschnittlich, geben Sie ihn mit 50 % an. So haben Sie auf einen Blick Verbesserungsansätze für Ihre eigenen Zeitdiebe herausgearbeitet.

Jetzt geht es in die Umsetzungsphase. Setzen Sie sich mit jedem Zeitdieb intensiv auseinander. Die Schwierigkeit liegt darin, daß nur Sie Ihr eigenes Zeitmanagement verbessern können und gerade die eigenen Zeitdiebe zur schleichenden Inflation des Zeitverlustes einen großen Beitrag leisten. Sie müssen selbst einen Prüfmechanismus entwickeln, der Sie immer wieder fragen läßt: Arbeite ich an den wesentlichen Aufgaben des Tages oder sorge ich gerade wieder für Zeitverluste durch eigenes Verhalten?

Wichtig: Ihre eigenen Zeitdiebe können nur Sie durch ein geändertes Selbstverständnis reduzieren, im Gegensatz zu fremden Zeitdieben, bei denen eine Verbesserung oft nur über die Zusammenarbeit mit dem Unternehmen oder anderen Personen erfolgt.

Beispiel:

Der ausgeprägte Hang alles selbst tun zu wollen.
Oft beschwert man sich in den Verkaufsabteilungen, daß die Mitarbeiter im Innendienst »nicht richtig mitziehen«. Bei Nachfragen ergibt sich aber sehr schnell, daß der oder die Innendienstmitarbeiter nie die Chance gehabt haben, vom Verkäufer eine Ausbildung oder Erwartungsanalyse zu erhalten. Gemeint ist damit die gemeinsame Aufstellung eines Teamplanes mit der Überschrift: Wie können wir besser und gezielter zusammenarbeiten. Sicherlich erfordert es zuerst mehr Zeit bis der Innendienstmitarbeiter dem Verkäufer Arbeit abnehmen kann. Aber auf Zeit gesehen ist es eine lohnende Investition. Damit erhält der Verkäufer auch mehr Zeit für das Wesentliche.

152. Welche eigenen Zeitdiebe haben für Sie Bedeutung?

```
Eigene Zeitdiebe:

 1. Ablenkung dankbar akzeptieren
 2. Unkonzentriertes Arbeiten
 3. Lieblingsbeschäftigung im Büro
 4. Redseligkeit
 5. Überperfektionismus, alles muß 101%-ig sein
 6. Suchen durch schlechte Arbeitsorganisation
 7. Unentschlossenheit
 8. Aufschieben unangenehmer Aufgaben
 9. Ungeduld, dadurch übereiltes, ungeplantes Handeln
10. Zu lange Telefonate
11. Ausgeprägter Hang, alles selber tun zu müssen
```

Zu 1

Ablenkung ist schnell ein eigener Zeitdieb. Beispiel: Ein Kollege bittet Sie um eine Information. Bei dieser Gelegenheit reden Sie auch über dieses oder jenes Thema. Eine Viertelstunde ist vertan. Prüfen Sie vorher, ob Sie nicht Gefahr laufen, Ablenkung dankbar zu akzeptieren. Die eigene Trägheit muß überwunden werden.

Zu 2

Unkonzentriertes Arbeiten kann durch den sogenannten »Sägeblatteffekt« entstehen. Sie denken sich in eine Aufgabe hinein, und werden dann wieder durch Telefonate oder Rückfragen unterbrochen. Anschließend müssen Sie sich wieder neu in die Aufgabe vertiefen. Passiert dies mehrmals, läßt die Konzentrationsfähigkeit nach. Sie brauchen für die gleiche Aufgabe erheblich länger. Legen Sie konzentrationsintensive Aufgaben in Zeiten geringerer Störquote.

Zu 3

Jeder hat in seinem Arbeitsalltag Tätigkeiten, die er mehr oder weniger gerne ausführt. Tätigkeiten, die Spaß machen, können zu einem Zeitdieb werden, weil man mehr Zeit damit verbringt als zur Lösung dieser Aufgaben erforderlich ist. Ermitteln Sie Ihre Lieblingsbeschäftigung und kontrollieren Sie die investierte Zeit.

Zu 4

Mitarbeiter und Kollegen mit einem ausgeprägten Mitteilungsbedürfnis kosten Zeit. Manchmal kann es passieren, daß man selbst zuviel Unwesentliches erzählt und nicht zum Kern der Sache kommt. Stellen Sie die Frage: »Was ist das Wesentliche an der Information, die ich in diesem Augenblick vermitteln will?« Sie sparen Zeit durch zu ausführliche Erklärungen.

Zu 5

Beantworten Sie beispielsweise interne Briefe handschriftlich oder telefonisch. Entwickeln Sie Checklisten, dadurch läßt sich die Kontrollzeit, etwa zur Erstellung von Angeboten, mit dem gleichen Ergebnis reduzieren.

153. Wie reduziert man eigene Zeitdiebe im Verkauf?

```
Eigene Zeitdiebe:

 1. Ablenkung dankbar akzeptieren
 2. Unkonzentriertes Arbeiten
 3. Lieblingsbeschäftigung im Büro
 4. Redseligkeit
 5. Überperfektionismus, alles muß 101%-ig sein
 6. Suchen durch schlechte Arbeitsorganisation
 7. Unentschlossenheit
 8. Aufschieben unangenehmer Aufgaben
 9. Ungeduld, dadurch übereiltes, ungeplantes Handeln
10. Zu lange Telefonate
11. Ausgeprägter Hang, alles selber tun zu müssen
```

Zu 6

Eine unzureichende Arbeitsorganisation, bedingt durch fehlende Schreibtischordnung und fehlender Arbeitsmittel, wie z. B. Zeitplanbücher, führt zu Zeitverlusten durch Suchen von Informationen und Unterlagen. Das Beschaffen von Organisationsmitteln wie etwa Wiedervorlagemappen, Ablagekästen und Zeitplanbüchern wird Ihre Zeitdiebe weiter reduzieren.

Zu 7

Unentschlossenheit führt zu Zeitverlusten, weil eine zögernde Haltung zu Scheinaktivitäten führen kann. Manchmal ist es sinnvoller zu handeln, obwohl nicht alle Daten und Fakten vorhanden sind oder erst später eintreffen können.

Zu 8

Erledigen Sie das Unangenehmste immer zuerst. Sonst kann es Ihnen sogar passieren, daß Sie einen ganzen Tag verlieren. Das Aufschieben unangenehmer Aufgaben führt auch in diesem Fall zu Scheinaktivitäten, die nicht zielführend sind.

Zu 9

Aktivität um der Aktivität willen führt zu Zeitverlusten, weil dadurch die klassischen Zeitmanagementinstrumente wie Planung und En bloc-Erledigen von gleichartigen Tätigkeiten zu kurz kommen.

Zu 10

Zu lange Telefonate oder auch zu lange Kundenbesuche haben oft ihre Ursache in einer fehlenden Vorbereitung. Wer sich sein Ziel vorher steckt, wird sich auch am Telefon auf das Wesentliche konzentrieren.

Zu 11

Mangelnde Bereitschaft zur Delegation wird den Verkäufer, falls zutreffend, in einen immer größer werdenden Zeitdruck treiben. Delegieren Sie Aufgaben an den Innendienst und halten Sie sich an das Wesentliche.

154. Was ist bei fremden Zeitdieben beachtenswert?

> ### Fremde Zeitdiebe:
>
> 1. Mitarbeiter mit ausgeprägtem Mitteilungsbedürfnis
> 2. "Feuerwehraktionen" bei Kunden
> 3. Unnötige Aufgaben
> 4. Aufgaben, für die man nicht geeignet ist oder
> 5. Aufgaben, für die man überqualifiziert ist
> 6. Unklare Zielformulierungen
> 7. Unnötige Rückfragen wegen fehlender Informationen,
>   beispielsweise die Telefonnummer oder der Name
> 8. Zusammenstellung von Prospekten oder anderer Unterlagen
> 9. Nachverkaufsaktivitäten, die andererseits nicht erledigt werden
> 10. Interne "über alles informiert sein" Post
> 11. Fehlende Kundenkartei oder Statistiken

Konsequenz und das Bewußtsein, daß die Zeit das kostbarste Gut ist, sind eine unabdingbare Voraussetzung zur Reduzierung fremder Zeitdiebe. Sie gewinnen Zeit fünfminutenweise. Erst in der Summe addiert sich Ihre Zeitkonsequenz in Stunden.

Fremde Zeitdiebe sind eine Entwicklungsfrage. Sie müssen **reagieren** und **»Nein« sagen** lernen.

Beispiele: Sie erledigen Arbeiten für den Kundendienst.
Sie fahren zu jedem Kunden sofort hin, falls er ruft.
Sie erkennen Fehler in der Organisation.

Akzeptieren Sie, daß jede Delegation mit mehr Arbeit, der Einweisung, beginnt. Akzeptieren Sie, daß Sie zuerst mehr Zeit für Verbesserungsvorschläge oder Kollegen in anderen Abteilungen investieren müssen, bevor Sie langfristig davon profitieren.

Kunden gegenüber ist die Antwort nützlich: »Jawohl, Herr Kunde ich komme sofort *morgen* zu Ihnen.« Sie können dann besser planen und Ihr heutiger Tag läuft ohne »Feuerwehraktion« mit besserer Zeitnutzung ab.

155. Wie reduziert man fremde Zeitdiebe im Verkauf?

Fremde Zeitdiebe:

1. **Mitarbeiter mit ausgeprägtem Mitteilungsbedürfnis**
2. **"Feuerwehraktionen" bei Kunden**
3. **Unnötige Aufgaben**
4. **Aufgaben, für die man nicht geeignet ist oder**
5. **Aufgaben, für die man überqualifiziert ist**
6. **Unklare Zielformulierungen**

Zu 1

Mitarbeiter mit einem zu ausgeprägtem Mitteilungsbedürfnis steuern Sie durch die Fragetechnik. Wenn Sie fragen, führen Sie das Gespräch und können es auch beenden.

Zu 2

Kunden sind langsam umzuerziehen, daß nicht jeder Besuch sofort oder am gleichen Tag erforderlich ist. Sie entscheiden, ob Zeitgewinn vor Kundenkontakt Priorität hat.

Zu 3

Wehren Sie sich, wenn Sie feststellen, daß Sie unnötige Aufgaben zu erfüllen haben. Es ist Ihre Zeit. Legen Sie einen Verbesserungsvorschlag vor.

Zu 4

Aufgaben, für die man nicht geeignet ist und die nicht den eigenen Prioritäten entsprechen, sollten abgelehnt werden.

Zu 5

Der richtige Mann an die richtige Stelle. Ihre Aufgabe ist Verkaufen. Aufgaben, die ebensogut von anderen erledigt werden könnten, die nicht Ihre Qualifikation haben, sind abzulehnen.

Zu 6

Unklare Zielformulierungen sollten Ihrerseits durch Nachfragen präzisiert werden. Die konkrete Zielformulierung ist die Basis für die Festlegung Ihrer Handlungsprioritäten und damit entscheidend für Ihren Erfolg.

156. Wie plant man seine Verkaufstour optimal?

Das Ziel ist die Reduzierung der Kilometer-Leistung in Verbindung mit einer Zeitersparnis. Anders ausgedrückt kann es durchaus sinnvoll sein, mehr km in Kauf zu nehmen, da die Zeitersparnis im Vordergrund steht. Vermieden werden sollten »Feuerwehrfahrten«, da Zeitverlust und Streß durch eine nicht funktionierende Zeitplanung nicht im Verhältnis zum Ergebnis stehen.

Unter »Feuerwehrfahrten« versteht man Aktionen für Kunden, die um Sofortbesuche nicht nur bitten, sondern sie oft aus Gewohnheit fordern. Somit kann es Ihnen passieren, daß Sie kreuz und quer durch Ihr Verkaufsgebiet fahren müssen. Viele Verkäuferkollegen haben bestätigt, daß die »Feuerwehraktion« oft auch Zeit gehabt hätte bis zum nächsten Besuchstermin oder mindestens bis zum nächsten Tag. Aber auch damit wäre Ihnen schon geholfen, da Sie Ihre Zeitplanung dann besser durchsetzen können. Die Lösung ist hier ein Umerziehungsprozeß beim Kunden, der nicht von heute auf morgen geht, aber auf Zeit gesehen möglich ist. Durch Hinterfragen am Telefon kann bereits vieles direkt erledigt werden, oder man kann den Kunden überzeugen, daß ein Besuch erst am nächsten oder übernächsten Tag erfolgt.

Ein weiterer Schritt für eine bessere Tourenplanung ist die Analyse Ihres Verkaufsgebietes durch eine Landkarte. Nehmen Sie sich die Zeit und prüfen Sie einmal, ob Sie bisher zu Ihren Kunden die günstigste Strecke gefahren sind. Im Bürofachhandel kann man einen Kilometermesser für Landkarten kaufen, so daß Sie bereits auf der Karte Ihre km errechnen können. Setzen Sie sich die Aufgabe die gefahrenen km pro Kunde zu reduzieren. Prüfen Sie, ob es in Spitzenverkehrszeiten nicht Nebenstraßen gibt, die Ihnen Wartezeit ersparen.

Laden Sie Kunden in Ihr Büro ein, auch damit können Sie wertlose Zeit im Auto sparen.

Daneben gibt es noch rechnerische Methoden zur Optimierung der Verkaufstour. Hier sind einige Beispiele:

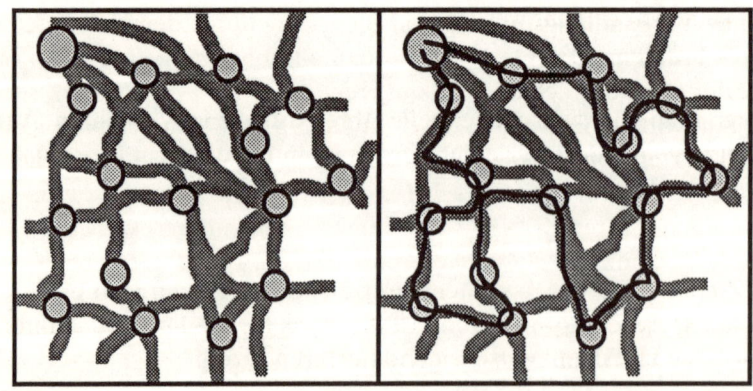

157. Welche Ursachen für Besuche ohne Ergebnisse gibt es?

Die Erhöhung und Verbesserung der Aktiven Verkaufszeit (AVZ) bedeutet auch eine kritische Prüfung, ob die Zeit beim Kunden richtig genutzt worden ist.

Welche Ursachen können Besuche haben, die nicht zu einem Erfolg führen?

1. Man spricht nicht mit dem *Entscheidungsträger*. Man hat den »falschen« Mann als Gesprächspartner gewählt. Sie wissen, daß derartige Gespräche nur selten erfolgreich sind, weil Ihr Gegenüber sich zu keiner Aussage durchringen will. Wichtig ist, relativ früh zu erkennen, ob Ihr Gegenüber Entscheidungskompetenz hat. Je länger Sie mit einem Gesprächspartner zusammenarbeiten, um so schwieriger wird es sein, in der Hierarchie eine Stufe weiter nach oben zu gehen. Eine gute Möglichkeit ist das erste Gespräch. In dieser Phase kann man sehr gut sagen: »Ich bin das erste Mal bei Ihnen und würde die Gelegenheit gerne nutzen, mich persönlich auch mit Herrn.... bekanntzumachen.« In einer späteren Phase hilft dann nur noch ein Trick. Fragen Sie Ihren direkten Gesprächspartner, wann er Urlaub hat und besuchen Sie in dieser Zeit die Firma. Sie haben dann die Gelegenheit, sich mit dem Chef zu unterhalten, ohne daß sich Ihr direkter Gesprächspartner übergangen fühlt.

2. Man spricht mit Kunden, die keinen oder nur einen unzufrieden stellenden Umsatz haben. Manche Firmen kategorisieren diese Kunden auch als C-Kunden. Man weiß, daß der Zeitaufwand oft im umgekehrten Verhältnis zu ihrer Bedeutung steht. Hier wird es Sie dann ganz hart treffen. Bauen Sie einen Prüfmechanismus ein, um zu verhindern, daß Sie Zeit für Kunden investieren, die nichts hergeben.

3. Unter den Ursachen für Besuche ohne Ergebnis ist die Abschlußtechnik nach wie vor an vorderer Stelle zu nennen. Kein Gespräch ohne Ergebnis. Ist ein Auftrag nicht möglich, sollten Sie abschlußorientierte Fragen stellen, die aus der Sicht des Kunden noch einmal bestätigen, daß dieses Gespräch seinen Vorstellungen entsprochen hat.

4. Fehlende Verhandlungsführung und Steuerung durch den Verkäufer sind ein weiteres Problem. Das Gespräch wird zufallsabhängig geführt. Mal führt der Verkäufer das Gespräch und mal der Kunde.

5. Keine Antwort auf Einwände, die es im Tagesgeschäft immer wieder gibt, kann ebenfalls zu ergebnislosen Besuchen führen. Erster Schritt ist sicherlich das Auflisten und damit Erfassen der Einwände, damit Sie entweder alleine oder gemeinsam mit Ihren Kollegen eine Einwandbehandlung erarbeiten können.

6. Fehlende Technik zur Terminvereinbarung, die Ihnen schon am Telefon die Möglichkeit gibt herauszufiltern, ob dieser Kunde interessant ist oder nicht ist häufig auch eine Ursache für Besuche, die zu keinem Ergebnis führen. Das »Spreu vom Weizen«-Trennen ist damit auch unter dem Gesichtspunkt der Zeitgewinnung für Verkäufer eine wichtige Aufgabe.

158. Wieviele Kunden sollte man pro Tag besuchen?

Die nachfolgende Grafik über die Besuchsanzahl – Ergebnis von Analysen im Rahmen unserer Verkaufsprogramme – zeigt erhebliche Unterschiede bei Verkäufern. Interessant ist, daß alle Verkäufer in der gleichen Firma tätig sind. Damit kann auch auf die gleiche Unterstützung im Hause zurückgegriffen werden.

Beispiel 1 für die Anzahl von Besuchen pro Monat über drei Halbjahre:

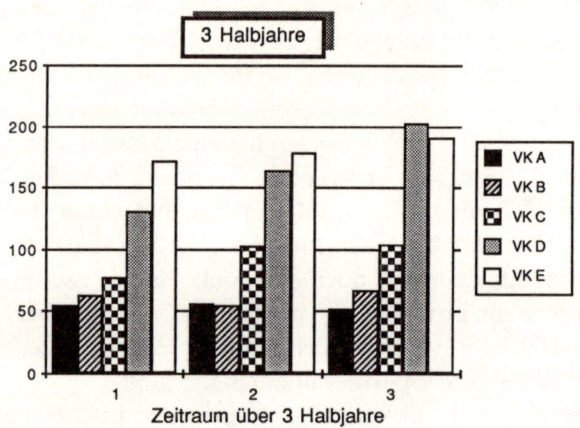

Beispiel 2 zeigt aufgesplittet die letzten sieben Monate:

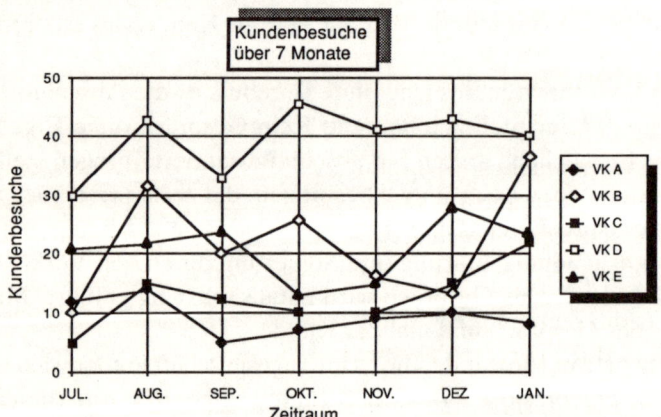

Fairerweise muß man berücksichtigen, daß es unterschiedliche Produktgruppen gibt, für die die genannten Verkäufer als Spezialisten tätig sind. Trotzdem erkennt man deutliche Unterschiede bei der Besuchsanzahl. Wieviel Kundenbesuche pro Tag? Der Verkäufer kann es selbst bestimmen und hat dabei erhebliche Spielräume. Bei durchschnittlich zwei Besuchen pro Tag ist ein dritter Besuch ohne Voranmeldung, auch Kaltbesuch genannt, möglich. Ihre Überzeugung, daß mehr Besuche zusätzliche Umsätze bringen, ist entscheidend. Aktives Zeitmanagement wird Ihnen dann den Weg zeigen.

159. Wie schafft man es, mehr Besuche durchzuführen?

Ein Beispiel für das Gegenteil sei zuerst erlaubt:

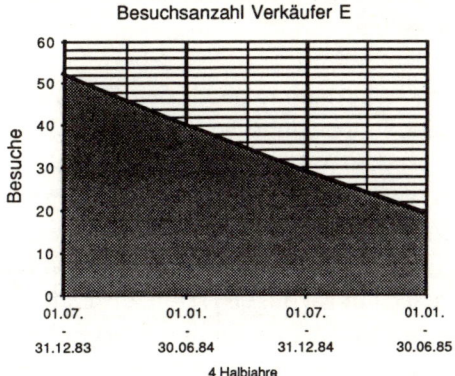

Dieses Beispiel zeigt deutlich eine stark abfallende Besuchsanzahl. Zuletzt ist die Nichterreichung des Umsatzes offensichtlich, da erforderliche Besuche fehlen.

Die eigene Motivation ist ein wesentlicher Punkt zur Erhöhung der Besuchsanzahl. Oft hält man einer solchen Erhöhung der Besuchsanzahl entgegen, daß sie nicht automatisch mit einer Umsatzsteigerung parallel verläuft. Einverstanden. Trotzdem ist der Umkehrschluß genauso richtig. Weniger Kundenbesuche werden zeitverzögert auch zu weniger Umsätzen führen. Nur Sie können die für Ihre Verkaufspraxis sinnvolle Besuchsanzahl festlegen.

Möglichkeiten zur Erhöhung der Besuchsanzahl:

1. Führen Sie mehr Kaltbesuche durch. Damit sind Kundenbesuche gemeint, die terminlich vorher nicht abgestimmt sind. Das Risiko ist zwar, daß man den Gesprächspartner nicht antrifft. Die Vorteile liegen aber im Zeitgewinn durch eingesparte Anreisezeit. Sie erhalten, selbst ohne konkrete Bedarfsfälle, sehr gute Informationen.

2. Kürzen Sie die Zeiten für Besuche, Telefonate, Bürozeit und die Reisezeit, wie es in diesem Buch vorgeschlagen wird.

3. Vermeiden Sie Sternfahrten und erreichen Sie dadurch, daß Sie nicht von einem entgegengesetzten Ende Ihres Verkaufsgebietes zum anderen an einem Tag fahren müssen.

4. Legen Sie die Reisezeit in verkehrsarme Zeiten. Vereinbaren Sie mit einem Stammkunden auch nach seiner offiziellen Arbeitszeit einen Termin.

5. Laden Sie für einen Nachmittag mehrere Kunden in Ihr Büro oder einen gemieteten Raum in einem Hotel ein. Sie brauchen zwar Vorbereitungszeit, andererseits können Sie Ihre Besuchsanzahl an diesem Tag verdoppeln oder verdreifachen.

160. Womit können Sie bis zu 30 Minuten Zeit pro Tag sparen?

Als Verkäufer ist man richtigerweise draußen beim Kunden und nicht im Büro oder am Schreibtisch. Allerdings gibt es eine ganze Menge Leute, die dann etwas von Ihnen am Telefon wollen.

Kommt man als Verkäufer zurück, ist der Schreibtisch meist überfüllt mit kleinen Zetteln. Auf denen steht dann jemand, der zurückgerufen werden will. Das große Suchen und Rätselraten beginnt. Ist es wichtig? Muß ich heute noch zurückrufen? Oft genug: Wer ist das? Von welcher Firma? Welche Telefonnummer? Mit viel Zeit und Spürsinn werden die erforderlichen Daten zusammengetragen. Minuten werden verloren. Aus dieser Erkenntnis heraus ist der nachfolgende Telefonplaner für eingehende Telefonate entwickelt worden. Hiermit soll Zeit gespart werden durch das Erfassen der wichtigen Daten, die man für den Rückruf braucht. Kollegen oder die eigene Frau stellen durch die Ermittlung dieser Details sicher, daß Rückrufe besser erledigt werden können und Zeit gespart wird.

Wichtig ist noch ein kleiner aber wesentlicher Unterschied:
»Kann ich etwas ausrichten« (geschlossene Frage) mündet zu einem hohen Prozentsatz in: »Nein danke. Er soll zurückrufen.«

»Was kann ich ausrichten?« mündet zu einem hohen Prozentsatz in Informationen, die Sie erhalten.

Telefonplaner für entgegengenommene Anrufe:

1. **Name:** (Bitte buchstabieren)
   _____

2. **Firma:**
   _____

3. **Abteilung:**
   _____

4. **Telefonnummer mit Vorwahl:**
   (Bitte sagen Sie mir noch einmal Ihre Telefonnummer)
   (   )_____

5. **Wann können wir Sie für den Rückruf am besten erreichen ?**
   am: _____ um: _____
   am: _____ um: _____

6. **Was kann ich ausrichten ?** (Worum geht es ?)
   _____
   _____
   _____

7. Servicethema ☐
   Verkaufsthema ☐

161. Wie gewinnt man Zeit am Schreibtisch?

Zuerst ein unkonventioneller Vorschlag: Am meisten Zeit gewinnt man dadurch, daß man gar nicht am Schreibtisch sitzt. In die Praxis umgesetzt bedeutet dies, daß alle Arbeiten für *Verkäufer,* soweit möglich, delegiert werden sollen. Das sind zum Beispiel Arbeiten, die auch der Kundendienst erledigen könnte. Darüber hinaus gibt es heute komfortable Zeitplanbücher, die in einer Unterlage auch die Mitnahme von Kundendaten, Statistiken und Telefonnummern ermöglichen. Außerdem gibt es heute tragbare Computer. Mit diesen Hilfsmitteln haben Sie als Verkäufer die Möglichkeit, ein *tragbares Büro* aufzubauen. Auch das Telefonieren von unterwegs mit Telefonzellen in Postämtern und anschließender Kostenabrechnung erhöht Ihre Flexibilität. Hierdurch gewinnen Sie bereits Zeit am Schreibtisch. Weitere Möglichkeiten:

Nutzen Sie das Werkzeug der Rationalisierung: die Checkliste. Erstellen Sie für alle Arbeitsabläufe Checklisten. Gehen Sie davon aus, daß sich gerade Büroarbeiten standardisieren lassen. Beispiel: Das komplette Angebot / Was gibt es bei der Auftragsannahme zu beachten? Was gibt es bei der Preiskalkulation zu beachten? / Welche Prospekte für welches Angebot (zum Ankreuzen)? Verwenden Sie die *Checklisten* für sich selber, aber auch zur Delegation. Legen Sie bei Ihren Arbeiten einfach ein leeres Blatt daneben und schreiben Sie Ihre Tätigkeiten auf.

Entwickeln Sie *Standardbriefe* für wiederkehrende Situationen, etwa zur Versendung von Angeboten, Prospekten oder nach einem Kundenbesuch. Akzeptieren Sie »Imperfektion«. Nicht alles braucht 100 % zu sein. Das kostet Zeit. Beantworten Sie Briefe handschriftlich auf der Kopie des zugesandten Briefes.

Erledigen Sie Telefonate, Briefdiktate, Postdurchlesen oder Angebote *en bloc.* Durch das Hintereinander-Arbeiten sparen Sie die jeweilige Anlaufzeit. Suchen Sie sich die »richtige« Zeit aus. Sie ist branchenspezifisch. Manchmal ist man bis 9.30 Uhr ungestört. Briefdiktate in der Zeit häufigster Telefonate können Ihre Arbeit am Schreibtisch erheblich verlängern.

Führen Sie Gespräche mit Vorgesetzten oder Kollegen nicht von Fall zu Fall, sondern auch en bloc. Setzen Sie sich einen Zeitrahmen und halten Sie ihn auch ein. Man muß nicht alles zu Ende diskutieren. Ermitteln Sie Ihre *»Hobbytätigkeit im Büro«.* Das ist die Beschäftigung, der Sie am liebsten nachgehen. Wer gerne Statistiken erstellt, wird zuviel Zeit aufwenden. Wer technisch orientiert ist, wird möglicherweise Konstruktionsentwürfe oder Zeichnungen unnötigerweise selbst erstellen. Reduzieren Sie die verwendete Zeit. Sie ist zu hoch für diese Aufgabe.

Bevor Sie anfangen, unterteilen Sie die vor Ihnen liegenden Aufgaben grundsätzlich in drei Bereiche. Nennen wir sie *A/B/C.* Fangen Sie grundsätzlich mit A-Aufgaben an. Legen Sie sich ein *Wiedervorlagesystem* von 1–31 an. Legen Sie die heute nicht aktuellen Angebote oder Aufgaben in die Mappe und unter den Tag der weiteren Verfolgung ab. So kriegen Sie Ihren Schreibtisch frei. Und....

erledigen Sie das *Unangenehmste zuerst.*

162. Wie nutzt man die Zeit im Auto besser?

Bei einer durchschnittlichen Kilometerleistung von 40 000 km/Jahr und einer durchschnittlichen Geschwindigkeit von 50 km/Std sind im Jahr

800 Stunden

zu kalkulieren, die Sie im Auto verbringen. Rechnet man mit etwa 200 Arbeitstagen im Jahr, Urlaubs-, Messe- und Seminartage sind bereits abgezogen, dann ist die Hälfte Ihrer Gesamtzeit von 200 Arbeitstagen x 8 Stunden = 1600 Stunden im Auto verbracht.

Vorschläge zur besseren Nutzung:

Wenn Sie die Möglichkeit haben, sollten Sie mit dem Kunden zu gemeinsamen Zielen hinfahren. Beispielsweise bietet es sich bei einem Termin auf der Baustelle an, den Architekten mitzunehmen.

Die Zeit im Auto kann auch sehr sinnvoll zur Besuchsvorbereitung genutzt werden, da man noch einmal gedanklich die bevorstehende Verkaufsverhandlung durchgehen kann. Ziele, Argumentation und Einwände können noch einmal ins Gedächtnis gerufen werden. Ihre Verhandlung werden Sie dann noch sicherer führen.

Eine sehr gute Möglichkeit ist es auch, den Cassettenrecorder im Auto zu nutzen. Sie können beispielsweise die Vorteile für ein neues Produkt auf Band sprechen und die Argumente vor der Verhandlung per Cassette ins Gedächtnis zurückrufen.

163. Wie führt man kürzere Telefongespräche?

1. Bereiten Sie sich auf das Telefongespräch vor. Legen Sie fest, was Sie bei einem Telefonat erreichen wollen. Was ist Ihr Ziel? Welches Ergebnis wollen Sie aus diesem Gespräch mitnehmen? Kollegen bestätigen, daß systematisch vorbereitete Gespräche kürzer sind und zu besseren Ergebnissen führen.

2. Setzen Sie von vornehrein eine Höchstzeit fest:
   »Ja, Herr Schneider. Ich kann vier Minuten mit Ihnen sprechen.«

3. Kündigen Sie das Ende des Telefongespräches an:
   »Zum Schluß noch eine Frage....«

4. Führen Sie Telefongespräche zu ungünstigen Zeiten, etwa kurz vor dem Mittagessen oder kurz vor Feierabend.

5. Telefonieren Sie vor 9.00 Uhr oder nach 15.30 Uhr. Andere Zeiten sind die Spitzenzeiten der Post und Sie erreichen Ihren Gesprächspartner oft nur mit mehreren Wählversuchen. Das kostet Zeit.

6. Erledigen Sie nicht alle Rückrufe auf einmal, sobald Sie wieder im Büro sind. Unterteilen Sie die Telefonate in A/B/C Kategorien. Stellen Sie fest, welche wichtig sind. Ein Teil der anderen wird sich von selbst erledigen.

7. Sammeln Sie die aufgelaufenen Telefonate und rufen Sie dann die Gesprächspartner hintereinander zurück.

8. Sagen Sie, daß es noch drei Themen zu besprechen gibt. Ihr Gesprächspartner wird sich automatisch kürzer verhalten.

9. Steuern Sie das Telefongespräch durch die Fragetechnik.

164. Wie führt man kürzere Verkaufsverhandlungen?

Manche Verkaufsverhandlungen sind zu lange und gefährden dadurch den Auftragserhalt, weil die Abschlußchance überredet wird. Andererseits ist eine Verhandlungsplanung unter Zeitgesichtspunkten aus Gründen der sinnvollen Zeitnutzung bei Kunde und Verkäufer wichtig.

1. Fragen Sie den Kunden vorher, wie lange er die Dauer des Gepräches annimmt.
2. Verbessern Sie Ihre Technik für Terminvereinbarungen. Besuchen Sie gute Kunden nach der offiziellen Bürozeit. (Natürlich kann der Besuch dann sogar länger dauern, aber Sie entscheiden, bei welchem Kunden Sie diese Technik einsetzen.) Neue Kunden besuchen Sie kurz vor der Mittagspause. Da ein gemeinsames Mittagessen in dieser Situation vom Kunden oft noch nicht gewünscht wird, wird auch dieses Gespräch kürzer sein.
3. Reduzieren Sie die Einleitung und das Ende des Verkaufsgespräches um 10 %. Etwas weniger fällt in diesen Phasen nicht auf.
4. Steuern Sie das Gespräch aktiv durch die Fragetechnik. Lenkt Ihr Gesprächspartner ab, bringen Sie ihn durch eine Frage wieder zurück.
5. Vermeiden Sie gefährliche Themen in Verkaufsverhandlungen. Das ist z. B. das Hobbythema Ihres Gegenübers, insbesondere dann, wenn der favorisierte Fußballclub verloren hat. Das kann aber auch zum Schluß des Gespräches die von Ihnen erleichtert festgestellte Bemerkung sein, daß die letzte Reklamation nun endlich für alle Beteiligten gut ausgegangen ist. Ob es stimmt, ist nebensächlich. Wichtig ist, daß Sie sehr schnell hierdurch Zeit verlieren können.
6. Achten Sie auch während des Gespräches immer auf die Zeit. Insbesondere bei sehr guten oder sehr sympathischen Kunden vergeht die Zeit zu schnell.
7. Visualisieren Sie und arbeiten Sie mit Grafiken und Bildern. In diesem Fall ist nicht nur die Merkfähigkeit höher. Sie können auch komplexe Zusammenhänge zeitsparend darstellen, da sich manche Rückfrage von selbst erledigt.
8. Bringen Sie mehr Zusammenfassungen während der Verhandlung, weil auch das den Überblick bewahren läßt und Zeit sparen hilft.
9. Entwickeln Sie ein Gefühl dafür, wie lange ein Verkaufsgespräch dauern soll. Unterteilen Sie in die verschiedenen Arten von Verkaufsbesuchen. Z. B. in einen Erstbesuch, Abschlußverhandlung mit dem Einkauf, ein technisches Gespräch oder ein Kontaktgespräch mit dem Chef.

Fazit:
Zeitreserven gibt es auch bei Verkaufsverhandlungen. Nicht jede Verhandlung soll so lange gehen, bis der Zufall das Ende bestimmt. Andererseits ist sensibel zu prüfen, ob nicht andere Gesichtspunkte wichtiger als die Zeitersparnis bei einem Kunden sind. Sie entscheiden!

165. Wie kann man die Wartezeit beim Kunden besser nutzen?

Lesen Sie Kundenprospekte durch, um besser informiert zu sein.

Vertiefen Sie Ihre Besuchsvorbereitungen.

Erledigen Sie andere Arbeiten, die Sie aus dem Büro mitgenommen haben.

Führen Sie Telefonate beim Kunden. Möglicherweise kann eine Projektverfolgung auf diesem Wege noch systematischer erfolgen.

Führen Sie Gespräche mit weiteren Mitarbeitern des Kunden, um Informationen zu erhalten.

Unterhalten Sie sich mit der Sekretärin. Gerade sie kann Ihnen wichtige Informationen geben.

Durchforsten Sie Ihr Zeitplaninstrument, ob alle Aufgaben und Ziele Ihrer Planung entsprechen.

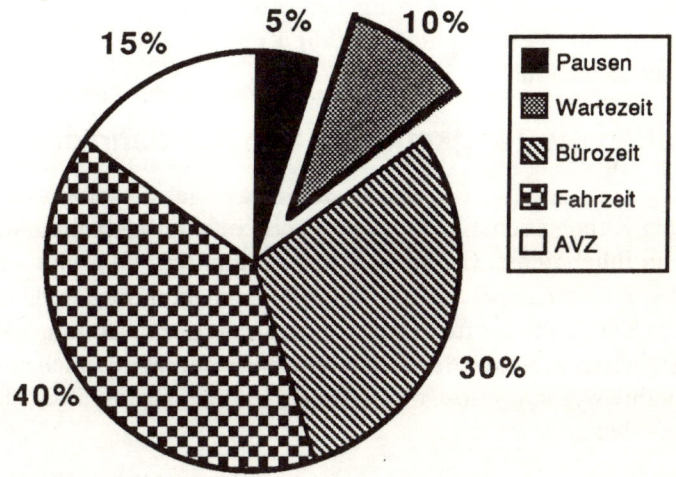

Jede nicht richtig genutzte Minute ist unwiederbringlich verloren. Fünf Minuten sind etwa 1 % Ihres Arbeitstages und sehr schnell vertan. Rechnen Sie einmal aus, wieviel Zeit Sie in der Woche durch Warten verlieren.

166. Wie oft delegieren Sie als Verkäufer?

Delegation ist für aktives Zeitmanagement eines der wichtigsten Instrumente. Führungskräfte haben es in der Regel leichter als Verkäufer, die Delegation zu nutzen, da Sekretärin oder Assistenten zur Verfügung stehen.

Trotzdem darf dieses sinnvolle Instrument für den Verkäufer nicht ungenutzt bleiben, selbst wenn direkte Delegation an Untergebene nicht möglich ist.

Wie oft haben Sie Tätigkeiten an Ihre Kunden delegiert?

Ihre Aufgabe ist die Kundengewinnung. Man weiß, daß zur Auftragserreichung eine bestimmte Anzahl an Besuchen erforderlich ist.

Sie können die zu investierende Zeit vermindern, wenn der Kunde Ihnen einen hohen Vertrauensbonus entgegenbringt.

Eine Möglichkeit, diesen Vertrauensbonus zu erzielen, ist die Mund-zu-Mund Propaganda durch einen anderen zufriedenen Kunden.

Anders ausgedrückt: Delegieren Sie Akquisitionstätigkeiten im positiven Sinne an Ihre zufriedenen Kunden, die sicherlich gerne bereit sind, für Sie zu sprechen. Sie sparen Zeit und erhöhen Ihre Auftragschancen.

Wie oft haben Sie Tätigkeiten an den Innendienst delegiert?

Wir hören häufig, daß sich der Innendienst unterfordert fühlt. Der Verkäufer an der Front löst auch die kniffligen Aufgaben, ohne um Unterstützung nachzufragen. Aber: Man spart Zeit und motiviert die Kollegen zusätzlich, wenn man den Innendienst mit einspannt.

Wie oft haben Sie Tätigkeiten an den Kundendienst delegiert?

Ihr Kollege im Kundendienst ist möglicherweise in einer ähnlichen Situation wie Ihr Kollege im Innendienst. Gerade der Kundendienstmann erhält sehr viele Informationen von Kunden, die Sie aus Zeitgründen nicht besuchen. Damit ist auch Ihr Kollege im Kundendienst für Sie eine wichtige Akquisitionshilfe. Darüber hinaus sollten Tätigkeiten, für die der Kundendienst zuständig ist, auch vom Kundendienst ausgeführt werden, selbst wenn der Kunde Sie darum bittet, die Aufgabe persönlich zu erledigen.

167. Welche Fragen sollte man sich bei der Delegation selbst stellen?

Delegation ist für Verkäufer möglich und notwendig, wenn man sich nicht mit Aufgaben verzetteln will, für die man nicht eingestellt worden ist.

An wen können Sie delegieren?

An Mitarbeiter im Innendienst, Service, Auftragsabwicklung, technische Verkaufsunterstützung und sogar an den Kunden, der im einen oder anderen Fall auch bereit sein wird, Sie zu unterstützen durch das Anfertigen von Zeichnungen oder das Erledigen von Telefonaten.

Trotzdem gilt es folgende Fragen vorher zu klären:

Wollen Sie überhaupt delegieren?
Vielfach ist man persönlich davon überzeugt, eine Arbeit selbst am besten lösen zu können. Wenn Sie nicht delegieren wollen, werden bei Ihnen auch die Hilfsmittel nicht wirksam. Bedenken Sie: Alles selbst machen wollen, blockiert die Zeit für wesentliche Aufgaben.

Haben Sie die Person, an die Sie delegieren, für diese Arbeit motivieren können?
Beispielsweise fühlen sich Innendienst und Service oft vom Verkäufer nicht akzeptiert. »Er hält es noch nicht einmal für nötig, bei uns einmal reinzuschauen, wenn er im Stammhaus ist.« Ein oft gehörter Satz bei der Schulung von Innendienstmitarbeitern. Geben Sie dem Mitarbeiter im Innendienst deshalb das Gefühl, daß gerade seine Arbeit wichtig ist. Und geben Sie ihm einen Sinn, warum er sie möglicherweise sogar noch nach Feierabend erledigen soll.

Haben Sie eingeplant, daß Sie für die Delegation neuer Aufgaben erst mehr Zeit berücksichtigen müssen, bevor Sie dann bei Wiederholungen Zeit einsparen?
Sie werden feststellen, daß Sie Tätigkeiten durchaus in kürzerer Zeit erledigen könnten als Ihr Kollege, an den Sie delegieren. Denn die Erklärungen, das Nachfassen und Kontrollieren erfordern mehr Zeit, als etwas selbst durchzuführen. Doch Ihr Vorteil liegt in der eingesparten Zeit bei Wiederholungen der Aufgaben und Erledigung durch Ihren Kollegen.

Haben Sie die Delegation professionell mit Checklisten durchgeführt?
Für Ihren Kollegen sind manche Dinge und Details möglicherweise völlig neu, die Ihnen bereits in Fleisch und Blut übergegangen sind.

Übertragungsfehler können sich bei der Delegation einschleichen. Vermeiden Sie Streuverluste, indem Sie die Delegationsaufgabe in Einzelschritte zerlegen und schriftlich festhalten. Nehmen Sie einfach ein weißes Blatt Papier und halten Sie Ihre einzelnen Arbeitsschritte fest. So läßt sich beispielsweise perfekt die Erstellung eines Angebotes delegieren.

168. Welche Methodik gibt es bei der Delegation zu beachten?

Systematische Delegation erfordert Eigentraining und Methode.

Eigentraining deshalb, weil möglicherweise eigene Barrieren zu überwinden sind. Delegation heißt auch, damit leben zu können, daß Kollegen Aufgaben nicht mit der gleichen Perfektion und mit dem gleichen Know-how lösen. Akzeptieren Sie Imperfektion dort, wo die Zeitersparnis für wesentlichere Aufgaben besser eingesetzt werden kann.

Methodik bei der Delegation ist erforderlich, weil die Delegation an Kollegen oder Kolleginnen ein Zeitprozeß ist, der kontrolliert werden muß.

Folgende Vorgehensweise hat sich in der Praxis bewährt:

**Aktivitäten-Checkliste/
Aufgaben-Kontrolle**

Datum	Prio- rität A B C	OK	Aktivität/Aufgabe	Delegiert an	Beginn	Fertig bis

Quelle: Time/System Hamburg

169. Berücksichtigen Sie den Grad des vollkommenen Informationsstandes?

Die Grafik zeigt eindrucksvoll, daß ein vollkommener Informationsstand ein Zeitdieb ist.

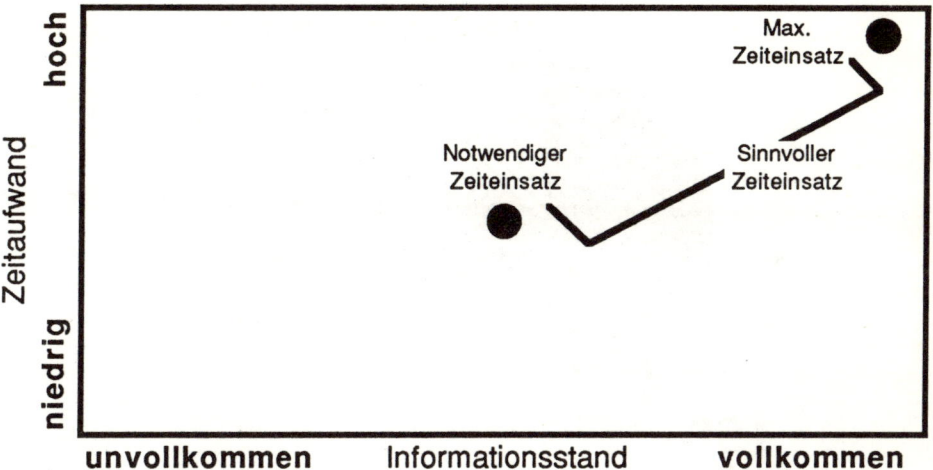

Die wichtigste Frage?

Ab wann ist der Zeitaufwand größer als das Ergebnis?

Man braucht nicht jede Zeitschrift komplett zu lesen. Das Risiko ist sowieso sehr groß, daß man den größten Teil davon wieder vergißt. Lesen Sie durchaus viele Zeitungen, Zeitschriften und Informationsdienste.... aber nur selektiv.

Bevor Sie eine Zeitschrift Blatt für Blatt anschauen, werfen Sie grundsätzlich zuerst einen Blick ins Inhaltsverzeichnis. Lesen Sie dann den Artikel, der Sie am meisten interessiert, und so fort.

Wenn Ihnen ein Artikel besonders gefällt, Sie aber im Moment keine Zeit haben, ihn zu lesen: Reißen Sie ihn aus der Zeitschrift heraus und legen Sie ihn in Ihre Aktentasche.

Wenn Sie dann Zeit haben, lesen Sie den Artikel.

Lassen Sie grundsätzlich einige Artikel in Ihrer Aktentasche, damit Sie auch Wartezeiten beim Kunden nutzen können.

Unterstreichen Sie in Zeitschriften oder markieren Sie farbig, damit Sie später etwas schneller finden.

Trainieren Sie, schneller zu lesen. Auch Lesen ist eine Übungssache. Sie können Ihre Lesegeschwindigkeit erheblich steigern und lesen mehr in der gleichen Zeit.

Sie brauchen nicht alles zu behalten; es genügt, wenn Sie wissen, wo Sie etwas wiederfinden können.

170. Wie erhöht man seine aktive Verkaufszeit?

Die aktive Verkaufszeit ist die Zeit vis-à-vis dem Kunden. Wenn auch alle anderen Arbeiten zur Zielerreichung notwendig sind, so ist doch der persönliche Kontakt zum Kunden entscheidend. Wie verteilt sich die gesamte Arbeitszeit des Verkäufers?

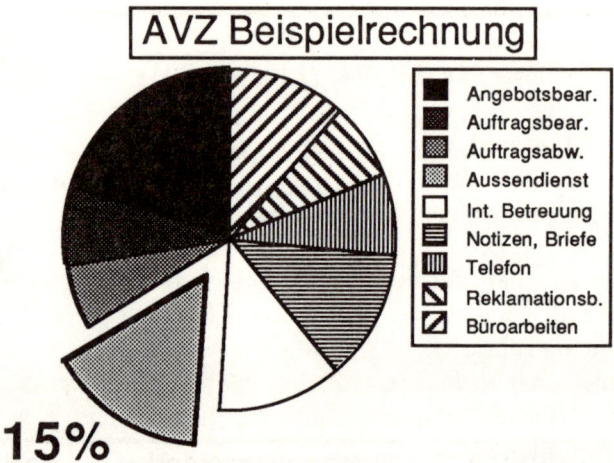

Maßnahmen zur Erhöhung der aktiven Verkaufszeit:

- Reduzieren der Firmenanwesenheit (Tragbares Büro einrichten).
- Kürzere Kundenbesuche zu ungünstigen Zeiten für den Kunden – vor dem Mittagessen oder vor dem Feierabend (Gespräche sind kürzer).
- Tourenplanung verbessern.
- Bessere Vorbereitung für Telefongespräche, die dann erfahrungsgemäß kürzer sind.
- Systematische Gesprächsvorbereitung.
- Laden Sie an einem Tag mehrere Kunden zu einem Informationsseminar in Ihre Büroräume ein. Sie verdoppeln oder verdreifachen an diesem Tag Ihre aktive Verkaufszeit gegenüber üblichen Tagen.
- Reduzieren Sie eigene und fremde Zeitdiebe systematisch.
- Arbeiten Sie mit einem Zeitplanbuch. Sie sparen Bürozeit.
- Besuchen Sie mehrere Abteilungen beim Kunden. Falls keine Terminabsprache möglich ist, führen Sie auch einmal »Kaltbesuche« durch.
- Handeln Sie nach der Devise: ein Besuch zusätzlich am Tag.

Wir haben bei unserer Arbeit die Erfahrung gemacht, daß es sinnvoll sein kann, sich selbst bewußt eine begrenzte Zeit mehr aufzuerlegen, und mehr Besuche durchzuführen, weil man erst dann alle Instrumente der Zeitnutzung einsetzen *muß*. Wir sehen uns auch darin bestätigt, daß im gleichen Unternehmen mit gleichen Voraussetzungen die Schwankungsbreite bei den Verkaufsbesuchen enorm ist. Zwischen durchschnittlich zwei Besuchen am Tag und sieben Besuchen am Tag ist schon eine Menge Spielraum für eine verbesserte aktive Verkaufszeit.

171. Welche kritische Situation gibt es beim Zeitmanagement?

Die kritische Situation ist sogar in Zahlen ausdrückbar. Je geringer Ihre aktive Verkaufszeit ist und je weniger Freizeit Ihnen übrigbleibt, um so mehr besteht ein Handlungsbedarf.

Sonst laufen Sie Gefahr, nicht mehr im Interesse der Firma und in Ihrem eigenen Interesse zu handeln.

Die Firma hat in dieser Situation einen Verkäufer, der seine Aufgabe nicht mehr erfüllen kann, weil er zu sehr mit anderen Aufgaben beschäftigt ist. Verkaufen ist die zentrale Funktion und damit ist insbesondere der Kontakt zum Kunden gemeint.

Ist die aktive Verkaufszeit auf ein Minimum reduziert, ist die kritische Situation erreicht.

Noch schwerwiegender sind die Auswirkungen auf Ihre eigene Gesundheit, Arbeitsfreude und Zufriedenheit.

Leider erkennt man die kritische Situation des Zeitmanagements oft erst zu spät.

Warten Sie nicht, bis Krankheit, Familie oder fehlende Umsätze einen deutlichen Beweis für zeitliches Mißmanagement liefern.

Setzen Sie Prioritäten für Ihre Zeitverwendung. Erst dann leiten Sie die Handlungsschritte daraus ab.

Wie hoch ist Ihre aktive Verkaufszeit?
Haben Sie genug Freizeit?

Das sind die prüfenswerten Fragen. Aktives Zeitmanagement, insbesondere für den Verkäufer, schafft Freiräume.

So kriegt man sein Gebietsmanagement noch besser in den Griff

172. Wie sieht der Regelfall der Gebietsplanung aus?

Nach wie vor ist es in vielen Unternehmen praktizierter Verkaufsalltag, am Jahresende produktgruppenbezogen die Umsatzvorgaben für das nächste Jahr festzulegen.

Grafisch dargestellt:

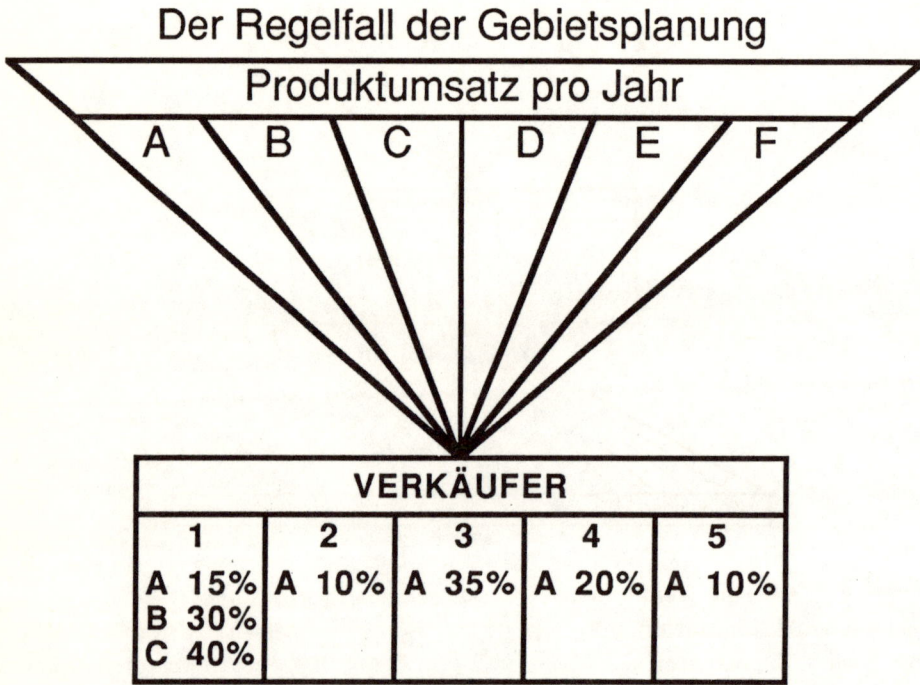

Dabei wird auf der Basis von Vorjahreszahlen und Erfahrungen geplant. Die Gefahr liegt in einer einseitigen Konzentration auf Umsatzergebnisse.

Gebietsbezogene Aktivitäten finden hierbei keine Beachtung.

Nur durch ein richtiges Verhältnis zwischen kurz-, mittel- und langfristigen Aktivitäten ist ein kontinuierlicher Gebietserfolg möglich. Aktivitäten, wie z. B. Neukundengewinnung und systematische Neuprodukteinführung finden bei einer Umsatzplanung keine Beachtung. In eine sinnvolle Jahresplanung für Verkäufer sind über den Umsatz und Deckungsbeitrag hinaus gebietsbezogene und aktionsbezogene Aktivitäten mit aufzunehmen.

214

173. Wie kann eine richtige Gebietsplanung aussehen?

Eine Gebietsplanung sollte nicht nur Umsatzvorgaben und Deckungsbeiträge enthalten, sondern auch gebiets- und aktionsbezogene Aktivitäten.

Eine Grafik als Beispiel:

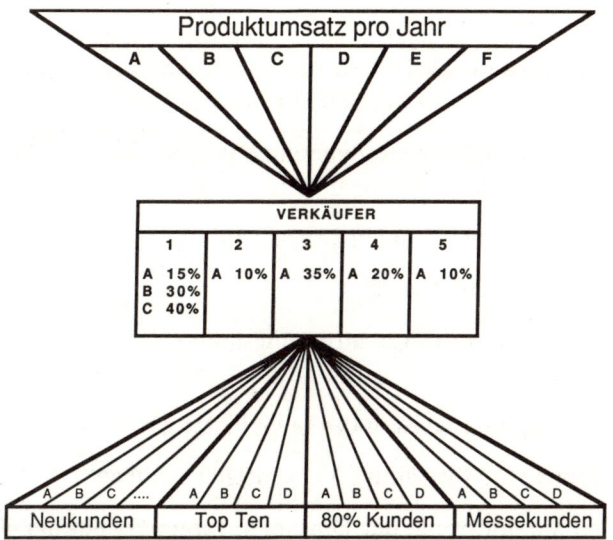

Prüfen Sie, ob eine *Neukundengewinnungsaktion* für Sie sinnvoll ist. Bevor Sie eine solche Aktion starten, unterteilen Sie Ihre potentiellen Kunden in A/B und C-Kategorien. Sie ersparen sich damit unnötige Zeitverluste bei wenig interessanten potentiellen Kunden.

Bei *Top-Kunden* mit den höchsten erzielbaren Umsätzen sollten Sie kritisch prüfen, wieweit Sie sich dieser Kunden sicher sind. Erarbeiten Sie einzelne Aktionspläne, was, wann bei diesen Kunden passiert. Beispiele sind Anwendungsseminare und vereinbarte Treffen auf Managerebene.

Ihre *80 % Kunden,* die Kunden, die 80 % Ihres Umsatzes ausmachen (auch teilweise mit den Top-Ten-Kunden identisch) sollten Sie entsprechend überprüfen. 80 % Kunden heißen diese deshalb, weil es in der Regel wenige Kunden sind, mit denen man annähernd 80 % seines Umsatzes erreicht. Bei unseren Kunden im Investitionsgüterbereich sind es meistens nur 20 bis 30 Kunden. Bei gefährdeten Kunden sollten Sie Ihre Aktivitäten verstärken oder Ersatz durch Neukundenumsätze schaffen.

Messen sollten für Sie eine aktive Verkaufsplattform sein. Deshalb müssen Messen verkaufsorientiert vorbereitet werden: Welcher Kunde schiebt seine Einkaufsentscheidung bis zur Messe auf? Gezielt einladen! Welcher verlorene Kunde ist es wert, persönlich von Ihnen eingeladen zu werden? Für welche Zielgruppe ist das auf der Messe vorzustellende Produkt besonders interessant?

174. Was ist bei einer systematischen Gebietsplanung zu beachten?

1. Was wollen Sie als Gebietsentwicklungsziel in diesem Jahr erreichen (unabhängig von der Umsatzvorgabe)?

2. Welche konkreten Einzelschritte haben Sie dafür unternommen?

3. Welche gebietsbezogenen erfolgsversprechenden Aktivitäten können Sie alleine durchführen?

4. Wieviele aktive Kunden haben Sie und wie ist die Verteilung (Top-Ten der 10 größten Umsatzträger und weitere Abstufungen)?

5. Welche Kunden haben Sie gewonnen und welche verloren? Warum? Welche der verlorenen Kunden müssen zurückgewonnen werden?

6. Wie verbessern Sie Ihre Kunden-Umsatzstruktur? (Was tun Sie dafür?)

7. Wie gewinnen Sie Neukunden?

8. Wie erhöhen Sie die Auftragsrealisierungsquote? (Verhältnis der Anfragen zu den Aufträgen)

9. Welches Umsatzpotential ist in Ihrem Gebiet noch möglich?

10. Wodurch können Sie Ihre aktive Verkaufszeit erhöhen?

11. Was würden Sie tun, wenn der Umsatz in Ihrem Gebiet um 40 % fällt, weil zwei Großkunden jetzt beim Wettbewerber bestellen?

175. Was ist das wichtigste »Gesetz« für Verkäufer?

In unseren Seminaren werden wir immer wieder nach Patentrezepten gefragt. Es gibt jedoch keine Patentrezepte im Verkauf. Zwar sind zahlreiche sehr hilfreiche »Werkzeuge« für besseres Verkaufen vorhanden, aber sie sind abhängig von der Branche und der Person, die die Hilfsmittel einsetzt.

Trotzdem gibt es ein Patentrezept oder »Gesetz« im Verkauf, dessen Bedeutung für den Erfolg eine entscheidende Bedeutung hat.

Das »Pareto Gesetz«:

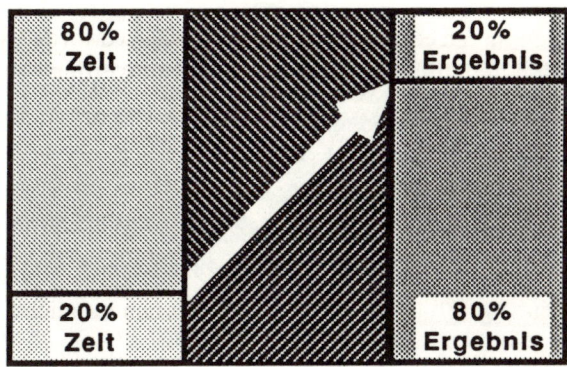

20 % des Einsatzes erzielen 80 % des Ergebnisses.

Verblüffend ist, daß diese Regel in den meisten Unternehmensbereichen zutrifft.

Unternehmen erreichen mit 20 % ihrer Produkte 80 % ihres Umsatzes oder Gewinns. 20 % der Kunden erzielen 80 % des Umsatzes. Im persönlichen Bereich ist das Gesetz ebenfalls zutreffend: 20 % der Zeit garantiert oft 80 % der Ergebnisse.

Akzeptiert man, daß sehr wenig (20 %) Wesentliches den Hauptteil des Erfolges (80 %) ausmacht, ist ein Schlüsselgesetz für eigenes Agieren gefunden.

Schärfen Sie Ihren Blick für die wenigen wesentlichen Aktivitäten. Sie können dadurch phantastische Erfolge erreichen.

Umsatzerhöhungen und berufliche Erfolge haben meines Erachtens ihren Grund in diesem »Gesetz«.

Nur tritt der Erfolg oft ein, ohne daß man sich der Ursachen bewußt ist. Man hat etwas gefühlsmäßig richtig gemacht, genauso wie ein gestandener Verkäufer viele Dinge unbewußt richtig tut.

Die Entwicklung liegt aber darin, das, was man bisher gefühlsmäßig richtig gemacht hat, bewußt zu machen und zukünftig systematisch und bewußt einzusetzen.

Übertragen Sie das 20/80 »Gesetz« auf Ihre Situation und arbeiten Sie Ihre wenigen wesentlichen Aktivitäten und Schwerpunkte heraus.

176. Wie setzt man als Verkäufer Prioritäten?

Die Grundregel für Zeitmanagement ist, daß man Prioritäten setzen muß. Wie kann man als Verkäufer davon profitieren?

Prüfen Sie einmal Ihre Aktivitäten:

Erreichen Sie vielleicht mit 20 % Ihrer Kunden 80 % des Umsatzes?

Erreichen Sie vielleicht mit 20 % Ihrer Produkte 80 % des Umsatzes?

Erreichen Sie vielleicht mit 20 % Ihres Zeiteinsatzes 80 % des Ergebnisses?

Dann ist wieder eine Bestätigung für eine Gesetzmäßigkeit erfolgt, die als Pareto »Gesetz« für die Wirtschaft eine wesentliche Bedeutung hat.

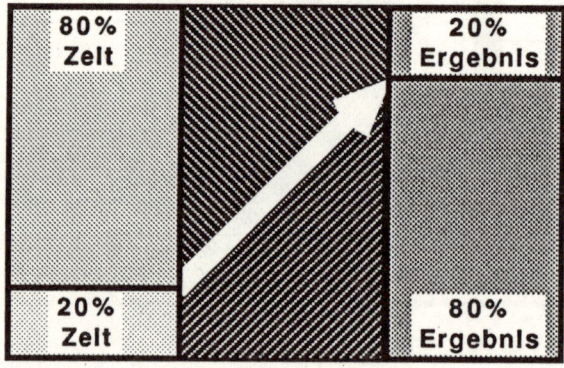

Übertragen wir diese Erkenntnis auf den Verkäuferalltag, so ist eine Konzentration insbesondere in drei Bereichen feststellbar:

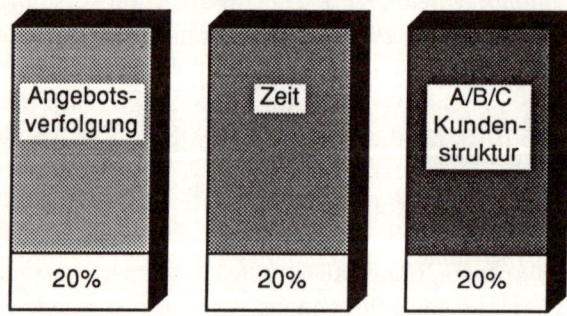

Sicherlich werden die Zahlen in den einzelnen Bereichen Ihrer eigenen Situation nicht voll entsprechen. Trotzdem....

Die Hebelwirkung ist auch bei anderen Zahlen enorm. Schon eine 20 %ige Verbesserung der aktiven Verkaufszeit, von 15 auf 18 %, erzielt, sinnvoll verwendet, für die richtigen A-Kunden eine deutlich nachvollziehbare Umsatzsteigerung. Dann sind Prioritäten gesetzt.

177. Wie nutzt man als Verkäufer drei wesentliche Prioritätsbereiche?

Unsere Analysen im Rahmen durchgeführter Firmenprojekte haben in vielen Fällen ein bemerkenswertes Mißverhältnis aufgezeigt:

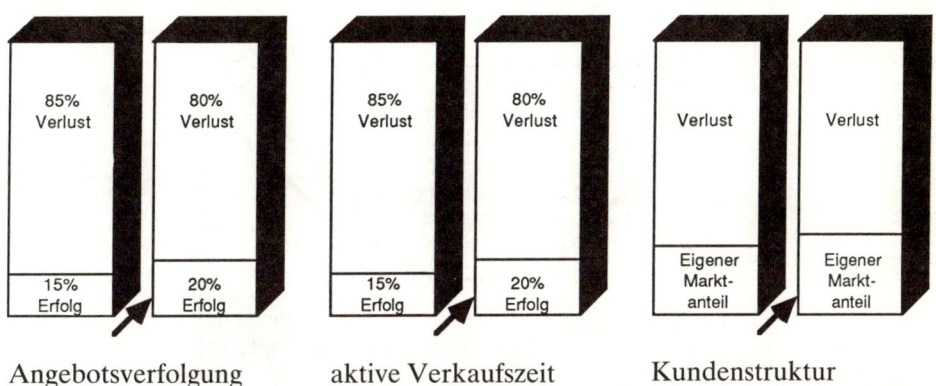

Angebotsverfolgung   aktive Verkaufszeit   Kundenstruktur

Das Setzen von Prioritäten ist notwendig bei der Angebotsverfolgung, der aktiven Verkaufszeit und bei der Kundenumsatzstruktur.

Zur Angebotsverfolgung

Die »Trefferquote«, das Verhältnis der Anfragen zu den Aufträgen, schwankt erheblich, abhängig von der Branche und dem Marktanteil. Allerdings werden 10–25 % Auftragsrealisierung in vielen Branchen schon als sehr gut bezeichnet. Anders dargestellt: 90–75 % der Anfragen führen nicht zu einem Auftrag. Setzen Sie Prioritäten bei der Angebotsverfolgung durch eine A/B/C-Bewertung Ihrer Anfragen.

Zur aktiven Verkaufszeit

Die aktive Verkaufszeit (AVZ) liegt bei vielen Verkäufern um die 15–25 %. Eine geringere AVZ ist nicht einmal selten. Damit sind auch hier 85–75 % für andere Aktivitäten in Anspruch genommen. Die AVZ, oder die Zeit vis à vis dem Kunden, kommt zu kurz. Setzen Sie Prioritäten bei der Ihnen zur Verfügung stehenden Zeit. Nutzen Sie das Instrumentarium des Zeitmanagements.

Zur Kundenstruktur

20 % der Kunden ergeben 80 % des Umsatzes. Leider ergeben umgekehrt auch die verbleibenden 80 % der Kunden nur noch 20 % des Umsatzes. Man kann als Verkäufer sehr aktiv sein und sogar jeden Tag 12 Stunden arbeiten. Setzt man nicht auf die richtigen vorhandenen und zukünftigen A-Kunden, wird der Zeiteinsatz nicht im Verhältnis zum Ergebnis stehen. Achten Sie bei Ihrer Arbeit sehr genau darauf, ob Sie die Prioritäten bei Ihren Kunden richtig setzen.

178. Welche geänderte Situation haben Sie in fünf Jahren im Markt?

Schauen Sie einmal, wenn Sie es nicht bereits getan haben, bewußt über den Tellerrand des Tagesgeschäftes hinaus. Was wird sich bis in fünf Jahren verändern?

Beispiele für Ansatzpunkte:

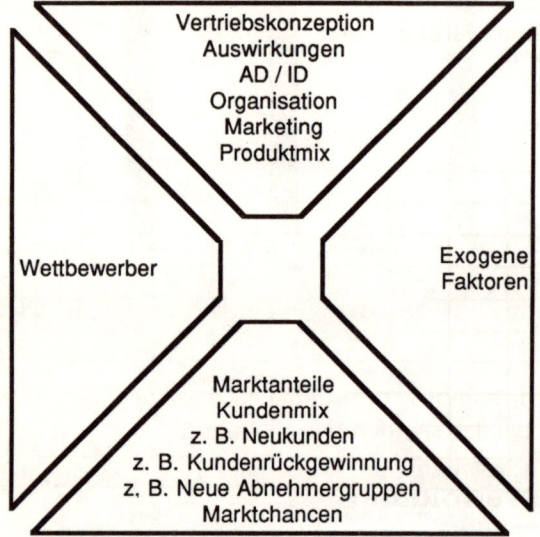

Diskutieren Sie einmal mit Ihren Kollegen die einzelnen Faktoren und fügen Sie weitere, speziell in Ihrer Situation zu beachtende Punkte hinzu. Sie werden bestätigen, daß heute ein Jahr sehr schnell vergeht.

Strategische Überlegungen und insbesondere Aktivitäten laufen dabei Gefahr, nicht durchgeführt zu werden.

Vermeiden Sie dieses Risiko, indem Sie nach dem von Ihnen erstellten Zukunftsszenario die erforderlichen Teilschritte ableiten, die zur Einstellung auf die geänderte Situation erforderlich sind.

Erstellen Sie dann einen Aktionsplan, der die schrittweise Anpassung unter Berücksichtigung Ihres Zeitbudgets zuläßt.

Wenn Sie diese Unterlage in Ihrem Zeitplaner immer bei sich tragen und in Leerlaufzeiten konsequent in dieses Strategiepapier reinschauen, werden Sie feststellen, wie trotzdem strategische Aktivitäten bei aller Tageshektik umsetzbar sind. Die Schritte können größer oder kleiner sein. Wichtig ist, daß die Umsetzung überhaupt erfolgt.

179. Wie sind 50 % Umsatzsteigerung in zwei Jahren möglich?

In Wachstumsmärkten ist dies sicherlich einfacher zu realisieren als in stagnierenden oder schrumpfenden Märkten. Auch ist nicht der Umsatz der wesentliche Faktor sondern der Gewinn. Einverstanden. Zur einfachen Verdeutlichung wird bei diesem Beispiel vom Umsatz gesprochen.

Wie sind 50 % Umsatzsteigerung in zwei Jahren möglich?

Die Grafik zeigt ein Unternehmen, das 48 % Umsatzzuwachs in 2 Jahren in einem stagnierenden Markt erzielte.

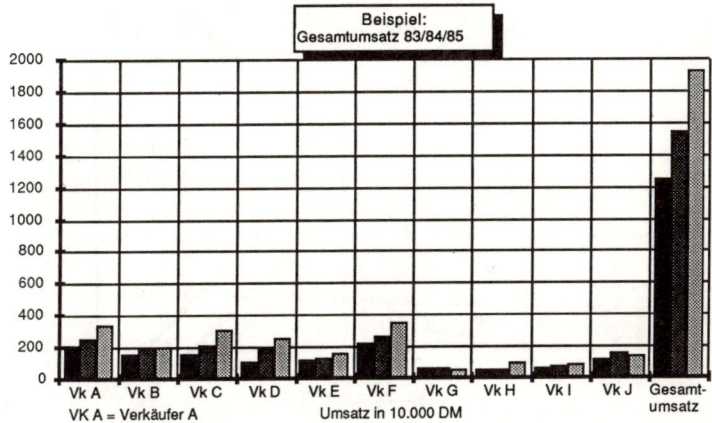

Was sind die Gründe? Ein *neues Produkt,* das zu diesem Zeitpunkt aus der Einführungsphase heraus war, ist einer der Gründe. Die Akzeptanz für das neue Produkt war auf der Kundenseite gewonnen. Es wurde auch von Anbeginn unter Marketinggesichtspunkten dargestellt. Zu den objektiven technischen Vorteilen wurden auch emotionale Pluspunkte herausgestellt.

Der zweite wichtige Grund ist die *Aktivität der Verkaufsmannschaft,* ihre *Gebietsbearbeitung* zu ändern. Auf einen Nenner gebracht kann man sagen, daß immer mehr Umsatz mit immer weniger Kunden erzielt wurde. Das Unternehmensrisiko steigt so natürlich und die Abhängigkeit ebenfalls. Anderseits ist die zur Verfügung stehende Zeit begrenzt. Prioritäten müssen gesetzt werden. In diesem Fall beim Potential der Kunden. Im Verlauf der zwei Jahre fand in diesem Unternehmen eine Umstrukturierung bei den aktiven Kunden statt. Teilweise gingen beängstigend viele Kunden verloren, beachtet man nur die Anzahl verlorener Kunden. Setzt man dies dann ins Verhältnis zu den damit verlorenen Umsätzen, ist man von den geringen Zahlen überrascht.

Auf der anderen Seite wurden wenige Neukunden gewonnen, die schon im ersten Jahr als bedeutende Umsatzträger eingestuft werden.

221

180. Welche Bedeutung hat eine Kundenumsatz-Strukturanalyse für den Verkäufer?

Als Verkäufer hat man nur ein begrenztes zeitliches Budget zur Verfügung. Die Aufgabe besteht darin, die zur Verfügung stehende Zeit zu nutzen. In vielen Fällen steckt man dann allerdings so im Tagesgeschäft, daß man keine Zeit mehr hat für strategische Überlegungen. Gerade in einer solchen Situation ist es erforderlich, die Ausschöpfung des Gebietes unter Berücksichtigung des eigenen Zeitbudgets zu planen. Ein Beispiel für mehr Übersicht im Verkaufsalltag und eine Unterstützung für die Festlegung der Prioritäten ist die Kundenumsatz-Strukturanalyse:

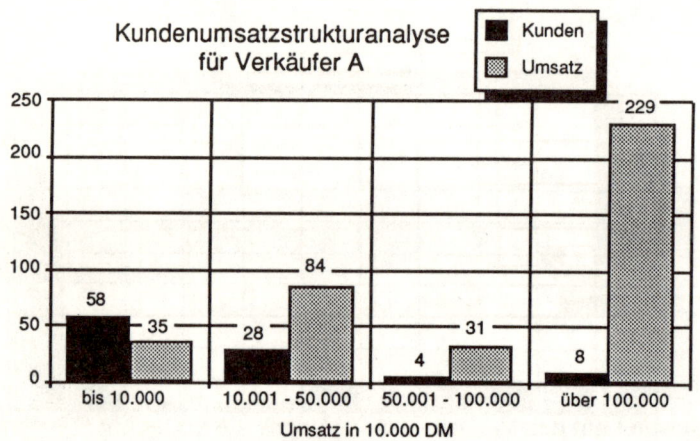

Legen Sie für Ihren Absatzbereich fest, welche sinnvolle Aufteilung in die einzelnen Umsatzkategorien sinnvoll ist.

Alle Ihre Kunden sind jetzt den einzelnen Umsatzkategorien zuzuordnen. Beispiel: Kunde A hat einen Jahresumsatz von 126.000 DM und gehört damit in die Kategorie 100-200 TDM.

Sie ermitteln dann, mit wieviel Kunden Sie welches Umsatzvolumen Ihres Jahresumsatzes erzielen.

Das Beispiel zeigt, daß der Verkäufer mit 58 seiner Kunden lediglich 350.000 DM seines Jahresumsatzes erzielt. Auf der anderen Seite hat er 8 Großkunden, die bereits 2,29 Mio. seines Umsatzes erreichen.

Der Mittelbau (Kategorie 50 TDM – 200 TDM) ist es wert, näher analysiert zu werden. Hier liegen die Wachstumschancen. Welcher dieser Kunden hat noch ein weiteres Absatzpotential?

Sie können jetzt erkennen, in welche Kunden Sie zuviel oder zuwenig Zeit investieren. Möglicherweise wird auch offensichtlich, daß nur Sie letztendlich über die geeignete Verwendung Ihrer Zeit bestimmen können. Stellen wir uns nur einmal vor was passiert, wenn man jeden Kunden gleich behandeln würde und den Vorstellungen des Kunden in jeder Beziehung, insbesondere bei den Terminen, nachkommt. Man hätte einen enormen Zeitdruck und die Gefahr ist groß, daß die Zeit dann auch noch falsch investiert wird.

181. Wie verbessert man seine Kundenstruktur?

Ihr Jahresumsatz verteilt sich auf eine bestimmte Anzahl von Kunden, mit denen Sie Umsätze tätigen. In der Regel ergibt sich eine Konzentration, oft z. B. ein 20/80 Verhältnis. Mit 20 % Ihrer Kunden erzielen Sie 80 % Ihres Umsatzes. Die Aufschlüsselung in festzulegende Umsatzgrößenordnungen gibt noch weitere Aufschlüsse. Es bietet sich eine Kategorisierung in Größen von bis 10000 DM, 10001–50000 DM, 50001–100.000 DM und über 100.000 DM an. Die Einteilung ist abhängig von Ihrer Durchschnittsauftragsgröße.

Ein Beispiel:

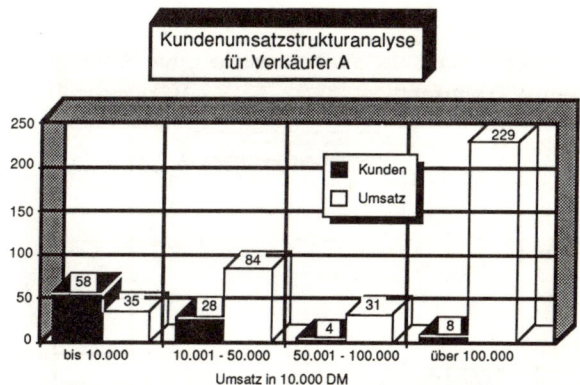

In diesem Beispiel hat der Verkäufer 58 Kunden, die insgesamt 350.000 DM Jahresumsatz bringen, mit Aufträgen bis zu 10000 DM. Auf der anderen Seite sind 8 Großkunden mit einem Jahresumsatz von 2,29 Mio. DM.

So verbessert man seine Kundenumsatzstruktur

Erarbeiten Sie für Ihr Gebiet ebenfalls eine Kundenumsatzstrukturanalyse. Stellen Sie fest, welche C-Kunden (1. Kategorie) sehr zeitintensiv sind aber kaum Umsatz bringen. Reduzieren Sie die Besuchsanzahl und betreuen Sie diese Kunden mehr mit dem Telefon.

Definieren Sie bei Ihren B-Kunden (2. und 3. Kategorie) diejenigen mit dem größten bisher nicht ausgenutzten Umsatzpotential. Verstärken Sie Ihre Bemühungen bei diesen Firmen durch Sonderaktionen wie Seminare in der Firma und Einladungen ins eigene Werk. Erhöhen Sie die Besuchsanzahl in diesen Firmen. Man muß Ihr Engagement erkennen. Prüfen Sie bei Ihren Großkunden die Chancen für weitere hohe Umsätze in den nächsten 2–3 Jahren. In manchen Fällen sind diese Großkunden Konzerne, etwa Chemiefirmen, die, trotzdem sie Großkunden sind, noch erhebliches Potential für weitere Umsätze bieten.

Prüfen Sie, welche interessanten *möglichen* Abnehmer es in Ihrem Gebiet gibt. Definieren Sie nur wenige als besonders chancenreich. Sie erkennen an dem obigen Beispiel, daß nur 8 Großkunden den Großteil des Umsatzes erzielen. Die möglichen Abnehmer betreut man jetzt intensiv. In jeder Woche, manchmal sogar am Tag, muß dort Ihre Aktivität offensichtlich sein.

182. Haben Sie Angst, Kunden zu verlieren?

Der Mangel an Zeit, insbesondere Verkaufszeit, ist offensichtlich. Die Aufgabe besteht darin, die begrenzte Zeit zu nutzen.

In den meisten Unternehmen kann man auf einen Kundenstamm zurückgreifen, den man zu bearbeiten hat. Bei näherer Analyse stellt man fest, daß es verhältnismäßig viele Kunden gibt, die zwar die Zeit in Anspruch nehmen, aber keine oder kaum Umsätze tätigen.

Ihre zur Verfügung stehende Zeit ist blockiert. Man weiß auf der anderen Seite, daß es im Verkaufsgebiet einige interessante Neukunden gibt, für deren Bearbeitung man keine Zeit findet.

Das folgende Beispiel zeigt die Anzahl verlorener Kunden und Umsätze bei einem erfolgreichen Verkäufer:

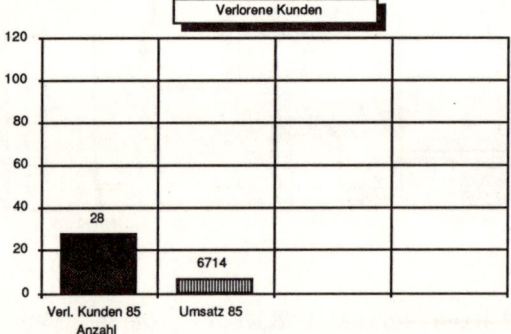

Im Vergleich zu den aktiven Kunden ist die vorgenannte Anzahl verlorener Kunden schon hoch. Andererseits ist Zeit freigesetzt worden, die jetzt in die Neukundengewinnung investiert werden kann:

(Das nachfolgende Beispiel gilt für denselben Verkäufer)

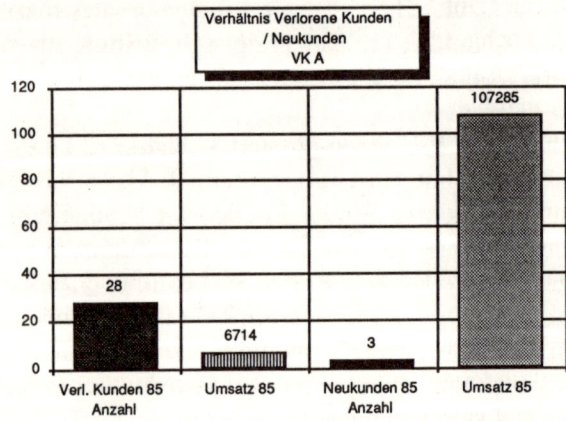

Die Aufgabe besteht darin, »uninteressante« Kunden zu ermitteln und interessante Neukunden zu definieren. Keine einfache Aufgabe.

Damit erreichen Sie allerdings eine Hebelwirkung für Umsätze und größeren Gebietserfolg.

183. Haben Sie Stamm- und Neukunden im richtigen Verhältnis?

Stammkunden haben Vor- und Nachteile: Sie binden zeitliche Kapazität und oft stehen die Umsätze dazu nicht mehr im Verhältnis. Vorteil ist, daß die Umsätze kalkulierbar sind.

Neukundengewinnung ist sehr zeitaufwendig und risikobehaftet, weil Interessenten anfänglich oft besonders negativ reagieren.

Weder der Zufriedenheit mit der Tagesarbeit noch der Zufriedenheit mit der erreichten Provision dient die Neukundengewinnung unter kurzfristigen Gesichtspunkten wesentlich.

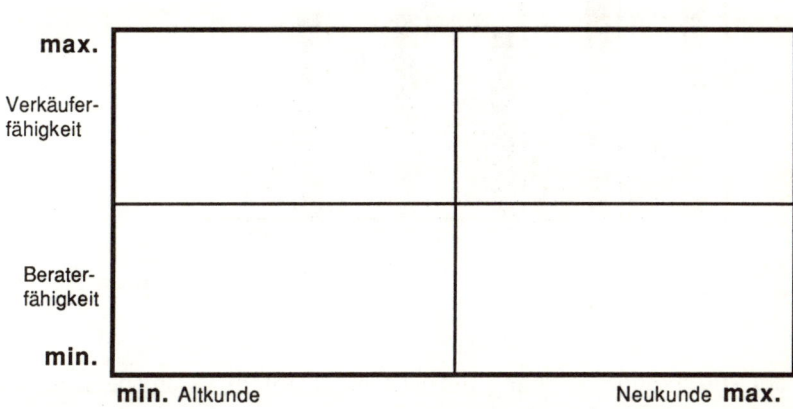

Trotzdem ist es sinnvoll, die verlorenen Kunden und Umsätze in den letzten Jahren einmal zu analysieren, um herauszuarbeiten, welche Anzahl an neuen Kunden und neuen Umsätzen erforderlich ist, um die Verluste auszugleichen.

Sind Ihre Ziele hochgesteckter, dienen die gewonnenen Neukunden auch zur Ausweitung Ihres Umsatzes.

Die Grafik soll deutlich machen, daß es auch psychologische Barrieren bei der Neukundengewinnung zu überwinden gilt.

Man ist mit den Altkunden vertraut. Der Neukunde wird sich zuerst sehr kritisch und zurückhaltend verhalten. Eine Situation, die wir in unserer Tagesarbeit fast nicht mehr kennen, wenn wir mit Stammkunden oder ausschließlich auf Kundenanfragen hin arbeiten, da der Kunde in diesem Falle zuerst die Initiative ergriffen hat.

Andererseits gibt es auch positive Aspekte, die über die reine Umsatzgewinnung hinausgehen. Neukundengewinnung schärft alle verkäuferischen Fähigkeiten, da ein solcher Kunde erst gewonnen werden will.

225

184. Welche Bedeutung haben kaufende und insbesondere nicht kaufende Kunden für Ihre Zielsetzung?

Das Verhältnis kaufende zu nicht kaufenden Kunden in Ihrem Gebiet kann für Sie eine wirkungsvolle Unterstützung bei Ihrer Gebietsplanung sein.

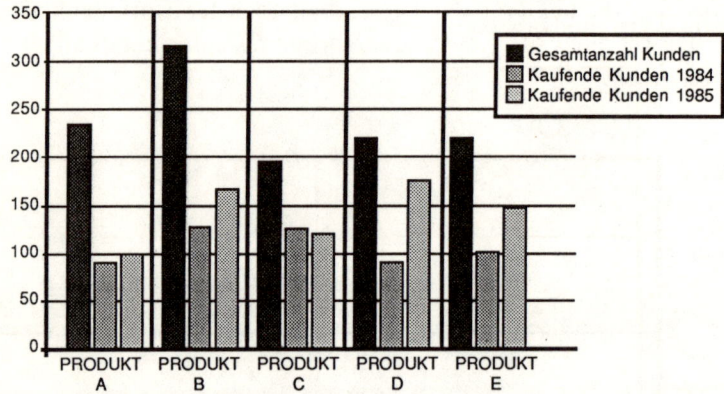

Fragen der Marktanteilserhöhung und des Gebietspotentials sind bei Kenntnis dieser Daten besser und sicherer zu beantworten.

Informationsquellen sind Adreßverlage, die eigene Kartei und die Zentraldatei der eigenen Firma.

Sie können Ihre Kunden jetzt in Zielgruppen unterteilen, wie es in dem vorgenannten Beispiel gezeigt worden ist und Abnehmergruppen für Handwerksfirmen, Großhändler und Exporteure oder Wiederverkäufer bilden. Stellen Sie dann zahlenmäßig die kaufenden den nicht kaufenden Zielgruppen direkt gegenüber.

In Kenntnis weiterer Daten Ihres Gebietes, wie beispielsweise der Kundenumsatzstrukturanalyse und der A/B/C-Bewertung Ihrer Kunden, ist es möglich, weitere Gebietsaktivitäten abzuleiten.

Mögliche Aktionen:

Kundenrückgewinnung in einer bestimmten Zielgruppe
Neukundengewinnung bei Unternehmen mit mehr als 10 Beschäftigten
Neuprodukteinführung gezielt mit Sonderaktionen für eine bisher vernachlässigte Abnehmergruppe.
Die **Detail**kenntnis, welche Kunden in Ihrem Gebiet zu den kaufenden und nicht kaufenden Abnehmergruppen gehören, ist als umsatzfördernde Möglichkeit anzusehen. Ermitteln Sie bei den nicht kaufenden Kunden fünf mögliche Top-Kunden, und bearbeiten Sie diese Kunden intensiv. Sie werden für Ihren Umsatz eine wichtige Hebelwirkung erreichen.

226

185. Was bringt eine A/B/C-Analyse der Kunden?

Das Ziel einer A/B/C-Analyse ist es, Prioritäten in der Gebietsbearbeitung zu setzen und die zukünftige Zusammenarbeit mit und die Auftragschancen bei den eigenen Kunden deutlich zu machen.

Damit ist die A/B/C-Analyse ein sehr wichtiges Eigensteuerungsinstrument. Mit diesem Hilfsmittel kann man auch über den »Tellerrand« des Tagesgeschäftes hinausblicken und strategisch die Zukunft planen. Gerade bei dieser Art von Analysen helfen oft bildhafte Darstellungsformen. Eine in diesem Zusammenhang bewährte Methode ist die Darstellung in Portfolio-Feldern.

Beispiel:

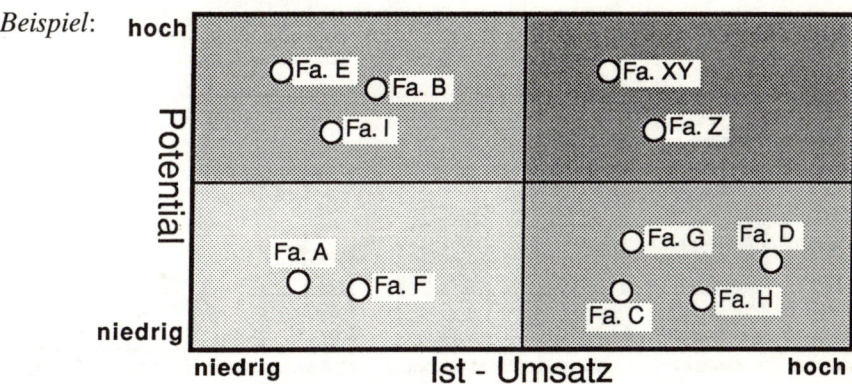

Sie können Ihre Kunden in eines dieser Felder bringen. Dann erkennen Sie auf einen Blick weitere Wachstumschancen bzw. Sie sehen, daß einige Ihrer Kunden ausgeschöpft sind. Die in der schraffierten Fläche befindlichen Kunden (Ist-Umsätze niedrig und Wachstumschancen ebenfalls niedrig) können möglicherweise heute einen erheblichen Teil Ihrer Zeit blockieren. Es ist kritisch zu prüfen, ob die investierte Zeit auch im Verhältnis zu den möglichen Umsätzen steht. Vorher ist jedoch ein Bewertungsschema aufzubauen, damit Sie Ihre Kunden in A/B/C-Kategorien einordnen können.

Folgendes Beispiel ermöglicht es, eine A/B/C-Bewertung der Kunden vorzunehmen.

KUNDE: Firma XYZ
UMSATZ: 1984 = 40.000.-   1985 = 136.000.-

KRITERIEN	WICHTUNG für diese Kriterien	ERFÜLLUNG bei diesem Kunden	= PUNKTZAHL
Umsatz	14	8	112
Entwicklungs-potential	15	12	180
Zahlungsmoral	10	9	90
Preissituation	11	7	77
Insolvenzrisiko O Ja O Nein	x	x	x
Gesamtpunktzahl			459

Obwohl A/B/C-Analysen mit zusätzlichem Zeitaufwand verbunden sind: Die Investition lohnt sich für die Zukunft.

186. Wie macht man mehr aus der gleichen Anzahl von Anfragen?

Es gibt Unternehmen in Wachstumsbranchen, die eine wesentliche Aufgabe darin sehen, die »Spreu vom Weizen« bei eingehenden Anfragen zu trennen, da ohnehin nicht alle Anfragen bearbeitet werden können. Im folgenden wird bewußt eine Branche herausgenommen, die in einem stagnierenden oder sogar schrumpfenden Markt tätig ist.

In diesem Falle besteht die Aufgabe darin, das Beste aus den vorliegenden Anfragen zu machen.

Hilfreich ist eine Zergliederung der Einzelschritte zum Auftragserhalt.

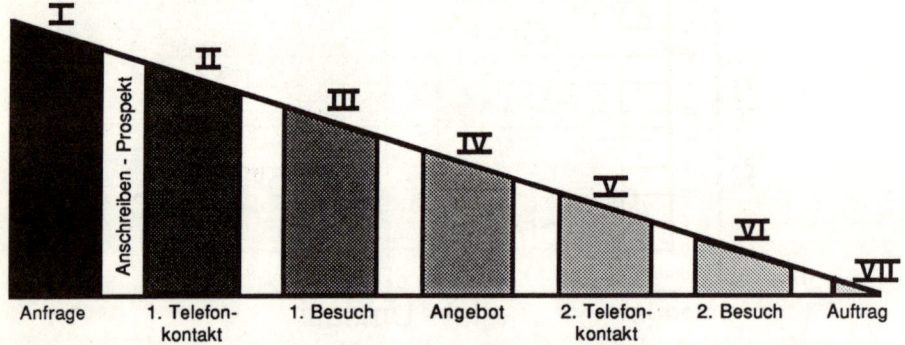

Betrachten Sie die einzelnen Schritte als Beispiel. In Ihrer Situation können die Teilschritte zum Auftragserhalt durchaus anders ablaufen.

Anfragephase
Werden alle Informationen aufgenommen? Sind Namen und Firma bekannt? Ist sichergestellt, daß der Anfrager den Verkäuferbesuch abwartet? Ist von vorneherein klar, wie der Anfrager zu Ihrer Firma gekommen ist?

1. Telefonkontakt
Existiert ein Telefonscript, falls die Anfrage telefonisch gestellt wird? Welche Muß-Informationen brauchen Sie bereits in dieser Phase?

1. Besuch
Analysieren Sie verlorene Aufträge! Prüfen Sie Besuche ohne Ergebnisse. Wieviele der vorgeschlagenen und geprüften Hilfsmittel in diesem Buch setzen Sie gezielt ein?

Angebot
Enthält das Angebot einen konkreten Abschlußvorschlag oder mindestens den nächsten Kontakttermin? Unterscheidet sich das Angebot vom Wettbewerber?

2. Telefonkontakt
Arbeiten Sie mit einem Nachfaßscript und sind Sie auf Einwände vorbereitet?

2. Besuch/Auftrag
Ist Ihre Auftragschance beim 2. Besuch zu gering? Was verbessern?

187. Verlieren Sie in einem bestimmten Angebotsbereich Umsätze?

Es ist hilfreich, Angebotssumme und Auftragsrealisierungsquote für einzelne Umsatzbereiche gegenüberzustellen.

Die Auftragsrealisierungsquote ist das Verhältnis der eingehenden Anfragen zu den erhaltenen Aufträgen.

Die Grafik könnte beispielsweise so aussehen:

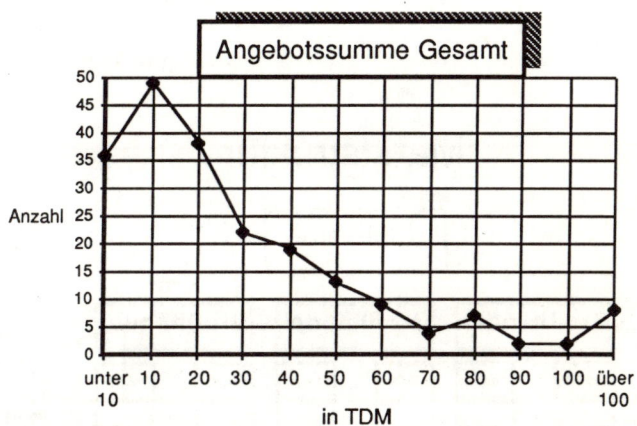

Sie erkennen deutlich, daß bei einem Angebotsvolumen über 40 000 DM die Auftragsrealisierungsquote enorm abfällt.

Andererseits steigt sie wieder bei Projekten über 100 000 DM. Was sind die Gründe?

Ihre Ermittlung kann Ihnen und Ihrem Unternehmen helfen, Verbesserungsansätze herauszuarbeiten.

Möglicherweise gilt es, für den verluststarken Bereich eine gezielte Aktion durchzuführen. Oder es wird der bisher in der Auftragsrealisierung gut liegende Bereich weiter forciert. Was sind mögliche Gründe für schwankende »Trefferquoten«?

– erhöhter Wettbewerbsdruck in diesem Umsatzbereich
– Vergleichbarkeit der Produkte offensichtlich, weitere Vorteile fehlen
– ausgesprochen starker Wettbewerber in diesem Bereich mit hohem Marktanteil
– eigenes Produkt im Vergleich zur Leistung objektiv zu teuer
– fehlendes Kundenvertrauen in diesem Bereich
– eigenes Produkt mit unzureichender Qualität
– Kunden erhalten die Endkundenaufträge in diesem Bereich selbst nicht

Die Frage: Ist es sinnvoll, in diesen verlustreichen Bereich weiter Zeit reinzustecken oder sogar zu intensivieren, oder sollte das zur Verfügung stehende Zeitbudget sinnvoller anderweitig eingesetzt werden?

188. Wie ist Ihre Marktstruktur?

Immer häufiger scheitern weitere Umsätze daran, daß die eigenen Kunden nicht mehr verkaufen können.

Verkaufen Ihre Kunden mehr, werden auch Sie Ihre Umsätze steigern können. Der »Flaschenhals« zu höheren Umsätzen liegt in den Verkaufsaktivitäten Ihrer Kunden.

Hilfreich ist zuerst eine Analyse der Marktsituation, die sich folgendermaßen darstellen kann.

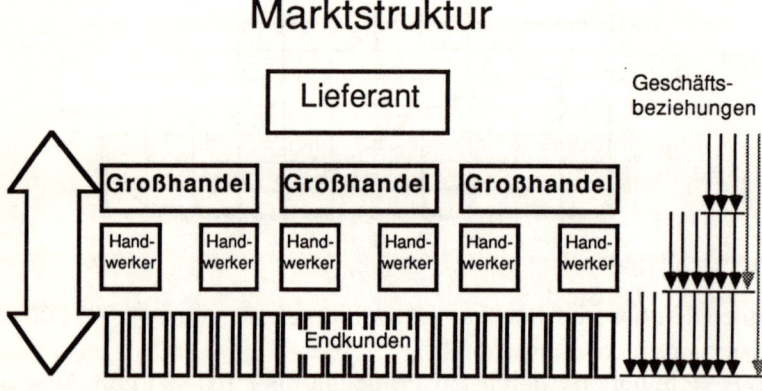

Zeichnen Sie bitte einmal Ihre eigene Marktstruktur und prüfen Sie, ob es diesen Engpaßeffekt bei Ihren Abnehmergruppen ebenfalls gibt. Bestätigen Sie, daß fehlende Umsätze aus fehlendem Verkaufsengagement Ihrer Kunden resultieren, werden Sie zum Verkaufsförderer Ihrer eigenen Kunden.

Das kann beginnen mit Schulungsmaßnahmen der Monteure oder Techniker Ihres Kunden. Wobei es nicht nur um die Produktschulung geht, sondern auch um das Vermitteln von Verkaufswissen, wie man diese Produkte »an den Mann« bringt. Schaffen Sie es darüber hinaus, die Mitarbeiter Ihres Kunden zum Verkauf zu motivieren, wird eine Umsatzausweitung wahrscheinlich.

Wenn Sie das Vertrauen Ihres Kunden genießen, wird er auch bereit sein, mit Ihnen über seine Verkaufsaktivitäten zu sprechen. Sie können dann Vorschläge machen, wie eine gemeinsame Verkaufsförderungsaktion mit Werbebriefen, Telefonakquisition oder Tag der offenen Tür aussehen kann.

Sie müssen auf die richtigen Kunden setzen, da die Vorarbeiten sehr zeitintensiv sind. Wenn allerdings Zeit und mögliches zusätzliches Potential im richtigen Verhältnis zueinanderstehen, ist die Investition lohnenswert.

Sie erreichen darüber hinaus noch einen weiteren Effekt:

Sie werden zum Partner des Kunden!

189. Was ist zu tun, um die wichtigsten Kunden zu halten?

1. Sind allen Mitarbeitern, die Kundenkontakt haben, die Top-Kunden bekannt?

2. Prüfen Sie, ob Sie mit 20 % Ihrer Kunden 80 % Ihres Umsatzes erreichen? Existiert für jeden dieser Top-Kunden eine Kartei, in der nicht nur die Umsätze enthalten sind, sondern auch das Organigramm Ihres Kunden, die Namen der Entscheidungsträger und Beeinflusser, die Geburtstage der wichtigsten Leute und mögliche Nachfolger Ihrer jetzigen Gesprächspartner?

3. Bringen Sie über Ihre Top-Kunden soviel Informationen in Erfahrung, daß Sie davon ausgehen können, über wichtige Veränderungen rechtzeitig informiert zu werden. Auch die Privatsphäre, wie Hobbies und Angewohnheiten, sollten bekannt sein.

4. Informieren Sie die Geschäfts- und die Verkaufsleitung regelmäßig über die aktuelle Situation und weitere Entwicklungschancen. Die Geschäftsleitung/ Verkaufsleitung sollte von Zeit zu Zeit persönlich bei diesem Kunden erscheinen.

5. Versehen Sie jeden Top-Kunden mit einer Sicherheitskennziffer. Damit wird ausgedrückt, daß Sie diesen Kunden im laufenden Jahr zu 80, 60 oder 40 % sicher haben.

6. Planen Sie höhere Besuchsintervalle bei den Top-Kunden ein.

7. Verschicken Sie persönliche Einladungen zu Messen, Seminaren und Produktdemonstrationen.

8. Bauen Sie gezielt persönliche Beziehungen auf.

9. Führen Sie einen Top-Service für die Top-Kunden ein, der einen bevorzugten Kundendienst, zusätzliche Versorgung mit Arbeitsunterlagen und besondere verkaufsfördernde Aktionen enthält.

10. Gemeinsame Zusammenarbeit bei Neuproduktentwicklungen. Top-Kunden haben direkt Einfluß auf die Entwicklungen der nächsten Jahre und können Ihre Erfahrungen zum beidseitigen Nutzen einfließen lassen.

11. Jährliches regelmäßiges Treffen mit Repräsentanten des Kunden aus mehreren Abteilungen und den Abteilungen im Hause, die mit dem Kunden zusammenarbeiten.

190. Wie geht man bei der Übernahme eines neuen Gebietes vor?

Die Übernahme eines neuen Gebietes beinhaltet Chancen, die es zu nutzen gilt.

Eine der wesentlichen Aufgaben in der Anfangsphase ist es, einen Überblick über das neue Gebiet zu erhalten.

Eine Möglichkeit besteht darin, zuerst einmal alle Kunden im Gebiet abzufahren und sich persönlich vorzustellen. Leider ist dies auch eine sehr zeitaufwendige Vorgehensweise.

Eine bessere Möglichkeit ist es, einen persönlichen Brief an alle Kunden im Gebiet zu schreiben, insbesondere auch an die nicht kaufenden Kunden. Wesentlich ist dabei, daß Sie einen höchstens einseitigen und acht Fragen beinhaltenden Fragebogen an die Kunden rausschicken mit dem Ziel:

Wie schätzt der Kunde die aktuelle Zusammenarbeit mit Ihrer Firma ein?
Stellen Sie sich in diesem Brief vor, bestenfalls mit Bild, und bitten Sie um Unterstützung, damit Sie den Vorstellungen dieses Kunden in der Zukunft noch besser entsprechen können. Was hat ihm an der Zusammenarbeit in der Vergangenheit gefallen und was sollte in der Zukunft weiter verbessert werden?

Falls es keine Umsätze in dem letzten Jahr gegeben hat, erbitten Sie den Grund *über den Preis hinaus.*

Eine Telefonaktion bietet sich mit gleicher Aufgabenstellung an.

Welches Potential gibt es im neuen Gebiet?
Analysieren Sie mit dem intern und extern verfügbaren Datenmaterial, welche Kunden und möglichen Umsätze es in Ihrem Gebiet gibt. Interne Kundenlisten sind in bezug auf Umsätze in den letzten vier Jahren auszuwerten. Nicht kaufende Kunden sind zu ermitteln. Wenn es auch nicht unbedingt die gelben Seiten sein sollen, so ergeben doch Mitgliederverzeichnisse von Handwerkskammern und Innungsverzeichnisse sowie Listen von Direktwerbe-Firmen Aufschluß über die nicht in den eigenen Listen erfaßten möglichen Kunden.

Setzen Sie Prioritäten bei der Gebietsbearbeitung
Die Gefahr liegt in der Verzettelung, dem ausschließlichen Reagieren auf Anfragen gleich welchen Ursprungs und Realisierungswahrscheinlichkeit und der Bearbeitung wenig chancenreicher Kunden.

Führen Sie deshalb ein Gespräch mit Ihrem Gebietsvorgänger, selbst wenn er nicht mehr Mitarbeiter Ihrer Firma ist. Von ihm erhalten Sie Hintergrundinformationen über Gebiet und Kunden. Besuchen Sie Verbands- und Innungstagungen Ihrer Kunden, auch dort erhalten Sie wertvolle Informationen. Und besuchen Sie einmal Ihren Wettbewerbskollegen, indem Sie sich als neuer Kollege im Gebiet vorstellen. Sie lernen ihn kennen und erhalten möglicherweise Tips. Nach dieser Informationsbeschaffung sollten Sie die Marschroute für ein Jahr festlegen, welche Kunden besonders betreut werden.

191. Welche Bedeutung haben Adressenverlage für Verkäufer?

Adreßverlage bieten die Möglichkeit, über das eigene Absatzgebiet neutral Informationen einzuholen.

Sie erhalten über die Verlage Adreßlisten über Kunden zur Verfügung gestellt.

Nunmehr können Sie prüfen, ob Sie alle Kunden in Ihrer Kundendatei haben, oder ob es noch Lücken gibt.

Manchmal ist man überzeugt, alle Kunden im eigenen Gebiet zu kennen. Bei näherer Prüfung kann aber festgestellt werden, daß es eine Anzahl von Kunden gibt, die bisher nicht bekannt sind.

Sie haben mehrere Möglichkeiten, die Adressen sinnvoll zu verwenden:

1. Sie informieren Ihre Firma, die ihrerseits die neuen Adressen bei zukünftigen Aktionen und Informationen mit einbezieht.

2. Sie starten eine eigene Briefaktion und schreiben die bisher nicht erfaßten Kunden an.

3. Sie laden gezielt diese Kunden zu einer Informationsveranstaltung ein.

4. Sie veranstalten ein Seminar für diese Zielgruppe.

5. Sie laden diese Zielgruppe zur nächsten Messe ein und vereinbaren einen Termin auf der Messe.

6. Sie laden die Kunden zu einem Werksbesuch ein.

7. Sie starten eine Telefonaktion, in deren Verlauf alle bisher unbekannten Kunden angerufen werden.

Kombinationen der vorgenannten Aktionen sind möglich und sogar sinnvoll. Adreßverlage können eine wichtige Hilfe zur Neukundengewinnung sein. So bringen Sie Licht in die »Dunkelziffer« weiterer Abnehmer in Ihrem Absatzgebiet.

So kann man neue Aufgaben oder Aktionen im Verkauf schneller und erfolgreicher in Aufträge umsetzen

192. Wie können Sie Chancen für neue Produkte ermitteln?

1. Bilden Sie in Ihrem Unternehmen »Qualitätszirkel«, die aus 3–5 Personen zusammengesetzt sind und sich regelmäßig treffen. Diskutieren Sie Kundenprobleme, die auf den Tisch gelegt worden sind. Arbeiten Sie Verbesserungsvorschläge aus und leiten Sie diese an die Geschäftsleitung weiter. Wichtig ist, daß verschiedene Abteilungen miteinander über Sorgen und Probleme reden.

2. Führen Sie gemeinsam mit Ihren Kollegen im Verkauf eine Befragungsaktion bei Ihren Kunden durch. Stellen Sie fest, was Ihren Kunden an Ihren Produkten besonders gut und was weniger gut gefallen hat. Bitten Sie den Kunden um einen Verbesserungsvorschlag.

3. Analysieren Sie verlorene Aufträge genauestens. Schicken Sie dem Kunden, der Ihnen keinen Auftrag erteilt hat, einen Brief mit der Bitte um die Angabe von Gründen über den Preis hinaus. Kunden sind durchaus bereit, Zeit für die Beantwortung zu investieren.

4. Betreiben Sie gezielte Öffentlichkeitsarbeit für Ihre jetzige Produktpalette in Branchenzeitschriften, die bisher weniger zu Ihrem Kundenkreis gehören. Prüfen Sie grundsätzlich vorher das Marktpotential und hinterher die Resonanz auf Ihre Anfrage. Viele Fachzeitschriften sind froh und dankbar, wenn ein Praktiker in ihrer Zeitschrift Stellung nimmt und einen Artikel verfaßt.

5. Führen Sie einen risikolosen Zielgruppentest durch, indem Sie eine Direktwerbeaktion für eine bestimmte Branche veranstalten. Die Adressen sind über Direktwerbefirmen günstig zu kaufen. Die Resonanz wird Ihnen zeigen, ob auch hier ein Bedarf für neue Produkte oder die anvisierte Produktidee vorhanden ist.

193. Welches System sollte man zur Einführung neuer Produkte haben?

Verkaufsaktionen mit tagesgeschäftsübergreifenden Aktivitäten sind beispielsweise: neue Produkte einführen, bestimmte Produkte aus einer Gesamtpalette besonders forcieren oder neue und verlorene Kunden gewinnen. Diese Aktivitäten erfordern zeitliche Freiräume, die ohne eine Änderung in der bisherigen Vorgehensweise nicht oder nur schwer zu realisieren sind. Ergebnis: Manche sinnvolle Sonderaktion bleibt im Tagesgeschäft auf der Strecke.

Eine notwendige Voraussetzung muß die Entwicklung eines gemeinsamen Aktionsplanes sein, mit Festlegung der Details, wer, was, bis wann, wie macht.

Die Festlegung eines zeitlichen Ablaufplanes mit der Möglichkeit einer Gegenüberstellung zwischen Soll und Ist ist in jeder Stufe ein Muß. Nachfolgend finden Sie das Beispiel für eine Neukundengewinnungsaktion, bei der die einzelnen zu erreichenden Schritte die Möglichkeit der ständigen Eigenkontrolle bieten. Ohne Aktionsplanung ist die Durchführung von Verkaufsaktionen gefährdet.

Name:..
Aktionsplan:...
Zeitraum:....... Monate

Projektablauf	Anzahl SOLL	Anzahl IST	Durchf. KW
1. Sammeln von Adressmaterial und Verteilung auf Verkaufsingenieure	165		40
2. Aufbereitung und Selektion = Entscheidungsträger beim Neukunden erfahren und K.O. Kriterien abfragen	100		41-42
3. Versenden des Werbebriefes / Direktanruf Anzahl x pro Woche	90		41-42
4. Telefonische Terminvereinbarung (selbst)	70		42-44
5. 1. Termin	50		43-44
6. Schriftliches Angebot	40		43-44
7. 2. Termin	10		44-45
8. Schriftliche Nachfaßaktion	5		46-47
9. Abschluß Ziel : KOM	2		46-50

Gesamtziel:
Eigenziel:

194. Was gibt es bei der Neuprodukteinführung zu beachten?

1. Für wen ist die neue Maschine oder das neue Produkt besonders interessant?

2. Wie sprechen wir diesen Kundenkreis an? Per Brief, Telefon, direkt oder mit einer Produktveranstaltung?

3. Welche Zusatzinformationen können wir erhalten, die es uns ermöglichen, den Interessenten durch von außen einwirkende Faktoren zusätzlich unter Zugzwang zu setzen? Beispiele: Umweltschutz, Energieersparnis, Steuerdruck, Wasserkosten

4. Welche Unterlagen sollen zur Verfügung gestellt werden?

5. Was sind die Eigenschaften und daraus abgeleitet die Vorteile für den Kunden beim Kauf dieser neuen Anlage?

6. Wodurch unterscheidet sich diese Anlage eindeutig vom Wettbewerb oder bisher bekannten Verfahren?

7. Mit welcher neuen Idee soll die Einzigartigkeit der Anlage herausgestellt werden?

8. Wie kann der Preis in der geeignetsten Form dargestellt werden?

9. Welchen Zusatznutzen stiften Sie? Firmenvorteile, Umweltschutz, Bequemlichkeit!

10. Welche Bedenken und Einwände hat der Kunde und wie können wir sie ausräumen?

11. Aktionsplan: Wer macht was wie bis wann?

195. Woher kriegt man neue Kundenadressen?

Nachfolgend sind Informationsquellen aufgeführt, die Ihnen neue Adressen zur Verfügung stellen können:

Zentrale Datei der eigenen Firma

Industrie- und Handelskammern

Adreßverlage

Vereine

Verbände

Staatliche Stellen

Wasseramt

Umweltbundesämter

Innungen

Arbeitgebervereinigungen

Gewerkschaften

Genossenschaften

Gelbe Seiten

Mitgliederverzeichnisse

Seminarveranstaltungen

Buch: Die 500 größten Unternehmen

Buch: Verzeichnis der mittelständischen Industrie

196. Welche Rolle spielt die eigene Überzeugung bei neuen Produkten?

Nachfolgend ein Beispiel von einem Unternehmen, dessen Verkäufer zehn Produktbereiche vertreten:

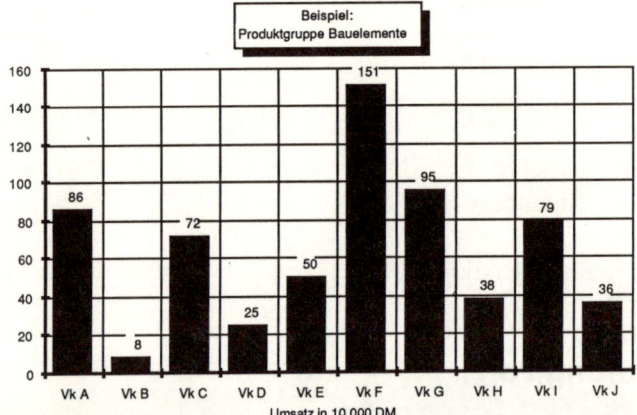

Warum werden die einzelnen Produktbereiche unterschiedlich verkauft? Es müssen Gebietsunterschiede berücksichtigt werden, Know-how in den einzelnen Bereichen und einige Punkte mehr.

Einer dieser Punkte ist die eigene Überzeugung für das einzelne Produkt. Wir haben bei unseren Analysen die Erfahrung gemacht, daß der in einer Produktgruppe sehr erfolgreiche Verkäufer auch mehr Pluspunkte weiß, die für sein Produkt sprechen. Der in der gleiche Produktgruppe weniger erfolgreiche Verkäufer hingegen findet eine ganze Menge negativer Eigenschaften an einem Produkt.

Gerade bei neuen Produkten ist die Eigenüberzeugung ein wichtiger Bestandteil des Erfolges. Ist man selbst von einem neuen Produkt nicht überzeugt, wird der kritische Kunde es sehr einfach haben, die Argumentation zu zerstören. Auch für Sie bleibt dann nach der Verhandlung ein negativer Eindruck übrig.

Was tun? Werfen Sie bei neuen Produkten Ihre Erfahrung und die Erfahrung Ihrer Kollegen in einen Topf und erarbeiten Sie für das neue Produkt Vorteilslisten und Argumentationshilfen bei Einwänden.

Gerade bei neuen Produkten ist der Erfahrungsaustausch wichtig, weil die gewonnene praktische Erfahrung für das neue Produkt sinnvoll eingesetzt werden kann.

Man wird sicherlich an einem neuen Produkt auch Schattenseiten finden. Stellen Sie sicher, daß die positiven Aspekte überwiegen. Man läuft sonst sehr schnell Gefahr, ein neues Produkt noch vor der offiziellen Vorstellung zu verurteilen.

197. Welches Ziel hat ein Erstkontakt?

Wir definieren den Erstkontakt als einen Besuch bei einem neuen Kunden, den wir noch gar nicht kennen, oder bei einem Altkunden, den wir vor Jahren an den Wettbewerb verloren haben.

Das Ziel für einen Erstkontakt ist es, zu definierende Informationen erhalten. Das können Informationen über den Wettbewerber sein, wie auch über die aktuelle Situation des Kunden. Dieses Ziel reicht aber nicht aus, wenn man seine Ziele sehr ehrgeizig steckt. Hochgesteckte Ziele für einen Erstkontakt sollten möglichst meßbar sein.

Ein akzeptables Ziel ist der Auftrag oder der fixierte nächste Termin. Nicht nur in bezug auf die Kalenderwoche sondern auch die Festlegung von Tag, Ort und Zeitpunkt.

Sie haben bei einem Erstkontakt bereits sehr viel erreicht, wenn Sie eine Anfrage des Kunden erhalten, die konkret ist.

Die Gewinnung von Neukunden ist ein Zeitprozeß.

Manchmal ist es erforderlich, über Monate oder sogar Jahre potentielle Kunden zu besuchen, weil sich erst dann die Chance ergibt, daß der Wettbewerber Fehler macht, die in der Lieferzeit oder in der Betreuung liegen können.

Sie können den Zeitprozeß verkürzen, wenn Sie sich beim Kunden »einkaufen«, das heißt, derartig niedrige Preise bieten, daß der Kunde nicht mehr daran vorbeigehen kann. Oft verliert man dann den Folgeauftrag, weil der Kunde von Ihnen ständig dieses Preisniveau erwartet und der Wettbewerber Kampfpreise bietet.

Gewinnen Sie den Kunden zuerst als Mensch.

Auch das ist ein wichtiges Ziel für den Erstkontakt. Seien Sie in dieser Situation eher der Zuhörer und objektive Berater, der keinesfalls den Wettbewerber direkt angreift oder sogar noch nicht beweisbare Behauptungen aufstellt.

Beachten Sie die Allianz des Kunden mit Ihrem Wettbewerber.

Sehr schnell kann man seine Chance darin sehen, mit der eigenen Stärke der Firma, ausgedrückt in Marktanteilen, Bekanntheitsgraden, Mitarbeiterzahl oder Firmenumsatz zu prahlen. Während des Erstkontaktes haben diese Punkte für Ihren Neukunden noch keine Bedeutung. Im Gegenteil: Mit jedem Satz sagen Sie ihm, daß er zwangsläufig falsch entschieden hat, da er beim Wettbewerber einkauft. Ergründen Sie systematisch, was dem Neukunden an der Zusammenarbeit mit dem Wettbewerber gefällt. Und zeigen Sie Verständnis für seine Entscheidungen. Im Verlauf des Gespräches wird dann das Interesse an Ihrer Person und an Ihren Liefermöglichkeiten steigen. Das ist der Zeitpunkt für eine wohldurchdachte Verkaufsberatung Ihrer Produkte.

198. Was gibt es bei einer »Kaltakquisition« zu beachten?

»Kaltakquisition« ist der Besuch bei einem Interessenten ohne vorherige Anmeldung. Sehr schnell wird hierzu auch der Begriff »Klinkenputzen« genannt. Damit bekommt diese Form der Neukundengewinnung einen negativen Beigeschmack und wird von Verkäufern seltener als Verkaufschance gesehen.

Warum fordert gerade diese Form der Akquisition alle Fähigkeiten des Verkäufers?

Ein bereits gewonnener Kunde ist bereits von Ihnen und dem Leistungspaket Ihrer Firma überzeugt worden. Er kennt die Vorteile und weiß möglicherweise auch die Nachteile, mit denen er unter dem Strich leben kann.

Besuchen Sie jetzt einen Interessenten ohne vorherige Anmeldung, können Sie zwar Zeit sparen, weil Sie Ihre Besuchsplanung mit dem am Weg liegenden Interessenten optimieren können. Aber auf der anderen Seite torpedieren Sie das Zeitmanagement Ihres bis dahin noch unbekannten Interessenten. 1. Nachteil: Sie nehmen ihm Zeit weg, für die er erst einmal keine Gegenleistung sieht. 2. Nachteil: Er hat bereits einen Lieferanten und ist wahrscheinlich mit ihm zufrieden. Möglicherweise gibt es sogar einen sehr guten Kontakt zwischen Kunden und Wettbewerbsverkäufer. 3. Nachteil: Er wird Ihnen nur wenige Minuten Zeit geben und dann ungeduldig werden, falls sein Interesse nicht schnell geweckt werden kann. Zwei Ziele sind für die »Kaltakquisition« notwendig:

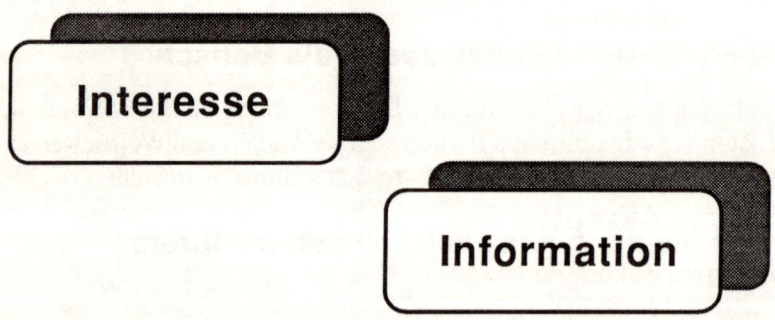

Man sollte sich darauf konzentrieren, möglichst schnell das Interesse des Gegenübers zu wecken. Da Bilder mehr sagen als Worte, ist insbesondere in einer solchen Situation jede bildhafte Darstellung sehr gut geeignet, das Interesse zu wekken. Muster und Teilstücke eines Produktes bieten ebenfalls Ansatzpunkte. Überlegen Sie sich vorher den Aha-Effekt, mit dem Sie Aufmerksamkeit erzeugen. Bieten Sie dem Interessenten an: Nach 20 Minuten können Sie entscheiden, ob es Ihnen nützlich ist.

Das Ziel des Erstkontaktes ist die Information über den Interessenten. Je mehr Sie seine spezielle Situation kennen, um so mehr kann das Angebot auf seine Vorstellungen justiert werden. Bittet er um ein Angebot, ist das Ziel erreicht.

199. Was tun .... bei einem Erstkontakt mit einem Interessenten?

Die Vorbereitung ist bereits ein wesentlicher Schritt für Erfolg oder Mißerfolg. Kennen Sie Ihren Gesprächspartner bereits aus früheren Gesprächen, wissen Sie, ihn persönlich einzuschätzen. Kennen Sie Ihren Gesprächspartner nicht, sollten Sie möglichst alle verfügbaren Vorinformationen zusammentragen. Sprechen Sie Kunden an, die Ihnen möglicherweise *Informationen* über die Person und über das Unternehmen geben können.

Sie sollten sich auch bei der Vorbereitung darauf konzentrieren, was Sie dem Kunden zeigen und bieten können. Der mögliche Kunde muß sehr schnell interessiert werden. Das geht sinnvoll durch *Visualisierung* von Vorteilen. Darüber hinaus ist es auch für den Gesprächspartner einprägsamer und ein bisher weniger genutztes Instrument der Verkaufsführung. Das Ziel sollte auch eindeutig festgelegt sein. Falls es nicht möglich ist, den Auftrag beim Erstbesuch zu erhalten, ist der Erhalt einer Anfrage ebenfalls ein sinnvolles *Ziel*.

Das Gespräch ist zurückhaltend zu führen und sollte dem Kunden möglichst viele »Streicheleinheiten« geben. Wesentlich zu erfahren ist es, was er an seinen *bisherigen Lieferanten* besonders schätzt. Denn er hat bisher zufriedenstellend damit zusammengearbeitet und sieht auch keinen Grund zu wechseln. Deshalb ist der Erhalt von Informationen jetzt vom Kunden selbst ein wichtiges Ziel.

Erreichen Sie, daß er Sie persönlich akzeptiert. Signalisieren Sie auch das Sie ihn akzeptieren und seine Leistungen schätzen. Die eigene Firma und die Vorteile, die wir dem Kunden bieten können, sollten dann nachgeschaltete Pluspunkte sein. Viele Ihrer Produktvorteile, die Ihre eigenen Kunden bereits schätzen gelernt haben, werden möglicherweise bei Ihrem jetzigen Gesprächspartner nicht so ziehen. Rechnen Sie damit und zeigen Sie Verständnis dafür. Schließlich bleiben Ihnen Ihre Kunden auch über Jahre treu, obwohl dort tagein tagaus Wettbewerbskollegen versuchen, Ihnen Umsätze wegzunehmen.

Persönliche Akzeptanz und Informationen

sind die Basis für Zukunftskunden. Wenn Sie darüber hinaus eine Anfrage mitnehmen können und beide Seiten festgelegt haben, was die nächsten Schritte und Termine sind, können Sie mit dem Gespräch sehr zufrieden sein. Übrigens ....Fragen Sie den Kunden: »Wie hat Ihnen das Gespräch gefallen?« Sie erfahren seine Einstellung, die Ihnen für zukünftige Verhandlungen helfen kann.

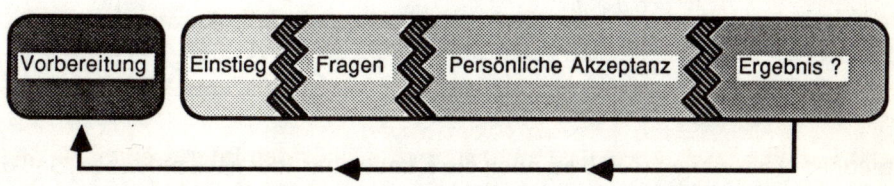

243

200. Wie gewinnt man verlorene Kunden zurück?

Einen verlorenen Kunden zurückzugewinnen ist in vielen Fällen ein mühevoller Zeitprozeß, da der Kunde zuerst einmal mit dem Wettbewerber zufrieden ist. Der Wettbewerber wird in der Anfangsphase dem Kunden große Aufmerksamkeit schenken, da er den Neukunden stärker an sich binden will. Im Laufe der Zeit setzt allerdings das Alltagsgeschäft ein. Der Kunde erkennt, daß auch die vom Wettbewerber gemachten technischen Zusagen und Lieferzeitzusagen nicht immer eingehalten werden.

Einen verlorenen Kunden kann man dann sehr gut zurückgewinnen, wenn der Kunde gerade eine Reklamation mit unserem Wettbewerber hat. Realistischerweise muß man akzeptieren, daß bis dahin zuviel Zeit vergehen kann.

Sie können sich möglicherweise auch über Preiszugeständnisse beim Kunden einkaufen. Es kostet allerdings Geld.

Wir haben mit einer weiteren Möglichkeit bei Kunden sehr gute Erfahrungen gemacht, die durch eine zu hohe Reklamationsquote für eine Produktreihe verärgert worden sind und zum Wettbewerber gegangen sind. Es wurde ein Fragebogen entwickelt, der vom Verkäufer persönlich gemeinsam mit dem abgesprungenen Kunden ausgefüllt wurde. Bei der Vereinbarung des Termins beim Kunden wurde deutlich hervorgehoben, daß nicht ein möglicher Verkauf das Thema ist, sondern seine Meinung zu bestimmten Themen.

Der Fragebogen:

> Firma: ....
> Gesprächspartner: ....
>
> Sie als Kunde sind uns wichtig. Deshalb interessiert uns besonders Ihre Meinung.
>
> 1. Wie ist Ihre Einstellung zu ....
>   O positiv
>   O negativ
>   Warum?...
>
> 2. Was hat sich daraus für Sie ergeben?
>   ....
>
> 3. Wie sehen Sie die Zukunft in unserer Branche?
>   O gut
>   O mittelmäßig
>   O schlecht
>
> 4. Konnten Sie sich im letzten Jahr vergrößern?
>   O ja
>   O nein
>
> 5. Für wieviel Mitarbeiter müssen Sie sorgen?
>   O weniger als 5
>   O 5 bis 10
>   O über 10
>
> 6. Ist Ihnen unsere Werbung aufgefallen?
>   O ja
>   O nein

Ergebnis: Nach einiger Zeit begannen die Kunden darüber nachzudenken, daß die zurückliegende Zusammenarbeit auch positive Aspekte hatte und ein Neubeginn durchaus überlegt werden kann.

Vorschläge für lesenswerte Bücher

Birkenbihl, Michael
Train the Trainer
verlag moderne industrie, 1993, 11. Auflage

Blanchard, Kenneth/Johnson, Spencer
Der Minuten-Manager
Rowohlt-Verlag, 1983

Carnegie, Dale
Wie man Freunde gewinnt
Scherz-Verlag, 1971

Cooper, Joseph D.
So schafft man mehr in weniger Zeit
mvg-Verlag, 1984, 2. Auflage

Detroy, Erich-Norbert
Abschlußtechniken beherrschen und gekonnt einsetzen
verlag moderne industrie, 1985, 3. Auflage

Detroy, Erich-Norbert
Sich durchsetzen in Preisgesprächen und
Preisverhandlungen
verlag moderne industrie, 1992, 6. Auflage

Detroy, Erich-Norbert
Wie man mit Brief, Telefon und Erstbesuch neue Kunden
systematisch und dauerhaft gewinnt
verlag moderne industrie, 1992, 5. Auflage

Ebeling, Peter
Das große Buch der Rhetorik
Englisch Verlag, 1985, 5. Auflage

Geffroy, Edgar K.
Umsatzendspurt für Verkäufer
Wie Sie das Jahresendgeschäft für mehr Aufträge nutzen
mi-Audiothek, 1988

Geffroy, Edgar K. / Klose Michael
Verkaufserfolge auf Abruf in der Versicherungsbranche
verlag moderne industrie, 1992, 4. Auflage

Geffroy, Edgar K. / Seiwert, Lothar J.
Mehr Zeit für Verkaufserfolge
mi-Verlag, 1992, 2., durchgesehene Auflage

Vorschläge für lesenswerte Bücher

Geffroy, Edgar K. / Seiwert, Lothar J.
Zeitmanagement für Verkäufer
verlag moderne industrie, 1993, 2. Auflage

Goldmann, Heinz M.
Wie man Kunden gewinnt
Girardet-Verlag, 1984

Gordon, Thomas
Managerkonferenz
rororo, 1982

Iacocca, Lee
Eine amerikanische Karriere
Econ-Verlag, 1985

Johnson, Spencer / Wilson, Larry
Das Ein-Minuten-Verkaufstalent
Rowohlt-Verlag, 1985

Meffert, Werner
Werbung die sich auszahlt
Rowohlt Verlag, 1987

Oechsler, Hias
Verkaufskurs für das Handwerk
verlag moderne industrie, 1988

Peters, Thomas / Waterman, Robert H. jun.
Auf der Suche nach Spitzenleistungen
verlag moderne industrie, 1993, 15. Auflage

Schirm, Rolf W. / Schoemen, Juergen / Wagner, Hardy
Führungserfolg durch Selbsterkenntnis
GABAL e.V., 1986, 4. Auflage

Seiwert, Lothar J.
A/B/C der Arbeitsfreude
GABAL e. V., 1991, 6. Auflage

Seiwert, Lothar J.
Das 1 × 1 des Zeitmanagement
GABAL e. V., 1992, 15. Auflage

Seiwert, Lothar J.
Mehr Zeit für das Wesentliche
verlag moderne industrie, 1992, 14. Auflage

Stichwortverzeichnis

Über den Autor

Edgar K. Geffroy ist Geschäftsführender Gesellschafter der Geffroy & Partner T.A.S.C. Unternehmensberatung und Inhaber der Geffroy InformationsAgentur in Düsseldorf. Seine Unternehmen setzen die in diesem Buch beschriebenen Clienting- und Informing-Konzepte in die Praxis um.

Das hat ihm den Ruf des Trendbrechers eingebracht. Mehrere mit den neuen Konzepten von ihm beratene Firmen erzielten sensationelle Markterfolge und steigerten ihren Absatz nachweislich innerhalb von drei Monaten bis zu 100 %.

Über die besonderen Chancen des Sales, Clienting und Informing berichtet Edgar K. Geffroy regelmäßig in ShowTalk-Vorträgen und informiert mit elektronischer Wissenssoftware auf Diskette und bald auch auf CD.

Seit zehn Jahren werden langfristig mehr als 200 Firmen in Deutschland, Österreich, der Schweiz und Holland zu allen Vertriebsaufgaben beraten. Die Umsetzung von Verkaufssteigerungssystemen und Akquisitionssystemen bilden dabei einen Schwerpunkt. 1994 werden ein elektronisches Verkaufssteigerungssystem und ein Verkaufstrainingssystem eingeführt.

Die Öffentlichkeit kennt Edgar K. Geffroy durch regelmäßige Fernsehauftritte und durch eine Vielzahl von Presseveröffentlichungen.

Er ist der Erfinder der 1-Seiten-Methode für Bücher und Bestsellerautor von »Verkaufserfolge auf Abruf«, dem meistgelesenen Verkaufsbuch der letzten Jahre in Deutschland, sowie dem Buch »Zeitmanagement für Verkäufer«. Dieser Titel erhielt 1992 den ersten Preis des besten Verkaufsbuches in Frankreich. Mittlerweile erreichen seine Bücher Auflagen von über 100 000 Exemplaren im In- und Ausland und wurden in acht Sprachen übersetzt.

Er ist Mitglied im Club 55, der Gemeinschaft Europäischer Marketing- und Verkaufsexperten.

Seine Vision ist, »Erfolg gemeinsam zu demokratisieren«, für alle, die Erfolg wollen.

GEFFROY® InformationsAgentur

Die Informationsmacht schlägt die Geldmacht. Die Informationsgesellschaft, in der Informationen auf Abruf zum wichtigsten Baustein des Erfolges werden, löst die Industriegesellschaft ab. Informationen, elektronisch aufbereitet, werden zum unverzichtbaren Ratgeber. Der Handel mit Informationen wird zu einem bedeutenden Wirtschaftsfaktor.

Diese Erkenntnisse führten

- zur Gründung der GEFFROY® InformationsAgentur (GIA)
- zur Schaffung des Begriffes MindWare
- zur Herausforderung, Erfolg durch Informationen mit elektronischer Hilfe zu demokratisieren, damit alle darauf zugreifen können.

MindWare ist praktisch die zweite Generation von Software, auch Wissenssoftware genannt. Sie können so Infos direkt abrufen.

Das Leistungsangebot der GIA umfaßt die drei klassischen Bereiche InfoProdukte, InfoHandel und InfoDienstleistung.

Zu den InfoProdukten zählen an erster Stelle ein PC-Verkaufstrainer mit dem Namen SalesMan. SalesMan ist auf verschiedenen Plattformen abrufbereit und so ein 24-Stunden-Ratgeber in (fast) allen Fragen des Verkaufs. Jeweils von der Version abhängig, können Sie sich durch Selbsttests testen oder den ständigen Kontakt zur GIA durch ein GIAlog-System aufbauen. Eine weitere Serie für Führungskräfte, Selbständige und Freiberufler ist in Vorbereitung.

Zum Bereich InfoHandel zählt der Verkauf von MindWare-Lizenzen an Computerfirmen, Softwareunternehmen oder Unternehmen für den eigenen Bedarf, sicher auch als Bindeglied des Clienting. Ob eine SalesMan-Lizenz oder spezielle MindWare-Bausteine sinnvoll sind, wird individuell geklärt. In Vorbereitung ist darüber hinaus ein Clienting-Katalog, in dem interessierte Firmen, die für Clienting Angebote haben, Informationen schalten können.

Zum Bereich InfoDienstleistung ist im wesentlichen das digitale Clienting zu zählen. Digitales Clienting ist das individuelle Konzept und die Umsetzung elektronischer Netzwerke mit Kunden. Hierzu bedarf es einer firmenspezifischen Kombination aus Hardware, Software und MindWare. Auch die Konzeption individueller MindWare-Projekte, etwa elektronische Verkaufssteigerungssysteme für Unternehmen, zählt zum wachsenden Bereich der InfoDienstleistung.

Weitere Informationen erhalten Sie per Telefon unter 02 11/62 67 48 oder Fax 02 11/61 27 81.

GEFFROY® & PARTNER T.A.S.C. GmbH, Düsseldorf

Das Unternehmen GEFFROY® & PARTNER ist seit mehr als zehn Jahren ein profilierter Umsetzer bei Vertriebsaufgaben jeglicher Art. Von klassischem Verkaufstraining bis zu Verkaufssteigerungsprogrammen reicht das Angebot. Insbesondere durch ein speziell entwickeltes Kundenakquisitionssystem und ein mittlerweile elektronisch weiterentwickeltes Verkaufssteigerungssystem (Sales) wurden sensationelle Umsetzungserfolge erreicht.

Mehr als 200 Unternehmen, darunter einige der größten Firmen Deutschlands, haben bisher die Dienstleistungsangebote in Anspruch genommen.

Durch unsere Arbeit vor Ort wurde ein weiteres Programm entwickelt: Task Force Management. Es ist Management auf Zeit für eine klar vorgegebene Aufgabe. Sie delegieren an uns eine konkrete Aufgabe, zu deren Lösung wir unser System-Know-how nutzen.

Die Arbeit auf Management- und Vertriebsebene führte zwangsläufig zur Entwicklung neuer Konzepte und Wege. Um das Unternehmen in den turbulenten Zeiten besser zu positionieren, wurden sehr frühzeitig zwei Entwicklungen integriert, einerseits die Vernetzung mit dem Kunden, Clienting, und andererseits die Chancen, die die Informationstechnologie Unternehmen als Früheinsteigern bietet. Die Vernetzung mit dem Kunden führte zur Entwicklung des Clienting-Konzeptes und der Clienting-Beratung, die Chancen der Informationstechnologie führten zur Gründung der Geffroy® InformationsAgentur und entsprechender Angebote in diesem Bereich.

Heute entwickelt die GEFFROY® & PARTNER im wesentlichen kreative Task-Force, Akquisitions, Sales, Clienting-Konzepte (T.A.S.C.) und setzt sie bei Bedarf mit einem speziellen Team um. Aufgrund der Bedeutung des Zukunftsfaktors Clienting hält der Gründer Edgar K. Geffroy regelmäßig firmeninterne und -externe Vorträge zu diesem Thema.

Da das Leistungsangebot mittlerweile sehr umfassend ist, mehr als 100 Themen oder Branchenlösungen sind verfügbar, empfiehlt sich eine direkte Kontaktaufnahme unter der Rufnummer 02 11/62 67 48 oder Fax 02 11/61 27 81.

Time/system ist das alles erfassende, perfekte Zeit-, Ziel- und Organisations-Planungsinstrument, hinter dem viele Jahre der Entwicklung und praktischer Erprobung stehen.

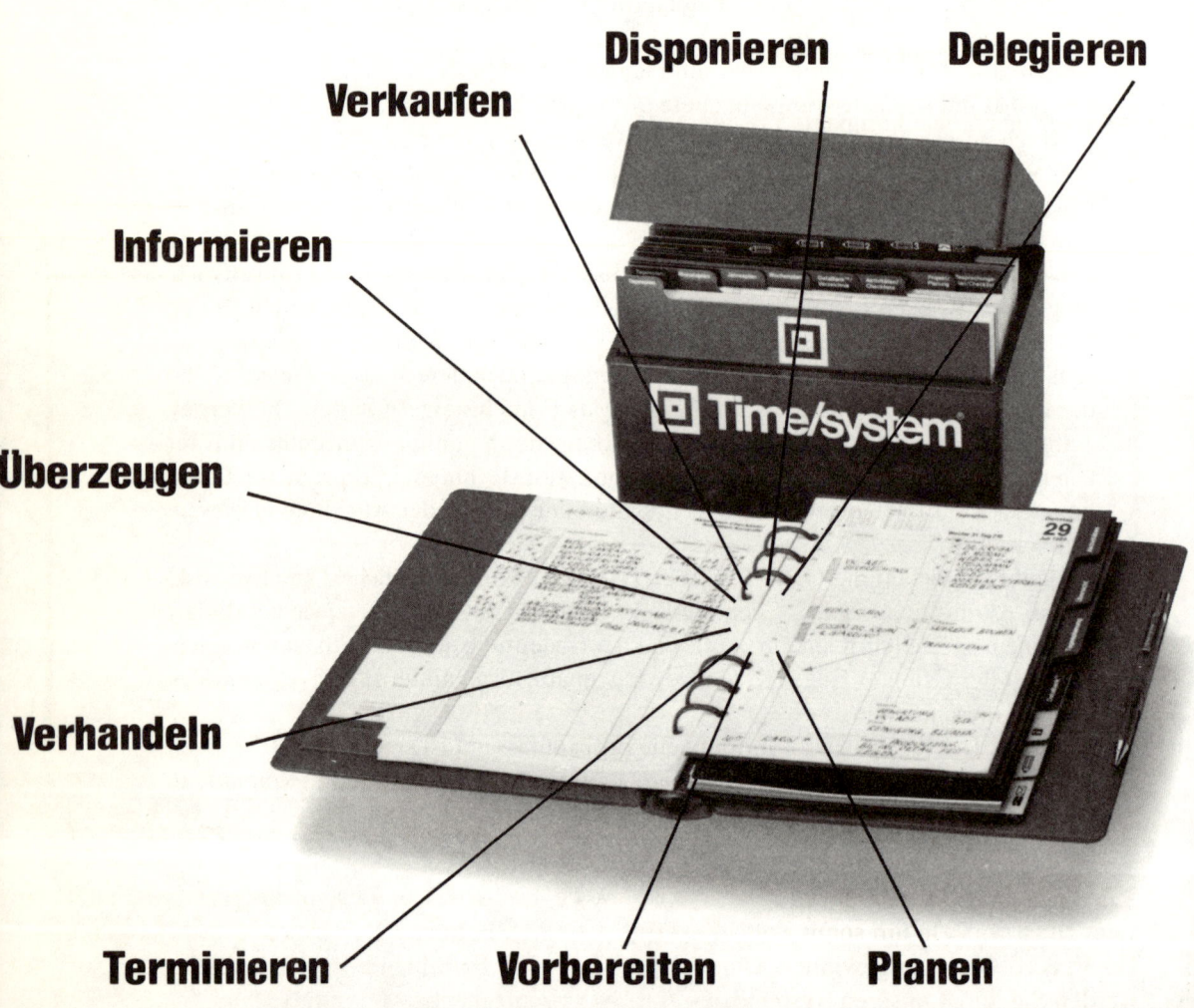

Disponieren

Delegieren

Verkaufen

Informieren

Überzeugen

Verhandeln

Terminieren

Vorbereiten

Planen

🔲 Time/system

Time/system ist ein kompaktes Zeit-, Ziel- und Organisations-Planungsinstrument, das Ihnen mehr Zeit für das Wesentliche in Ihrem Beruf gibt und Ihre Effektivität deutlich steigert. Termine, Planungen oder Aufgaben wickeln Sie mit Time/system problemlos ab.

Das Spezial-Formblatt-Programm für den Vertrieb und den Außendienst hat sich in der Praxis hervorragend bewährt. Wesentliche Hilfe bieten die Formblätter:

○ Kunden-DataBank Inhaltsverzeichnis
○ Angebotsverfolgung Checkliste
○ Interessenten-Datei Akquisitions-Checkliste
○ Systematische Gesprächsvorbereitung
○ Kunden-Datei

Die Vorteile dieser systematischen Arbeitsweise machen sich in kurzer Zeit bemerkbar. Sie über-

blicken problemlos Ihre laufenden Angebote und die nötigen Nachfaßtermine. Sie gehen gut vorbereitet in Ihre Verkaufsgespräche und haben alle wichtigen Unterlagen und Informationen zur Hand. Termine und Zusagen werden exakt überwacht und Sie haben immer und überall Ihre Arbeitsunterlagen dabei. Time/system SYSTEM 3 komplett DM 255,95 (exkl. Mehrwertsteuer, zzgl. Porto und Verpackung DM 4,80)

Fordern Sie weiteres Informationsmaterial an oder machen Sie einfach einen unverbindlichen Test mit dem Time/system Planungsinstrument SYSTEM 3.

Informations- und Bestell-Service Tel. Nr. 040-553 00 553

Time/system GmbH, Kellerbleek 3, 2000 Hamburg 54

SALES/timer
Das Zeitplanbuch speziell für Verkäufer

SALES/timer ist das erste Zeitplanbuch, das konsequent auf die Situation reagiert, in der sich die Verkäufer der 90er Jahre befinden.

Es bietet Ihnen eine kompakte Lösung, um den typischen Problemen, wie Zeitnot und Termindruck zu entgehen.

tungssystematic anbieten. Neben weiteren Standard Formblättern finden Sie einen Jahres-/Wochen- und Tagesplaner mit einem **herausnehmbaren** Planungsteil, dem „weekly-timer" vor.

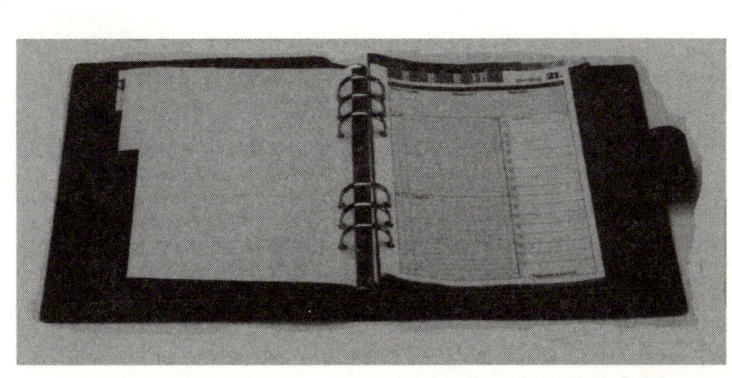

Was können wir Ihnen bieten?

Eine Möglichkeit Ihr eigenes Verkaufssystem zu entwickeln um somit **Zeit - Zeit für Ihr Privatleben** - zu gewinnen. Unterstützt werden Sie durch unseren **Systematic-Trainer**, mit einem speziellen Stift, der es Ihnen ermöglicht, Ihre **Prioritätensetzung zu perfektionieren.**

Außerdem bieten wir Ihnen **unsere Unterstützung** für Ihre tägliche Routinearbeit an, indem wir Ihnen 10-**verkaufsspezifische** Formblätter, so u. a. Angebotsverfolgungssystematic, Wettbewerbssystematic, Projektplaner, Systematic-Trainer, Gesprächsvorberei-

Was können wir Ihnen außerdem bieten?

* Ein perfektes Design; das praktische DIN A5-Format, die bekannte 6-fach-Lochung und Formblätter in einem sehr ansprechenden **Farbdruck**

* Ein hochwertiges Material; ausschließlich schwarzes **Leder**

* Auf der Rückseite eine **Silber-Look-Platte** mit Ihrer persönlichen Zahl

SALES/timer

GEFFROY, OECHSLER & PARTNER GMBH
Grunerstr. 33 – 4000 Düsseldorf-Zoo
Tel.: 02 11 / 62 67 48 – Fax: 02 11 / 61 27 81